FOLIO JUNIOR

Titre original : *The Tin Princess*

Philip Pullman

La princesse de Razkavie

Traduit de l'anglais
par Jean Esch

FOLIO JUNIOR/GALLIMARD JEUNESSE

Pour Gordon Dennis,
avec ma gratitude et mon affection

I
La machine infernale

Intelligente, gaie et pauvre, Rebecca Winter avait atteint l'âge de seize ans sans avoir jamais vu exploser une seule bombe. Ce n'était pas très difficile : en 1882, Londres n'était pas une ville plus explosive qu'aujourd'hui, mais pas moins non plus, car la dynamite constituait déjà un vigoureux adjuvant de la politique.

Mais, en cette belle matinée de mai, Becky ne pensait pas aux bombes. Le soleil brillait, le ciel était constellé de petits nuages blancs semblables à des flocons sur un lavis outremer et la jeune fille marchait dans une rue bordée d'arbres du quartier de Saint John's Wood, au nord de Londres, en pensant à la grammaire allemande. Elle était sur le point de faire connaissance avec sa nouvelle élève – sa première élève, à dire vrai – et elle tenait à faire bonne impression.

Son manteau était un peu défraîchi, son bonnet démodé et il y avait un trou dans la semelle de sa bottine droite. Mais cela n'avait pas d'importance. La route était sèche, l'air doux, ce jeune homme coiffé d'un canotier lui avait jeté un regard que l'on pouvait qualifier d'intéressé, et Becky se sentait merveilleusement bien, car c'était une femme indépendante. Enfin, presque. La tête haute, elle ignora le regard du jeune homme au canotier, vérifia le nom sur la plaque de la rue et tourna dans une avenue qui longeait des villas cossues.

L'allemand était la première langue de Becky. La deuxième était l'anglais, la troisième l'italien, la quatrième le français et la cinquième l'espagnol ; elle finissait d'apprendre le russe et savait jurer en polonais et en lituanien. Elle vivait avec sa mère et sa grand-mère dans une modeste pension située dans le coin le moins huppé de Maida Vale, où sa mère illustrait des romans de quatre sous et des périodiques à sensation. Les trois femmes vivaient là depuis qu'elles avaient été obligées de fuir l'Europe centrale – à l'époque, Becky avait trois ans – et elles subsistaient grâce à leur travail et au réseau local d'exilés : un groupe d'individus pauvres, bruyants, querelleurs, généreux et vigoureux, originaires de presque tous les pays d'Europe. Pour Becky, penser en plusieurs langues était une chose naturelle, comme de se dire qu'elle devait travailler pour gagner sa vie. Dès lors, il lui semblait logique de réunir les deux.

Toutefois, elle pestait contre tout ce qui l'entravait. Comme toutes les personnes dotées d'une apparence peu romantique (robuste, presque grassouillette, avec des yeux noirs pénétrants et vifs, des joues qui rougissaient trop facilement et des cheveux bruns rebelles), Becky possédait, elle en était convaincue, une âme de brigand. Et elle rêvait d'histoires d'amour. La seule qu'elle avait connue jusqu'à présent, c'était avec un garçon boucher, quand elle avait douze ans. En échange d'un baiser, il lui avait donné une cigarette, mais Becky ne l'avait même pas fumée en entier, car il lui avait dit que c'était dangereux pour les femmes qui risquaient de devenir folles. Assis dans les fourrés, ils avaient partagé la cigarette et Becky avait vomi sur les chaussures du garçon, bien fait pour lui. Mais cela n'avait pas suffi à la satisfaire. Elle rêvait de coutelas, de pistolet et de bouteilles de brandy mais elle devait se contenter de café, de crayons et de manuels scolaires.

Elle trouvait une consolation dans la grammaire. La manière dont fonctionnaient les langues la fascinait, et si elle ne pouvait pas vivre en compagnie d'une bande de voleurs dans une grotte de Sicile, elle était prête à étudier la linguistique et la philologie à l'université. Hélas, il fallait de l'argent. Alors, elle avait fait la même chose qu'un grand nombre de ses compatriotes exilés : elle avait mis des petites annonces pour proposer ses services de professeur de langues, spécialisée en allemand et en italien.

Elle avait obtenu une réponse presque immédiatement.

Une réponse curieuse, d'ailleurs. Un jeune gentleman, qui insistait pour s'exprimer en anglais, bien qu'il fût évident, pour Becky et sa mère, qu'il aurait été plus à l'aise en allemand, l'avait engagée pour venir chaque matin dans sa villa, située au 43, Church Road, à Saint John's Wood, dispenser ses cours à une certaine Mlle Bevan. La somme d'argent qu'il proposait était importante et son embarras visible (c'était un très jeune homme). Après sa visite, Becky et sa mère avaient passé des heures à spéculer sur ce personnage. Becky était persuadée qu'il s'agissait d'un anarchiste ; sa mère était tout aussi convaincue qu'il s'agissait d'un noble, ou même d'un prince.

– J'ai vu des princes, pas toi, dit-elle. Crois-moi, ce jeune homme est un prince. Quant à *elle*...

Qui était cette Mlle Bevan ? Elles n'avaient pas la moindre idée. Était-elle jeune ? Agée ? Était-ce une enfant ? Une belle et ténébreuse espionne ?

« Je le saurai bientôt », se dit Becky. Elle avait tourné dans Church Road et s'apprêtait à pousser la grille du numéro 43, une villa peinte en blanc à laquelle conduisait un chemin ombragé de lauriers, quand quelqu'un s'adressa à elle :

– Excusez-moi, Mademoiselle.

Surprise, Becky se figea. C'était le jeune homme au canotier. Comment avait-il fait pour se retrouver face à elle ?

Agé d'une vingtaine d'années, il avait un air intelligent et éveillé, des yeux verts et des cheveux de la même couleur que son chapeau de paille. En outre, il y avait en lui quelque chose qu'elle n'arrivait pas à définir : à en juger par son apparence, c'était un gentleman, mais son assurance évoquait plutôt le monde des écuries, des entrées des artistes et des pubs mal famés.

– Oui ? fit-elle.

– Connaîtriez-vous, par hasard, la jeune femme qui habite dans cette maison ?

– Mlle Bevan ? A vrai dire, non. Pas encore. J'ai été engagée pour lui apprendre l'allemand. Mais qui êtes-vous, d'abord ? Et en quoi est-ce que cela vous regarde ?

Le jeune homme sortit une carte de visite de sa poche de gilet. On pouvait y lire : « J. Taylor, détective-conseil », et l'adresse d'une entreprise photographique installée à Twickenham. Becky trouvait cela quelque peu irréel.

– Vous êtes *détective* ? On peut savoir ce que vous détectez ?

– Je pense que votre Mlle Bevan pourrait être la personne que je cherche, dit-il. Je suis désolé d'accaparer ainsi votre temps. Puis-je vous demander votre nom ?

– Rebecca Winter, répondit Becky d'un ton froid. Excusez-moi, je vous prie.

Le jeune homme s'écarta en s'inclinant de manière quelque peu insolente, remit son canotier sur sa tête en le posant de côté, puis s'en alla. Becky inspira à fond, remonta l'allée de la maison et sonna à la porte.

Une domestique mutine la fit entrer et exprima, d'un regard, ce qu'elle pensait de son allure. Becky savait très bien hausser les sourcils de manière méprisante quand elle voulait, comme maintenant. Malheureusement, elle gâcha un peu son effet en se prenant les pieds dans le tapis, au pied de l'escalier.

– Attendez ici, lui dit la domestique en la faisant entrer dans un salon qui donnait sur le palier, avant de refermer la porte derrière elle.

Becky se retrouva dans une charmante petite pièce située sur le devant de la maison. La fenêtre ouverte laissait voir le ciel bleu et les feuilles vertes, l'air frais entrait à flots. Des meubles de prix, mais trop imposants, encombraient l'espace et créaient une impression d'étouffement. Il n'y avait aucun livre et les tableaux accrochés aux murs étaient quelconques, la seule chose intéressante était un stéréoscope. Becky le prit pour regarder le cliché qui s'y trouvait. Celui-ci représentait une petite fille vêtue de haillons, assise sur les genoux d'un homme mince arborant une énorme moustache ; au dos étaient imprimées les paroles d'une chanson sentimentale.

– Qu'est-ce que vous fabriquez ?

Becky faillit lâcher le stéréoscope. Se retournant vivement, elle aperçut sur le seuil une jeune femme brune à l'air méfiant.

– Je suis désolée, dit Becky. Mademoiselle Bevan, je suppose ?

– Vous êtes qui ?

– Mlle Winter. Becky Winter. Votre professeur.

– Pourquoi est-ce que vous tripotiez ça ? demanda

la jeune femme en regardant le stéréoscope d'un œil sombre.

– J'adore les stéréogrammes. Je sais que je n'aurais pas dû y toucher.

– Hmmm, fit Mlle Bevan en entrant dans la pièce.

Elle inspecta Becky de la tête aux pieds, puis s'assit dans un fauteuil près de la fenêtre ; elle se renversa contre le dossier avec langueur et observa la jeune fille avec une expression à la fois amusée et soupçonneuse.

Elle n'était vraiment pas jolie : elle était trop maigre, il y avait une sorte de sévérité dans son visage et quelque chose de provocant dans ses manières. En outre, elle était habillée de couleurs trop voyantes et sa voix était criarde, teintée d'un fort accent cockney. Malgré tout, il émanait d'elle une qualité à laquelle Becky ne pouvait s'empêcher d'être sensible : un soupçon de vulnérabilité, une douceur sous le mépris apparent, et ses yeux étaient adorables, immenses et sombres. Elle se déplaçait avec la grâce d'un félin.

– C'est quoi, cette plaisanterie ?

– J'ai été engagée par Herr Strauss pour venir vous enseigner l'allemand.

– Prouvez-le.

Becky fronça les sourcils.

– Vous n'étiez pas au courant ?

– N'importe qui peut entrer ici et raconter une histoire. Si ça se trouve, vous êtes un assassin, ou je ne sais quoi. Peut-être que vous avez une arme dans votre sac. Comment est-ce que je peux savoir qui vous êtes ?

– Oh, euh… Je suis venue avec des livres, regardez. On ne vous a donc pas prévenue de ma visite ?

– Possible.

Mlle Bevan s'étira et se détendit. Elle n'était pas véritablement méfiante, se dit le jeune professeur. Elle s'ennuyait, voilà tout. Elle avait dix-neuf ou vingt ans, et maintenant que Becky l'avait vue, elle devinait la nature de la relation entre elle et le mystérieux Herr Strauss. Saint John's Wood avait la réputation d'être un quartier où les riches messieurs installaient leurs jeunes maîtresses, dans des maisons pour elles seules.

– Pourquoi vous rougissez ? demanda Mlle Bevan.

– Je ne rougis pas. Bon, on ferait bien de s'y mettre. Avez-vous déjà fait de l'allemand ?

– Oh, la barbe. C'était qui, le gars, devant la maison ?

– Le jeune homme au chapeau de paille ? Un détective. Il m'a donné sa carte.

Becky tendit la carte à Mlle Bevan, qui la prit, la regarda en fronçant les sourcils, avant de la laisser tomber sur la table en bambou à côté d'elle.

– Un détective, dit-elle d'un ton las. Tu parles ! Un journaliste, je parie. Hé, vous savez jouer à l'Halma ?

– Oui, mais…

– Et à ce jeu-là… ? Je l'ai eu lundi, mais j'y ai pas encore joué. Je me souviens plus comment ça s'appelle…

Elle se leva d'un bond et tendit le bras vers une étagère encombrée de boîtes en carton multicolores contenant des jeux d'enfant.

– Je joue avec Herr Strauss des fois, le soir. Comment il s'appelle, ce jeu ?

Elle plissait les yeux comme si elle était trop coquette pour porter des lunettes.

– Le Ludo, ou le Parchesi, répondit Becky. Mais ne devrait-on pas plutôt... ?

– Vous savez y jouer ?

– Il suffit de lire les règles, mais ne ferais-je pas mieux de vous apprendre l'allemand ? Herr Strauss me paie pour ça.

– Combien ?

– Une demi-couronne de l'heure.

– Je vous donne le double si vous jouez à l'Halma avec moi. Allez !

– Non. Je jouerai avec vous gratuitement, mais je dois vous faire cours d'abord. J'ai conclu un arrangement avec Herr Strauss.

Mlle Bevan fit la grimace et se laissa tomber sur le canapé, jaugeant à nouveau Becky du regard.

– Vous êtes une fille honnête, hein ? dit-elle.

– Je ne sais pas. Je n'ai jamais eu l'occasion d'être malhonnête. Pourquoi ?

– Je peux vous dire un secret ?

– Si vous voulez. Mais vous me connaissez à peine

– Je ne connais personne d'autre, répondit la jeune femme avec amertume. A part la cuisinière, le valet de chambre et la gouvernante, cette sale intrigante sournoise, et jamais je lui dirai quoi que ce soit. Je deviens folle à force de rester enfermée ici, comme une poule en cage. Je ne sais ni lire ni écrire…

– C'est ça, le secret ?

– Une partie. Le prince aurait dû vous demander de m'apprendre ça, plutôt.

– Le prince ? répéta Becky. Vous parlez de Herr Strauss ? C'est ça, le reste du secret ?

– Une partie du reste. Vous aviez deviné de toute façon, pas vrai ?

– Ma mère avait deviné. Le prince comment ? D'où vient-il ?

– Le prince Rudolf de Razkavie. Je parie que vous n'avez jamais entendu parler de ce pays.

Becky tressaillit ; elle avait du mal à respirer tout à coup.

– Si. J'en ai entendu parler. Mais pourquoi… Je veux dire… Je croyais que…

– Il est en danger. Je sais pas s'il aurait dû vous faire confiance. Moi non plus, je sais pas si je devrais. Peut-être que vous êtes une socialiste, ou pire encore.

– Vous n'aimez pas les socialistes ? demanda Becky.

– Je les hais ! Je suis conservatrice, moi ! Depuis toujours.

– Vous n'avez même pas le droit de vote !

– Pas besoin de voter pour prouver sa loyauté. Si les gens votent pour le socialisme, ça veut dire qu'ils savent pas ce qui est bon pour eux. Ce qu'il nous faut, c'est des rois, des reines et des princes. Et des conservateurs. Et des princesses aussi. Même si elles sont pas fichues de lire…

Becky était persuadée d'avoir mal entendu.

– Attendez un peu. Vous avez dit « princesses » ?

– Ouais. On est mariés, lui et moi. Je suis une princesse.

Becky la regardait avec des yeux écarquillés.

Mlle Bevan émit un gloussement.

– Je vais vous le prouver, même.

Elle se leva et ouvrit l'un des tiroirs du bureau en noyer et en sortit une feuille de papier. Un certificat de mariage, constata Becky quand la jeune femme le déplia. L'union avait été célébrée dans l'église catholique Saint-Patrick de Hickson Street, à Manchester, entre Mlle Adélaïde Bevan et Son Altesse Royale le prince Rudolf Eugène Wilhelm August Josef von und zu Eschten und Rittersthal. Les témoins étaient un certain M. Albert Suggs et une Mlle Émily Thwaite. Le prince avait signé simplement « Rudolf » ; Mlle Bevan avait signé, plus simplement encore, d'une croix.

– C'est le bon papier ? Je ne vous ai pas donné la liste des courses par erreur ?

Il y avait de l'amertume dans sa voix. Becky lui rendit le certificat en se demandant si elle devait faire une révérence.

– Je suis estomaquée, avoua-t-elle.

– Ah oui ? Moi, je suis paumée. Je sais pas ce que je vais faire.

– Mais comment… pourquoi… ?

– Il a insisté. Et c'est un homme si gentil. Quand vous avez vu et fait autant de choses que moi, vous dites pas non quand on vous offre une occasion pareille. Mais j'aurais dû refuser. Je sais que j'aurais dû.

– Mais… pourquoi Manchester ?

– Question de discrétion. Fallait que ce soit une église catholique, forcément, et il voulait pas que quelqu'un l'apprenne et empêche le mariage, c'est pour ça qu'on pouvait pas le faire à Londres, au cas où. Alors, on s'est mariés dans cette petite église toute sombre et poussiéreuse, derrière une usine. Les témoins, on les a trouvés dans la rue, ils étaient même pas au courant de ce qui se passait. Le prêtre était un vieux bonhomme gâteux qui empestait le whisky. Il arrêtait pas de se moucher dans sa manche en espérant qu'on le verrait pas. Mais le mariage est légal. Tout est en règle. Je suis une princesse, une vraie de vraie, Becky ! Je peux vous appeler Becky ? Vous êtes pas obligée de m'appeler Votre Altesse. Adélaïde, ça ira.

– Mais… quelqu'un d'autre est-il au courant ? Et la famille royale ? La cour ? Le peuple ? Que diront-ils en apprenant la nouvelle ?

Mlle Bevan eut un geste de découragement et se laissa retomber dans le canapé.

– Aucune idée.

Becky roulait des yeux ronds. Le mariage d'un prince était un événement de politique internationale

Des rois, des reines et des hommes d'État étaient concernés ; il fallait consulter des ambassadeurs, rédiger des traités, envisager les implications dynastiques et diplomatiques. A quoi pensait donc ce prince en conduisant sa maîtresse illettrée à Manchester pour l'épouser en secret ? Peut-être était-il aussi naïf que l'avait été Becky quand elle avait fumé cette cigarette dans les fourrés avec son amoureux aux gros bras. Et, par-dessus le marché…

– Vous pensiez que je n'avais jamais entendu parler de la Razkavie, n'est-ce pas ? dit-elle d'un ton de défi. Eh bien, si. Figurez-vous que j'y suis née ! Je suis citoyenne razkavienne.

Mlle Bevan demeura bouche bée. Avant d'exploser :

– Vous êtes une espionne ! s'écria-t-elle en se relevant d'un bond et en se mettant à trépigner sur le parquet verni. Vous êtes venue ici pour fourrer votre sale nez partout, hein ? Qui vous paie ? Vous êtes dans quel camp ? Les Allemands ? Les Russes ? Si j'avais une arme, je vous tuerais sur-le-champ, espèce de petite vermine rampante et hypocrite ! Quel culot ! Comment osez-vous venir ici jouer les saintes-nitouches, alors qu'en vérité…

– Fermez votre clapet ! répliqua la jeune fille avec fougue.

C'était une expression qu'elle avait entendue, sans jamais l'utiliser. Apparemment, ça fonctionnait. Mlle Bevan tressaillit et se tut en adoptant un air rebelle. Becky enchaîna :

– Je vous interdis de vous en prendre à moi. Je *suis* une Razkavienne. J'ignorais à qui j'avais affaire et je ne suis certainement pas une espionne. Croyez-vous que je pourrais trahir mon prince maintenant que je sais qui il est ?

– Qu'est-ce que vous faites dans ce pays, alors ?

– Nous sommes en exil.

– Pourquoi ?

– Cela ne vous regarde pas.

– Si, justement. Après tout, je suis une fichue princesse, pas vrai ? J'ai le droit de savoir qui me donne des cours. Asseyez-vous et continuez. Et arrêtez de me faire les gros yeux. A vrai dire, je ne crois pas que vous soyez une espionne, vous rougissez trop facilement.

Becky renifla et se rassit avec raideur. En fait, elle s'était levée sans même s'en apercevoir.

– Très bien, dit-elle. Je vais vous expliquer pourquoi nous sommes en exil. Mon père était avocat et il a tenté de créer un mouvement pour la démocratie. Ils l'ont arrêté et jeté en prison. Il a attrapé la typhoïde et il en est mort. Alors, ma mère nous a prises avec elle, ma grand-mère et moi, et nous sommes venues nous installer ici. C'est tout.

– Vous risquez pas d'être du côté du prince, alors.

– Ce n'est pas la famille royale qui a envoyé mon père en prison, c'est la cour. Je n'en veux pas au prince Rudolf.

Mlle Bevan, ou la princesse Adélaïde, haussa un sourcil élégant, puis hocha la tête et se rassit à son tour. D'un air morose, elle tira sur un fil de sa robe. Puis elle leva vers Becky un regard désespéré.

– Qu'est-ce que je peux *faire* ? demanda-t-elle.

Becky gonfla ses joues et soupira pour exprimer sa perplexité.

– Eh bien... pour commencer, vous feriez bien d'apprendre à lire. Et à écrire. Vous ne pouvez pas continuer à signer d'une croix.

– Non, je crois pas. (Elle se redressa.) Quand est-ce qu'on commence ?

Becky regarda autour d'elle. Il n'y avait aucun livre dans la pièce, mais le plateau de jeu du Ludo était resté ouvert devant elles, sur la table.

– Vous pouvez commencer par apprendre à lire les règles du jeu. Vous les connaissez déjà, ce sera plus facile. Et vous pouvez apprendre les couleurs. Regardez. Là, c'est marqué : « rouge »...

Elles y passèrent une demi-heure, au bout de laquelle Adélaïde savait lire « départ, maison, arrivée » et les quatre couleurs.

– Il va falloir commencer à écrire aussi, dit Becky. Cet après-midi, je chercherai un livre d'exercices. Comme ça, vous vous familiariserez avec les plus belles écritures. A vrai dire, il vous faudra apprendre un tas de choses. Vous n'aurez pas seulement besoin d'un professeur de lecture. Vous devrez...

Becky n'eut pas le temps de finir sa phrase, car c'est à cet instant que la bombe explosa.

Il y eut un énorme BANG !, suivi d'un souffle qui fit voler les rideaux et claquer la fenêtre ouverte, dont tous les carreaux se brisèrent. Les deux jeunes femmes se protégèrent instinctivement : Becky se jeta à plat ventre sur la table et Adélaïde s'accroupit près du canapé, les yeux écarquillés.

Une fois le choc passé, Becky se redressa. Adélaïde la rejoignit à la fenêtre. Le jeune professeur avait entendu une voiture, tirée par un cheval qui renâclait, s'arrêter devant la maison, une seconde avant l'explosion. Alors que l'énorme nuage de poussière s'éloignait au-dessus de l'allée et des lauriers, elle découvrit les vestiges de la voiture. Le cheval gisait sur le flanc, dans les brancards, saisi de convulsions, à côté du cocher couché sur le sol, immobile. Au milieu de l'allée, apparemment sain et sauf mais hébété, se tenait Herr Strauss, alias le prince Rudolf de Razkavie.

Pendant un instant, personne ne bougea. Puis le prince se retourna et leva les yeux vers la fenêtre, cherchant Adélaïde du regard. Toute la rue sembla ressusciter : des portes s'ouvraient, des domestiques apparaissaient aux grilles des maisons, une nourrice avec deux jeunes enfants dans les bras se dévissait le cou pour voir ce qui se passait, un gentleman corpulent courait maladroitement en s'appuyant sur sa canne. Un garçon boucher transportant un panier de viande jeta en passant un regard professionnel au cheval agonisant et, soudain, jaillissant de nulle part, le détective au canotier, J. Taylor, apparut aux côtés du prince et s'adressa à lui à voix basse.

– C'est le détective, dit Becky.

Sa voix tremblait.

Adélaïde ne dit rien. Elle observait la scène avec une intense concentration. J. Taylor jeta un coup d'œil en direction de la rue et claqua des doigts pour faire signe au commis boucher, qui laissa tomber son panier derrière la grille et ôta sa casquette.

Les deux jeunes femmes à la fenêtre entendirent le détective lui crier :

– Va chercher un flic. Le plus vite possible. Il faut un médecin aussi, pour constater le décès. Si tu fais tout ça en moins de dix minutes, il y aura une demi-couronne pour toi. Allez, file !

– J'ai déjà vu ce gars-là, dit Adélaïde. Je *sais* que je l'ai déjà vu.

J. Taylor semblait capable de prendre les choses en main. Il ordonna au gentleman corpulent de monter la garde à côté de la voiture pulvérisée par l'explosion, arracha un des rideaux de la portière brisée pour en couvrir délicatement le corps du cocher, puis sortit de sa poche un couteau à cran d'arrêt avec lequel il fit quelque chose au cheval, dont les convulsions cessèrent aussitôt. Il essuya la lame et se releva. A cet instant, son regard croisa celui de Becky, puis dériva vers Adélaïde, qu'il observa d'un air impassible, avant de rejoindre le prince avec qui il entra dans la maison.

– Vous êtes toute pâle, commenta Adélaïde d'un ton sévère.

– Ce n'est pas étonnant, répondit Becky.

– Ça vous va pas. Écoutez... Quand Rudi... le

prince Rudolf, je veux dire… entrera, faites semblant de pas savoir qui c'est.

Becky s'apprêtait à protester, mais on frappa à la porte et le prince en personne entra.

– Ma chère…

Adélaïde se précipita vers lui, comme pour trouver refuge dans ses bras mais, soudain, elle s'immobilisa. Derrière le prince se dessinait la silhouette du détective, reconnaissable à son chapeau de paille incliné de côté. L'air grave, il entra à son tour dans la pièce, et Becky éprouva alors une curieuse sensation, car le dénommé J. Taylor et Adélaïde se regardèrent avec une intensité presque électrique.

Puis cet instant passa.

Le prince, qui semblait encore hébété (en tout cas, contrairement à Becky, il n'avait pas remarqué cet échange de regards), tenta de se ressaisir et déclara :

– Ma très chère, je suis navré d'interrompre votre leçon, mais je dois demander à Mlle Winter de nous laisser. Comme vous avez pu le constater, mademoiselle Winter, un grave danger me menace. Je pense qu'il est écarté pour le moment, mais je ne voudrais pas vous exposer davantage. Ce monsieur va vous raccompagner jusque chez vous.

Adélaïde intervint :

– Non, Becky… restez encore un peu. (Elle se tourna vers le prince.) Elle descendra dans une minute, Rudi.

Elle referma la porte, obligeant les deux hommes à reculer sur le palier. Quand elles se retrouvèrent seules, elle demanda dans un murmure :

– C'est quoi, son nom ? Le gars au chapeau de paille ? Comment il s'appelle ?

– Je vous ai donné sa carte. Ah oui, c'est vrai, vous ne pouvez pas la lire. (Becky alla chercher la carte de visite sur la petite table en bambou.) « J. Taylor, détective-conseil, c/o *Garland & Lockhart*, photographes, Orchard House, Twickenham » ... Qu'y a-t-il ?

Son élève avait porté sa main à son cœur en blêmissant. Ses grands yeux noirs étaient écarquillés. Elle prit la carte des mains de Becky et se laissa tomber dans un fauteuil, tandis que ses joues retrouvaient un peu de couleur.

– Vous feriez mieux d'y aller, dit-elle d'une voix enrouée. Partez. Il doit vous attendre. Mais vous reviendrez, hein ?

– C'est promis, assura la jeune fille.

Perplexe, elle quitta le petit salon et descendit dans le hall, où le prince attendait avec une visible impatience. Elle le salua d'un signe de tête en se retenant de faire une révérence, puis elle rejoignit dans le jardin le dénommé J. Taylor, détective-conseil.

2
Mme Goldberg

Au moment où Becky atteignait la grille du jardin, le garçon boucher réapparut, écarlate et haletant. Lorsqu'il vit la jeune fille, il s'arrêta net, stupéfait.

– Oh ! C'est toi ? s'exclama-t-il. T'as vu l'explosion, alors ? Et le pauvre type qu'est mort. Avec toutes les tripes et les abats à l'air…

– Arrête, c'est dégoûtant.

– Hé, t'as appris à fumer maintenant ? Ça te dirait d'aller en griller une petite dans les buissons ?

Becky détourna la tête. Fort heureusement, J. Taylor les rejoignit et le commis reporta son attention sur lui.

– Ça y est, j'ai trouvé un flic, dit-il. Un bien gros. Il va arriver. Cinq shillings, vous aviez dit, hein ?

J. Taylor lui donna quelques pièces et s'éloigna avec Becky.

– Vous ne devriez pas attendre la police ? demanda-t-elle.

– Herr Strauss s'en chargera. Il a ma carte et ils peuvent me retrouver s'ils ont besoin de moi. Et puis, ce n'est pas comme si on avait vu les auteurs de l'attentat. Personne ne les a vus. Je parie qu'ils ont utilisé une machine infernale.

– Une quoi ?

– C'est un système d'horlogerie qui fait exploser la dynamite. Ils ne sont plus obligés de lancer les bombes à la main, c'est démodé. Où allez-vous, mademoiselle Winter ? Puis-je vous accompagner quelque part ?

Ils étaient arrivés au milieu de Church Road et Becky s'aperçut qu'elle était secouée de frissons incontrôlables. Elle ne savait pas si elle pouvait se fier à cet individu. Apparemment, le prince lui faisait confiance et…

La tête commença à lui tourner. J. Taylor lui prit le bras.

– Asseyez-vous sur ce banc. Baissez la tête, voilà. C'est le choc, c'est naturel. Ça ira mieux dans une minute ou deux.

– Merci, murmura Becky. Je me sens bête.

– Vous n'en avez pas l'air, en tout cas. Arrêtez de vous en faire.

– Ce pauvre cocher…

De plus en plus de gens se rassemblaient dans la rue, devant la maison. Quelqu'un coupait les rênes afin de libérer le cheval mort des brancards. Un policier arrivait dans l'autre sens, d'un pas lourd.

– Vous êtes vraiment détective ? s'enquit Becky.

– Oui. Entre autres choses. Je cherche cette jeune femme depuis… dix ans ! Depuis le temps où on était gamins. Je croyais bien l'avoir perdue pour de bon. Mais il y a un mois environ, j'ai aperçu dans la rue un visage qui me rappelait cette fille et je l'ai suivie jusqu'à la villa. Je voulais lui faire une surprise, mais j'ai compris la situation et j'ai préféré rester discret. Elle s'appelait Adélaïde...

– Aujourd'hui encore.

– Qu'est-ce qu'elle fabrique avec un prince ?

Becky releva brusquement la tête.

– Comment savez-vous que c'est un prince ?

– Ce n'est pas difficile à découvrir. Les domestiques, ça bavarde. Et il suffit de voir ses armoiries. J'ai fait sa connaissance il y a une semaine ou deux, c'est pour ça qu'il savait qui j'étais, tout à l'heure. Je voulais m'assurer qu'il traitait bien Adélaïde. Il est amoureux d'elle, le pauvre idiot. Innocent comme un enfant qui vient de naître. Mais je suis inquiet, car s'il a des ennuis politiques, je ne veux pas qu'il entraîne Adélaïde dans ses histoires.

– C'est déjà fait, dit Becky. Il l'a épousée.

– *Quoi ?*

– Elle m'a montré le certificat de mariage... Je suppose que je peux vous le dire, étant donné que vous la connaissez, ajouta Becky d'un ton dubitatif.

La colère enflamma le regard de J. Taylor.

– Le crétin irresponsable ! Comment a-t-il pu l'entraîner dans une situation pareille ? Ce serait déjà dur à assumer même pour une fille qui a été élevée pour être princesse. Qu'attend-il d'elle, nom d'un chien ?

– Il ne l'a pas obligée à l'épouser. Elle l'a voulu, elle aussi. Je suppose. Au fait, elle sait qui vous êtes.

J. Taylor la regarda avec insistance. Becky lui parla de la réaction d'Adélaïde en apprenant son nom. grâce à la carte de visite. Il hocha la tête.

– Elle connaît Lockhart et Garland également, dit-il. Aucun doute, c'est bien elle. Après tout ce temps… Je suis soufflé.

– Qui sont Lockhart et Garland ?

J. Taylor jeta un coup d'œil vers le bout de la rue, consulta sa montre de gousset, la referma et se leva.

– Écoutez, mademoiselle Winter. Je crois qu'on devrait faire équipe pendant quelque temps. Si vous avez une heure ou deux de libres, j'aimerais vous conduire à Twickenham et vous présenter à une vieille amie. Elle se portera garante de moi, et d'Adélaïde. Et ça nous donnera l'occasion de vous raconter toute l'histoire.

Becky n'était pas du tout certaine que cette proposition fût tout à fait convenable. Mais ce jeune homme semblait honnête et, surtout, elle était terriblement intriguée. Après tout, plus elle en saurait et mieux elle serait en mesure d'aider Adélaïde.

– Très bien, répondit-elle.

Dans le train qui les conduisait à Twickenham, J. Taylor lui raconta comment, des années auparavant, alors qu'il était simple garçon de courses à la City, il avait aidé une jeune femme nommée Sally Lockhart à résoudre le mystère du meurtre de son père. C'était une sombre histoire où se mêlaient des sociétés secrètes chinoises, l'opium et un énorme rubis. Adélaïde était alors la servante (l'esclave plutôt) d'une vieille sorcière nommée Mme Holland, qui avait joué un rôle dans l'histoire de Sally Lockhart. Une fois le mystère élucidé et les criminels éliminés, Adélaïde avait disparu. Ils avaient craint qu'elle soit morte, jusqu'à ce que, le mois dernier, il l'aperçoive dans la rue et suive sa trace, qui l'avait conduit au 45, Church Road et lui avait fait rencontrer le prince.

Becky demanda :

– Mlle Lockhart est cette amie que vous voulez me présenter ?

– Oui. Mais elle s'appelle Mme Goldberg maintenant.

Sally (J. Taylor l'appelait ainsi) était apparemment une fine gâchette. A part cela, elle exerçait le métier de conseillère en placements financiers et était mariée à un journaliste politique, Daniel Goldberg, qui l'avait aidée à sauver sa petite fille quand celle-ci avait été kidnappée, un an plus tôt.

J. Taylor lui raconta tout cela de la manière la plus simple et détachée qui soit, comme si kidnappings et fumeries d'opium étaient des banalités de la vie courante. Becky était encore plus impressionnée que s'il avait tenté d'en rajouter. Et soudain, elle prit conscience de ce qu'elle venait d'entendre au sujet de l'enfant.

– Vous avez dit que Mme Goldberg avait déjà une fille ? Avant de... avant d'être mariée ?

– Oui. Ce sont des choses qui arrivent, vous savez.

La petite Harriet est la fille de Fred Garland. Il est mort dans un incendie. Il était avec moi le soir où Adélaïde a disparu. Je suis sûr qu'elle se souviendra de lui.

Ce fut l'élément décisif : Becky était fascinée. Il fallait une énorme force de caractère à une femme célibataire pour avoir un enfant tout en demeurant respectable. Il vous fallait un amant aussi, mais ça, il n'en manquait pas, Becky le savait grâce au garçon boucher. Elle s'aperçut qu'elle avait hâte de rencontrer cette Mme Goldberg, cette *desperado* qui maniait le pistolet, et d'en savoir davantage sur elle.

Orchard House se dressait au bout d'une rue tranquille, bordée d'arbres, près du fleuve. C'était une grande demeure de style Régence, recouverte de stuc blanc, avec une allée de gravier et des écuries sur le côté gauche. Il y avait également un balcon en fer forgé et une véranda entièrement vitrée qui donnait sur un vaste jardin. « Curieux endroit pour une agence de détectives », se dit Becky.

– Nous sommes des gens un peu particuliers, déclara J. Taylor, comme s'il avait deviné les pensées de la jeune fille. A vrai dire, j'ai un bureau dans Edgware Road, mais je n'ai pas encore eu le temps de faire imprimer les cartes de visite. Ici, c'est plus une maison qu'un lieu de travail.

Il la fit entrer dans une pièce confortable, mélange d'atelier et de salon, encombrée de tout un bric-à-brac. Les portes-fenêtres grandes ouvertes laissaient entrer le soleil. Une vitrine contenait des objets en porcelaine bleue, un mur était recouvert par des rayonnages de livres, un piano à queue trônait dans un coin et, sur un chevalet, près de la porte, quelque chose attira l'attention de Becky : une peinture à l'huile représentant une route par une matinée ensoleillée, une œuvre ravissante, gaie, vive et printanière.

– Pissarro ! s'exclama-t-elle sans pouvoir se retenir Oh ! Je vous demande pardon…

Une jeune femme aux cheveux blonds et aux yeux marron foncé, presque noirs, était assise sur le sofa près des portes-fenêtres. Elle était en train de couper avec ses dents un fil de laine bleu marine provenant de l'épais tricot posé sur ses genoux.

– Bonjour Jim, dit-elle. Qui est-ce ?

– Je te présente Mlle Winter. Elle m'a porté chance. Mademoiselle Winter, voici Mme Goldberg.

Celle-ci se leva pour lui serrer la main. Elle était mince et jolie, plus jeune que l'avait supposé Becky. Elle semblait animée de la même curiosité franche, enthousiaste et amicale que J. Taylor, à tel point qu'on aurait pu les croire frère et sœur.

– Oui, c'est bien un Pissarro, dit Mme Goldberg. Je l'ai acheté la semaine dernière. Ai-je fait un bon choix ?

– Il est magnifique. Quand M. Pissarro vient à Londres, il loge chez des amis de ma mère, et nous le connaissons un peu, c'est pour ça que j'ai reconnu son style…

Mme Goldberg tenait toujours son tricot à la main. Et Becky la dévisageait de manière impolie, car cette femme dont on lui avait dressé le portrait dans le train, cette aventurière intrépide qui maniait les armes à feu, qui avait épousé un socialiste et avait eu un enfant en dehors du mariage n'était pas du genre à *tricoter* !

Remarquant le regard de Becky, Sally sourit et lança son ouvrage à J. Taylor.

– Ça alors, je n'en reviens pas ! s'exclama celui-ci en tenant le tricot devant lui . Un pull marin. Et c'est ma taille, en plus !

Mme Goldberg éclata de rire.

– Jim a parié cinq livres que je n'y arriverais pas, expliqua-t-elle. Il m'a fallu presque un an pour le finir, mais je n'allais quand même pas m'avouer vaincue. Allez, par ici la monnaie, ajouta-t-elle en tendant la main.

J. Taylor compta cinq souverains.

– Ne pariez jamais avec les femmes, dit-il en s'adressant à Becky. Au fait, Sal, c'est bien Adélaïde. Et figure-toi qu'elle est mariée à ce prince. Mlle Winter est son professeur de langues. Et quelqu'un a voulu faire sauter le prince ce matin.

– Il n'a pas réussi, j'espère.

– Il y avait une bombe dans sa voiture, expliqua Becky. Une machine infernale, d'après M. Taylor.

– Une bombe ? répéta Mme Goldberg. Je n'ai jamais entendu une bombe exploser. Ça fait quel bruit ?

– Je ne m'en souviens pas, figurez-vous. Il y a eu une détonation, évidemment, mais était-elle aiguë ou sourde, ou plutôt comme un souffle ? Je ne saurais le dire. J'étais au premier étage dans le salon, avec Mlle Bevan, et l'explosion a brisé les vitres. Il y avait énormément de poussière…

– Mlle Bevan ? C'est ainsi que se fait appeler Adélaïde ?

– Oui. Mais…

Becky fut à nouveau saisie par le doute : devait-elle dévoiler les secrets d'Adélaïde devant ces inconnus ? Cependant elle s'était rarement sentie si bien accueillie, elle avait rarement rencontré des gens avec lesquels elle se sentait, d'emblée, si en confiance.

Mme Goldberg remarqua son hésitation. Elle prit le stéréoscope qui se trouvait sur le buffet et y glissa une plaque avant de tendre l'appareil à la jeune fille La première photo représentait une fillette aux grands yeux sombres, enveloppée dans un grand tablier de cuisinière. Les suivantes la montraient en fille-fleur, en personnage biblique, en fée, en héroïne de Dickens. S'agissait-il de Mlle Bevan ? Difficile à dire. Mme Goldberg lui tendit une autre photo.

– Oui ! C'est elle ! s'exclama Becky.

C'était le stéréogramme qu'elle avait vu le matin même dans le salon de Mlle Bevan : la fillette assise sur les genoux de l'homme avec le texte de la chanson sentimentale au dos. Elle le confirma à

Mme Goldberg, qui frappa dans ses mains pour exprimer sa joie.

– Je n'arrive pas à y croire ! Adélaïde… On la croyait morte. Nous pensions qu'elle avait disparu à tout jamais…

– Pourquoi avez-vous pris toutes ces photos ?

– C'était à nos débuts. Nous les vendions séparément, puis nous avons fait des séries. Des scènes tirées de Dickens, de Shakespeare, les châteaux de Grande-Bretagne, le vieux Londres, etc. Mais Adélaïde avait déjà disparu à ce moment-là, voilà pourquoi elle n'apparaît que sur les premières photos. Et elle a conservé celle-ci…

Becky lui raconta comment avait réagi son élève en entendant les noms de Taylor, de Garland et Lockhart.

– J'en suis sûre, dit Mme Goldberg. Ainsi elle est mariée à ce prince de Razkavie… Où est donc ce pays ? Dan le saura certainement. Je parie qu'il a dû y être arrêté plus d'une fois. Je parle de mon mari, ajouta-t-elle à l'intention de Becky. Ce n'est pas un criminel, c'est un politicien.

– Je sais où est la Razkavie, dit Becky. A vrai dire, j'y suis née. Et j'en suis toujours citoyenne, je suppose.

Elle se réjouit de la petite sensation qu'elle provoqua. Mme Goldberg et M. Taylor se regardèrent, bouche bée, puis un grand sourire apparut sur leurs visages : malicieux chez lui, chaleureux chez elle.

– C'est décidé, déclara Mme Goldberg, vous restez

déjeuner avec nous. Vous allez nous raconter tout ça. On ne va pas laisser passer cette occasion, n'est-ce pas, Jim ?

Le déjeuner se déroula dans une atmosphère détendue, au grand soulagement de Becky. En l'espace d'une demi-heure, elle eut le sentiment de connaître depuis toujours ces gens étranges, intelligents, moqueurs et chaleureux, et elle leur raconta tout ce qu'elle savait sur ce petit royaume où elle avait vu le jour.

– C'est à peine plus grand que le Berkshire. Entre la Prusse et la Bohème. Autant dire coincé entre l'Allemagne et l'Autriche-Hongrie. Jadis, il existait des dizaines de petits royaumes comme celui-ci, mais la plupart ont été absorbés maintenant. Pas la Razkavie. Elle existe depuis 1253…

Elle leur raconta l'histoire de l'Aigle Rouge, ce dont elle se souvenait, du moins. La Razkavie avait été envahie par Ottokar II, le roi de Bohème, mais un noble nommé Walter von Eschten et cent cavaliers trouvèrent refuge au sommet d'un haut rocher situé dans un coude de la rivière Eschten et c'est là qu'ils tinrent tête aux forces d'Ottokar, sous un étendard frappé d'un aigle rouge. La nuit, Walter et ses hommes, qui connaissaient bien ces montagnes, redescendirent furtivement, après avoir ôté leurs armures pour ne pas faire de bruit, et détruisirent les réserves de vivres des Bohémiens. Souffrant de la faim, de la chaleur et totalement désorientés, les chevaliers d'Ottokar II continuèrent néanmoins à se battre avec l'énergie du désespoir, jusqu'à ce que Walter les attire dans son château de Wendelstein pour une ultime bataille, au cours de laquelle presque tous les envahisseurs furent tués.

Après cela, Ottokar II garda ses distances, et les autres aussi. Depuis, l'étendard de l'Aigle Rouge, le *Adlerfahne*, flottait sur le rocher d'Eschtenburg. « Tant que l'aigle volera dans le ciel, la Razkavie sera libre », avait déclaré Walter von Eschten. Le drapeau n'était décroché qu'en deux occasions : pour le réparer (il ne restait plus un seul fil d'origine, mais c'était toujours le même drapeau) et lors d'un couronnement. On le transportait alors jusqu'à la cathédrale pour le bénir, puis le nouveau roi le rapportait, en empruntant le vieux pont, jusqu'au rocher d'Eschtenburg, où il flottait de nouveau. Voilà pourquoi on appelait parfois le roi de Razkavie, le *Adlerträger*, « celui qui porte l'Aigle ». Pour les Razkaviens, l'Aigle Rouge n'était pas qu'un drapeau, c'était leur identité même. Si par malheur il venait à tomber, ou même à toucher le sol… Nul n'osait l'imaginer.

Le pays n'était pas particulièrement prospère. Autrefois, il y avait des mines dans les montagnes de Karlstein qui produisaient du cuivre et un peu d'argent mais, environ deux siècles auparavant, elles avaient commencé à se tarir. Ou, du moins, elles ne donnaient plus de cuivre. Il existait de nombreux filons d'un minerai qui ressemblait au cuivre, mais n'en était pas, et qui empoisonnait les mineurs. Ce minerai était si inutile et désagréable qu'ils le baptisèrent *Kupfer-Nickel*– le Cuivre du Diable – et s'en désintéressèrent.

Beaucoup plus tard, quelqu'un découvrit que ce *Kupfer-Nickel* était un composé d'arsenic et d'un métal alors inconnu, qu'ils nommèrent nickel. Au début du XIXe siècle, on lui trouva plusieurs usages et les mines de Karlstein furent à nouveau exploitées.

Mais, pendant des siècles, il n'y eut aucun profit à tirer de la Razkavie, si bien que les nations voisines la laissèrent en paix. Les habitants trayaient les vaches qui paissaient dans les hauts pâturages, faisaient du vin avec les raisins qui poussaient sur les flancs des montagnes de la vallée d'Elpenbach et chassaient le gibier dans les forêts. La capitale, Eschtenburg, possédait un opéra, dont le compositeur Weber avait un soir dirigé l'orchestre ; il y avait également un théâtre, une cathédrale et un joli palais baroque avec des colonnes fantastiques, des fontaines et des moulures en plâtre qui ressemblaient à du sucre glace. Pour finir, il y avait un parc, doté d'une grotte-pavillon construite par le seul roi fou de Razkavie, un souverain tout à fait inoffensif, comme la plupart des rois fous. Dans les années 1840, les jeunes membres de l'aristocratie, fatigués de cette vie étouffante auprès du roi et de sa cour conservatrice, tentèrent de créer une petite station thermale baptisée Andersbad, dans la vallée d'Elpenbach, et d'en faire un lieu à la mode. Il y avait un casino, Johann Strauss y avait même joué avec son orchestre, et on lui avait commandé une valse d'*Andersbad*, mais elle ne comptait pas parmi ses meilleures œuvres. On y trouvait quelques touristes, parfois même un roi ou un grand-duc en voyage, mais pas de quoi gâcher ce lieu.

A vrai dire, la Razkavie était un des endroits les plus agréables d'Europe. Les forêts étaient profondes et romantiques, la vallée d'Elpenbach pittoresque. Eschtenburg, la capitale, avec son rocher du Drapeau, était une ville médiévale, baroque et artistique ; Andersbad était plus interlope et amusante, la bière était bonne, le gibier abondant et les gens accueillants.

– Ce royaume m'a l'air délicieux, commenta Mme Goldberg. Pourtant, vous n'y vivez plus...

– Nous sommes en exil, maman, grand-mère et moi. Quand j'étais jeune, mon père et quelques-uns de ses amis – il était avocat – ont essayé de fonder un parti politique. Un parti libéral. Ils voulaient instaurer un système plus démocratique, car il n'y avait ni parlement, ni sénat, ni rien. On l'a jeté en prison, il y a attrapé la typhoïde et il est mort. Alors, maman nous a emmenées avec elle, grand-mère et moi, et depuis nous vivons ici. Elle refuse de retourner là-bas. Apparemment, la Razkavie est devenue un pays plus démocratique, mais la menace des deux grandes puissances voisines plane.

– Que veulent-elles ?

– Les mines de nickel. Je crois que ce métal sert à fabriquer un alliage pour les canons, les blindages ou je ne sais quoi. Les deux puissances se tiennent aux aguets, prêtes à bondir. L'Allemagne pourrait conquérir le pays en une heure et demie environ, l'Autriche-Hongrie également mais, si l'un des deux s'y risquait, il aurait des ennuis avec l'autre, alors ils se retiennent, pour l'instant. Maman pense que nous sommes plus en sécurité ici.

– Elle a sans doute raison, dit Mme Goldberg. Et dire qu'Adélaïde… la petite Adélaïde est mariée au prince… !

Elle secoua la tête d'un air incrédule.

– Il s'agit certainement d'un mariage morganatique, dit Becky.

– C'est quoi, ça ? demanda M. Taylor.

– C'est un mariage légal, mais limité, expliqua Mme Goldberg. Si Adélaïde a des enfants, ils ne pourront pas régner. C'est bien cela ?

Becky hocha la tête.

– Il y a eu un roi de Razkavie, nommé Michel II, qui était fou. Il voulait épouser un cygne. Ils l'ont laissé faire, à condition que le mariage soit morganatique.

– Normal, commenta M. Taylor. Un œuf sur le trône, ça ferait mauvais effet. Quand même, c'est une drôle de coïncidence, non ? Le prince Rudolf choisit un de ses sujets comme professeur de langues pour son épouse.

– Pas tant que ça. Les exilés sont assez nombreux à Maida Vale ; ils ont quitté la Razkavie pour différentes raisons. J'en connais au moins une douzaine. Des écrivains, des peintres, des gens comme ça. Pour nous, une des façons de gagner de l'argent, c'est d'enseigner l'allemand, et Maida Vale n'est pas très loin de Church Road. Le prince aurait pu choisir n'importe lequel d'entre nous sans savoir d'où il était originaire.

– Et vous ? demanda Mme Goldberg. Que voulez-vous faire plus tard ?

Si Becky en jugeait par son expérience, ce n'était pas une question que l'on posait souvent aux jeunes filles, et elle ne savait pas trop quelle réponse donner. Elle se voyait bien entrer dans un amphithéâtre, vêtue d'une toge, austère et majestueuse, se faisant appeler professeur Winter. Mais elle se voyait bien aussi trôner derrière un bar, dans une ville portuaire, un cigare aux lèvres, un diamant à l'oreille et un pistolet à la ceinture. Difficile de faire un choix.

– Il faut que je gagne de l'argent, dit-elle. J'aimerais aller à l'université, mais je dois aider maman. Elle dessine des illustrations pour les magazines. Pour l'instant, je me suis engagée dans cette histoire, j'ai promis à Mlle Bevan… Adélaïde… la princesse, de revenir la voir. Elle a besoin d'apprendre et je veux l'aider. En outre, je suis curieuse. Le prince Rudolf est un descendant de Walter von Eschten, voyez-vous. Pour moi, c'est important. Je reste une Razkavienne, malgré tout, en dépit de ce qu'ils ont fait à mon père. Et si des individus veulent faire sauter les membres de *ma* famille royale…

– Eh bien ? demanda M. Taylor.

– Je veux essayer de les en empêcher.

– Bravo ! Mais je vous conseille de ne pas approcher de la dynamite.

– J'aimerais bien savoir comment tout cela va finir, dit Mme Goldberg d'un ton où perçait un véritable regret. Hélas, je pars en Amérique avec mon mari après-demain. Il se rend à Chicago pour étudier les syndicats, et moi, j'ai envie de découvrir la bourse de New York. Nous serons absents un certain temps… Écoutez, Rebecca… Vous permettez que je vous appelle Rebecca ?

– Becky.

– Becky, donc. Dites bien des choses à Adélaïde de ma part. Et faites confiance à Jim… M. Taylor. Suivez ses conseils. Il m'a sauvé la vie trois fois déjà. J'espère qu'il n'aura pas à sauver la vôtre mais, si jamais cela devait arriver, vous pouvez compter sur lui. Et bonne chance !

3
Les gardes irlandais

Jim Taylor avait vingt-trois ans. Comme il l'avait dit à Becky, Sally Goldberg et lui avaient partagé un certain nombre d'aventures et affronté de multiples dangers. Il était détective, effectivement, mais ce n'était qu'une façon de gagner sa vie parmi bien d'autres. Il écrivait aussi des histoires pour les magazines populaires, du genre de ceux qu'illustrait la mère de Becky, bien qu'il eût des ambitions littéraires plus élevées. C'était aussi un joueur, et il avait été messager à travers l'Europe, garde du corps… Bref, il avait mené toutes sortes d'existences et il connaissait bien les côtés les plus pittoresques de Londres – autrement dit les plus louches.

En revanche, il ignorait presque tout de la politique européenne. C'est pourquoi, après avoir raccompagné Becky à Maida Vale, il prit l'omnibus jusqu'à Soho et là, grimpa au troisième étage d'une pension de famille misérable de Dean Street, qui abritait accessoirement un club socialiste. Il y trouva le mari de Sally, Daniel Goldberg, un cigare malodorant coincé entre les dents, en train de ranger des livres dans des valises en vue de son séjour en Amérique.

– Tu es déjà allé en Razkavie, Dan ? interrogea-t-il à brûle-pourpoint.

– Je l'ai traversée une fois. Surtout ne bois pas l'eau des sources thermales, elle te filerait des crampes d'estomac qui te cloueraient au lit pendant une semaine. Pourquoi me demandes-tu cela ?

Jim le lui expliqua. Goldberg interrompit ses préparatifs pour l'écouter.

– Comment diable te débrouilles-tu ? s'exclama-t-il. Tu te retrouves toujours mêlé à de sales histoires.

– Question de chance. Ce que je voudrais savoir, c'est qui peut avoir envie de dynamiter le prince. Des anarchistes, tu crois ?

– Comment savoir ? La moitié d'entre eux sont fous, et les autres totalement inefficaces. Mais tu as parlé au prince. Qu'en pense-t-il, lui ?

– Il pense que ça pourrait venir de son cousin Otto, le comte Otto von Schwartzberg. Il m'a donné une photo…

Jim plongea la main dans la poche de son gilet et en sortit une photographie représentant un groupe d'hommes, parmi lesquels se trouvait le prince. Vêtus de courtes vestes autrichiennes et coiffés de chapeaux ornés de plumes et de poils de blaireau, ils posaient devant un pavillon de chasse, avec à leurs pieds un empilement de cerfs morts. Certains tenaient des fusils.

– Le type avec l'arbalète, c'est Otto, commenta Jim en désignant un homme de grande taille aux sourcils sombres et à l'épaisse moustache ; une lueur féroce semblait danser dans ses yeux et une cicatrice barrait sa joue. Il paraît, ajouta le jeune détective, qu'il a tué un ours… à mains nues. Il venait d'abattre un ourson et la mère l'a attaqué avant qu'il ait le temps de recharger. Il lui a arraché la mâchoire inférieure et lui a défoncé le crâne à coups de pierre. Il était couvert de blessures et, pourtant, il riait aux éclats. C'est l'un des prétendants au trône, juste après Rudolf. Le prince a peur de lui, ça se sent. Mais je ne sais pas pourquoi… vois-tu, il y a quelque chose qui ne tient pas debout dans tout ça.

– Je suis d'accord, dit Goldberg. Il faut toujours commencer par s'intéresser à l'aspect politique des choses. Ce pays finira par tomber entre les mains des grandes puissances, tôt ou tard. C'est de cela dont il s'agit, tu peux me croire. Quant à ce sauvage qui décapite les ours à mains nues, il n'a rien d'un poseur de bombes. Passe-moi ce livre… celui sur lequel tu as posé tes pieds. Oui, cet ouvrage coûteux à la très belle reliure…

Jim ôta ses pieds de la table et tendit à Daniel Goldberg le pauvre annuaire dont il était question. Le socialiste le feuilleta, s'arrêta sur une page et fit glisser son doigt le long d'une colonne.

– Voilà, dit-il. Cet annuaire date un peu, mais ce pays n'étant pas une démocratie, on peut parier que les mêmes hommes sont toujours au pouvoir.

Il rendit le volume à Jim qui dut faire appel à ses rudiments d'allemand pour lire la brève description du royaume de Razkavie, qui indiquait les noms et les lieux de résidence du roi, du prince héritier, du prince Rudolf et de divers officiels tels que le chancelier, le maire d'Eschtenburg, l'inspecteur des mines, le chef de la police et ainsi de suite.

– Ton prince n'est pas le premier sur la liste des prétendants au trône ? demanda Goldberg.

– Non. C'est son frère aîné, Wilhelm, qui est marié mais n'a pas d'enfant. Le prince Rudolf est donc le suivant. Mais pour que ce soit bien clair, à *ton* avis, Dan, qui a pu déposer une bombe dans sa voiture ? De qui devrais-je me méfier ?

– Tu peux tirer un trait sur Schwartzberg le loup-garou. C'est un personnage intéressant, mais sur un plan anthropologique, pas politiquement. Ce n'est pas lui. A mon avis, quelqu'un œuvre dans l'ombre afin de provoquer une crise qui donnera au prince Bismarck, à Berlin, ou à l'empereur François-Joseph, à Vienne, un prétexte pour envoyer un régiment et annexer la Razkavie. Il n'y aura pas de grands changements pour autant. Le roi deviendra duc de machin-chose, il conservera son palais et son pavillon de chasse ; Otto von Schwartzberg continuera à tuer les animaux à mains nues, mais tout le nickel extrait des mines sera chargé dans des wagons qui l'emporteront dans l'un des deux pays. Je penche plutôt pour l'Allemagne. Le nickel finira dans les usines Krupp d'Essen.

– Tu es un véritable optimiste, toi !

– Je suis réaliste, mon cher. Avoir toujours raison me rend joyeux. Tu veux garder cet annuaire ? Je n'en aurai pas besoin à Chicago. Soit dit en passant, je connais une petite histoire sur Eschtenburg, la capitale de la Razkavie. Les rues sont si vieilles, étroites et sinueuses qu'elles n'ont pas de nom et les numéros des maisons ne dépendent pas de leur emplacement mais de la date de leur construction. Résultat, le numéro 3 est à côté du numéro 46 et ainsi de suite. On dirait que le diable en personne est allé là-bas, un jour, et qu'il n'a jamais retrouvé la sortie. Cela signifie qu'il y est toujours. Personnellement, je préfère me rendre à Chicago.

Un ou deux ans plus tôt, Jim avait fait la connaissance d'une bande de jeunes Irlandais, des gamins des rues originaires de Lambeth. Ils étaient bagarreurs, grossiers et sales, mais Jim n'avait jamais connu gens plus rusés et opiniâtres ; si les rats s'accouplaient avec les fox-terriers, voilà à quoi ressemblerait leur progéniture. Jim avait fait appel à eux pour diverses tâches et il les payait bien ; c'est pourquoi ils le respectaient naturellement, comme un chef au jugement sûr et un sacré bagarreur.

Dès qu'il avait cru reconnaître Adélaïde, il les avait chargés de surveiller la villa de Saint John's Wood, sans que quiconque remarquât leur présence, bien évidemment. Ils devaient se cacher dans les buissons d'une maison inoccupée qui surplombait celle d'Adélaïde et déclencher un beau raffut en cas de problème. Le matin même, Jim était allé les interroger, après l'attentat et comme ils n'avaient vu personne jeter une bombe sur la voiture, il en avait déduit qu'il s'agissait d'une machine infernale.

Plus tard, dans la soirée, alors que le prince assistait à une réception à l'ambassade du Brésil, Jim effectua une visite d'inspection chez les gardes irlandais. Ceux-ci étaient en pleine forme. Un peu trop, à vrai dire. Ils avaient trouvé que les voyous du quartier n'étaient pas de taille à lutter contre eux et, quand Jim arriva dans leur repaire, ils se vantaient de leur victoire sur un pauvre garçon boucher tout en faisant griller des saucisses bien juteuses au-dessus d'un feu qui fumait.

– On se nourrit sur les ressources du pays ! protesta Liam quand Jim leur ordonna de cesser leurs sottises. C'est pas ce que sont censés faire tous les guérilleros ?

– Vous êtes censés vous cacher. Attendez que votre mission soit terminée pour vous battre. La dame est chez elle ?

– Elle est sortie se balader, répondit un jeune garçon prénommé Charlie. Mais elle est rentrée y a environ une heure. Dites, m'sieur, z'êtes au courant pour la bonniche ?

– Quoi donc ?

– Elle a un jules.

– Alphonse, qu'il s'appelle.

– C'est un maquereau, et je m'y connais.

– Parlez moins fort, fit Jim. Qu'est-ce qu'il fait, ce type ?

– Il se pointe tous les soirs à la tombée de la nuit, répondit Liam. Elle sort en douce et ils vont tailler une bavette dans les buissons. Je me disais qu'on pourrait lui filer un coup sur la calebasse, qu'est-ce que vous en dites ? Pour lui faire les poches.

– Je dis non. Suivez-le plutôt, pour savoir d'où il vient.

– Psst ! fit le guetteur.

Le jeune détective franchit péniblement l'entrelacs de jambes pour voir ce que montrait le garçon chargé de surveiller la maison.

– Le v'là !...

La rue était éclairée au gaz, mais les lauriers qui surplombaient le jardin d'Adélaïde l'assombrissaient. Jim distingua seulement une silhouette qui se faufilait sur le côté de la maison avant de disparaître dans l'obscurité. Une seconde ou deux plus tard, un rayon de lumière apparut, le temps que la porte de la cuisine s'ouvre et se referme.

– Très bien, dit le jeune homme. On va aller écouter ce qu'ils se disent. Liam, Charlie, Sean, venez avec moi. Si je crie, on lui saute dessus. Sinon, restez cachés et faites en sorte qu'il ne vous entende pas.

Les Irlandais étaient efficaces. Ils traversèrent la chaussée tels des chats et, quelques secondes plus tard, ils se retrouvèrent avec Jim sous les arbres dans le jardin d'Adélaïde. Jim sentit une main se poser sur son bras et il entendit Liam qui lui chuchotait :

– Écoutez.

Deux personnes murmuraient tout près d'eux. La fille disait :

– ... et elle a raconté à la fille qu'elle était *mariée* avec lui !

– Mariée ? répéta l'autre voix.

Jim ressentit un étrange picotement à la racine des cheveux. Cette voix avait quelque chose de bizarre. Un accent étranger ? Ou était-ce autre chose ?

– Et j'ai trouvé ça, ajouta la bonne.

Il y eut un froissement de papier, suivi d'un petit éclat de lumière lorsque l'homme gratta une allumette. Jim vit briller les yeux de Liam.

– Un certificat de mariage..., dit l'homme. C'est quoi, cette marque en bas de la page ?

– Une croix. C'est sa signature. Elle est trop bête pour lire et écrire, elle est obligée de signer d'une croix. Mais c'est bien son nom, regardez. C'est tout ce qu'il y a de plus légal.

– Ahhh...

Des pièces de monnaie tintèrent. Jim murmura :

– Dès que la bonne rentre dans la maison, on saute sur le type. Il me faut ce document, c'est vital. Et je ne veux pas entendre le bonhomme crier.

Il n'eut pas besoin d'en dire plus. Comme la plupart des garçons de son âge, Liam portait un cache-nez en soie, qui avait toutes sortes d'usages. Il l'ôta de son cou et se pencha en avant pour ramasser à tâtons une pierre qu'il enveloppa avec une des extrémités du cache-nez afin de pouvoir le faire tournoyer autour de la gorge de l'homme comme un garrot. Les autres garçons s'éloignèrent en rampant et se cachèrent près du portail.

Ils n'attendirent pas longtemps. L'homme demanda :

– Même heure demain ?

– Entendu. Je verrai ce que je peux trouver d'autre. Mais je veux plus d'argent la prochaine fois.

– Très bien.

La bonne fit demi-tour et repartit à petits pas maniérés le long de la maison. L'homme, lui, resta immobile le temps d'allumer une cigarette. Liam s'agitait avec nervosité à côté de Jim. Enfin, l'inconnu repartit vers la grille.

En deux bonds, Liam se retrouva derrière lui. Son cache-nez tournoyait dans l'air en sifflant. Il s'enroula autour du cou de l'homme, et le garçon exerça aussitôt une violente traction vers l'arrière pendant que Jim plaquait leur adversaire aux jambes. Il s'ensuivit une mêlée d'où jaillissaient des coups de poing, des coups de pied et des râles étouffés, jusqu'à ce que l'homme se retrouve immobilisé à plat ventre sous les lauriers. Liam était agenouillé sur son dos tandis que deux autres garçons lui tenaient les jambes et les bras.

– Écoutez-moi bien, lui souffla Jim. Mon ami cessera de vous étrangler dès que vous aurez hoché la tête.

L'homme agita frénétiquement la tête de haut en bas et Liam desserra le cache-nez.

– Que me voulez-vous ? demanda-t-il d'une voix haletante et éraillée.

– Le document que la bonne vient de vous remettre. Retournez-le, les gars.

Ils le firent rouler sur le dos et le jeune détective fouilla ses poches. Pendant qu'il se livrait à cette activité, l'impression que *quelque chose clochait* se mua subitement en un étrange soupçon. Il eut un instant d'hésitation ; les yeux de l'homme, de grands yeux sombres et très expressifs, lancèrent un éclair dans l'obscurité. Jim trouva le document dans la poche du gilet et le glissa dans la sienne avant de se remettre en position accroupie.

Liam se releva et noua le cache-nez autour de son cou. Les deux autres garçons lâchèrent l'espion qui se releva à son tour, lentement, et s'accroupit tel un félin, avec une grâce sauvage. Soudain, quelque chose scintilla dans sa main.

Jim eut le temps de se rejeter en arrière, mais pas assez vite pour éviter la lame. Celle-ci glissa sur les jointures de sa main droite et la douleur sourde se transforma presque aussitôt en un élancement fulgurant. Il poussa un juron et roula sur le côté, au moment où l'homme se jetait sur lui. Le jeune détective se releva aussitôt, retirant son bras droit de sa veste qu'il enroula autour de son bras gauche pour se protéger du couteau ; mais il n'avait pas d'arme pour riposter.

Liam fit tournoyer son cache-nez lesté. Cette fois, l'espion parvint à l'esquiver et Jim entendit alors simultanément plusieurs sons différents : des bruits de sabots et de roues de voiture provenant de la chaussée et une fenêtre qui s'ouvrait à la volée au-dessus de lui. L'espion pivota sur ses talons et s'enfuit à toute allure.

– Rattrapez-le, les gars ! cria Jim. Suivez-le, où qu'il aille !

Liam alerta ceux qui étaient restés cachés dans les buissons. Jim atteignit le portail juste à temps pour voir l'homme courir sur la route, pourchassé par une horde de gamins poussant leurs cris de guerre.

Soudain, il s'aperçut que le prince se trouvait à côté de lui. Il venait juste de descendre de voiture et était en grande tenue : cravate blanche et queue-de-pie. De nombreuses décorations scintillaient autour de son cou. Mais son visage était ravagé par l'angoisse.

– Que s'est-il passé ? s'enquit-il. La bonne va bien ?

– C'était un espion. Oui, la bonne va bien… pour l'instant. Mais il faut qu'on parle, vous et moi.

– Vous saignez, remarqua le prince.

Jim s'aperçut alors que le sang coulait abondamment de sa main. Et ça lui faisait un mal de chien.

– Je vous croyais à l'ambassade du Brésil, dit-il en nouant à la hâte un mouchoir autour de sa blessure.

– J'y étais, mais un événement est survenu… Un espion, dites-vous ? Ah, c'en est trop…

– Entrons, décida Jim, avant de s'adresser au cocher qui roulait de gros yeux ronds sur son siège :

Allez chercher un agent de police. Et dépêchez-vous.

L'homme fit claquer son fouet et repartit aussitôt. Dès qu'ils furent dans la maison, Jim entraîna le prince au salon et demanda à voir la bonne. Celle-ci semblait effrayée, mais elle regardait tour à tour les deux hommes en plissant les yeux d'un air calculateur. Jim la jaugea immédiatement.

– Vous êtes une voleuse, lui dit-il. Un policier va venir vous chercher d'une minute à l'autre. Le temps que vous passerez en prison dépend de vous. Vous devez nous dire la vérité. Qui était cette personne avec qui vous discutiez dans le jardin ?

– J'en sais rien, répondit-elle en relevant le menton avec défi. Ils m'enverront pas en prison, de toute façon.

– Peut-être pas, en effet. Après tout, il s'agit d'un acte de haute trahison, qui mérite la corde. Ça vous dit de monter sur l'échafaud, avec le bourreau ?

C'était du bluff, mais il se révéla efficace. La bonne ouvrit de grands yeux et laissa échapper un petit hoquet de désarroi.

– Je... je sais pas qui c'est... il m'a donné cinq souverains, mais je pensais pas à mal... Je croyais que ça avait pas d'importance...

Elle mentait, mais elle n'avait pas grand-chose de plus à leur apprendre. Après l'avoir enfermée dans l'arrière-cuisine, Jim rejoignit le prince qui, très nerveux, faisait les cent pas dans le salon en se rongeant les ongles.

– Qu'a-t-elle volé ? demanda-t-il.

– Ceci, dit Jim en sortant de sa poche le certificat de mariage.

Le prince se prit la tête à deux mains. Il semblait fou de désespoir, mais il est vrai, pensa Jim, que le pauvre idiot avait déjà cette expression-là en arrivant. Il y avait autre chose.

– Pourquoi ne m'avoir rien dit, Votre Altesse ? Pourquoi me laisser dans l'ignorance ? Je travaille pour vous, je vous le rappelle.

Le prince restait planté là, dans son bel habit de soirée, avec la croix de Saint-Machin et l'insigne de l'ordre du Grand Trucmuche qui brillaient dans la lumière de la lampe ; il était totalement abattu. Tout cela le dépassait. Il expliqua à Jim pour quelle raison il était rentré plus tôt que prévu :

– J'ai été obligé de quitter la réception car j'ai reçu un message... une terrible nouvelle. Mon frère, le prince héritier, et son épouse la princesse Anna se sont fait tirer dessus. Lui est mort et elle a peu de chances de survivre. Il faut que je rentre immédiatement dans mon pays. Je suis revenu ici pour... prévenir ma femme. J'ai prié l'ambassadeur et son épouse de me rejoindre ici dans vingt minutes. Ils ignorent dans quel but.

A cet instant, la porte s'ouvrit et Adélaïde fit son entrée. Jim sentit son cœur se serrer, comme si son âme jaillissait hors de son corps pour voler vers elle. Ces grands yeux noirs, cette silhouette fine, ce visage expressif qui trahissait l'interrogation et l'espièglerie, teintées de mélancolie ou d'appréhension... A cet instant, il sut que, quelle que ce soit l'issue de ce jeu, il ne quitterait pas la partie avant la fin. Son moral s'envola, puis replongea immédiatement, car il venait de se souvenir qu'Adélaïde était mariée, que c'était une princesse maintenant, et qu'il était au service de son mari.

– Bonsoir, Jim, dit-elle d'une voix douce.

– Chère petite Adélaïde, répondit Jim d'une voix tremblante. Où étais-tu passée pendant tout ce temps ?

Elle jeta un regard au prince, le temps de déchiffrer son expression, puis ses yeux se posèrent sur la main de Jim.

– Tu es blessé, dit-elle, inquiète. (Elle s'approcha pour regarder sa main de plus près et défaire le mouchoir noué à la diable sur la plaie.) Laisse-moi te faire un pansement correct, il faut nettoyer ça. Rudi, que se passe-t-il ?

Pendant qu'elle sonnait pour réclamer à la cuisinière un bol d'eau chaude, le prince lui raconta ce qui s'était passé en Razkavie.

– Me voilà donc l'héritier du trône, dit-il. Quand mon père mourra, c'est moi qui deviendrai roi. L'ambassadeur sera ici dans quelques minutes. Je lui ai demandé de venir accompagné de son épouse car ils doivent être mis au courant tous les deux. Ensuite, nous partirons. Immédiatement.

– Pour la Razkavie ?

– Oui, évidemment. Je refuse de partir sans toi. Il

faut que tu viennes avec moi, Adélaïde. Et vous aussi, monsieur Taylor.

Adélaïde jeta un regard noir à Jim, puis à son mari. Et elle déclara :

– Je veux que Becky vienne elle aussi.

Tout se bousculait. La cuisinière apporta le bol d'eau chaude avec un linge propre, au moment où on frappait à la porte et, en regardant par la fenêtre, Jim aperçut un policier dans l'allée et les lumières d'une voiture à cheval qui s'arrêtait devant la maison.

– Allons en haut, dit Adélaïde en prenant le bol d'eau chaude.

Jim la suivit, laissant au prince le soin d'informer le policier de l'accusation qui pesait sur la domestique et de recevoir l'ambassadeur et son épouse dans le salon. « Dieu seul sait ce qu'ils doivent s'imaginer, se dit Jim. Ils seront fixés dans une minute... »

Adélaïde s'agenouilla par terre devant Jim pour lui laver la main – il grimaça de douleur – avant de la bander fermement, pendant qu'ils parlaient à voix basse, d'un ton pressant, tels deux enfants qui ont fait une bêtise.

– Qu'est-ce qui va se passer, Jim ? Je *peux pas* être une fichue princesse !

– Tu en es une, pourtant. Alors, tais-toi. Où étais-tu passée, bon sang ? Qu'est-ce qui t'est arrivé quand on t'a perdue ? Le soir où on s'est enfuis pour échapper à Mme Holland... ?

– Sur les quais ? Quand M. Garland et toi, vous vous êtes battus contre ce gros bonhomme... ?

– On l'a eu, finalement. Mais c'est lui qui a bien failli nous tuer. Pourquoi tu t'es enfuie ?

– Je sais pas. J'avais tellement peur… Oh, Jim, j'ai fait des choses terribles…

– Comment t'es-tu retrouvée avec la bague au doigt ?

– Il me l'a demandé. Il est amoureux de moi.

– Ça se voit. Mais comment tu l'as connu ?

– Je… J'étais… J'ai trop honte, je ne peux pas te le dire.

- C'est maintenant ou jamais, Adélaïde. Ils vont monter dans une minute et, ensuite, on ne sera plus jamais seuls tous les deux, tu en es consciente ? Tu as fait le trottoir, c'est ça ?

Adélaïde hocha la tête. Son petit visage était noyé de tristesse et Jim brûlait d'envie de l'embrasser, mais il se jura que, tant que le prince vivrait, plus jamais il ne laisserait cette situation se reproduire ; plus jamais leurs mains ne se toucheraient comme maintenant, plus jamais il n'approcherait d'elle à moins de deux mètres. Il y avait l'amour d'un côté et l'honneur de l'autre ; quand ils entraient en collision, cela vous brisait le cœur.

– J'étais totalement perdue, Jim. Je ne savais plus ce que je faisais. J'ai mendié, j'ai volé, j'ai failli mourir de faim… Finalement, je me suis retrouvée dans une « maison » à Shepherd Market. Tu vois ce que je veux dire. La patronne, une vieille femme nommée Mme Catlett, avait une demi-douzaine de filles. Ce n'était pas une mauvaise femme, elle faisait venir un médecin tous les mois pour veiller sur notre santé..

Puis un jour, un noble allemand est venu avec un groupe d'amis. Il leur servait de guide, comme à des touristes. Parmi eux se trouvait le prince. Je voyais bien qu'il était mal à l'aise, qu'il ne voulait pas faire ce genre de choses, mais il était gentil, alors on a juste parlé… et je suppose qu'il est tombé amoureux de moi ce soir-là. Il avait pas eu beaucoup d'affection, le pauvre. Bref, il a donné une grosse somme d'argent à Mme Catlett pour m'emmener avec lui, et il m'a installée ici. Après, on s'est mariés. Pour lui, il n'était pas question que je refuse. Au début, je… j'allais tout le temps à Bloomsbury. Je m'arrêtais sur le trottoir d'en face, et je regardais la boutique des Garland…

– Pourquoi tu n'es pas entrée, petite idiote ? Sais-tu qu'on a engagé des détectives qui ont passé Londres au peigne fin pour te retrouver ?

– J'avais peur d'avoir fait quelque chose de mal. Plus tard, quand j'ai enfin trouvé le courage de retourner là-bas, tout avait brûlé…

– Fred a péri dans l'incendie.

– Oh, mon Dieu… Et Mlle Lockhart ? Et Trembleur ?

– Mlle Lockhart est mariée maintenant. Elle est devenue Mme Goldberg. Le vieux Trembleur a épousé une riche veuve. Il tient une pension de famille à Islington.

Adélaïde exprima de nouveau son angoisse :

– Oh, Jim, qu'est-ce qui m'attend ? Je *peux pas* aller dans ce pays pour être une princesse. Je peux pas…

– Tu as épousé cet homme. Tu dois assumer ton geste. Impossible de faire marche arrière. Mais je serai là. Et Becky aussi…

– Tu crois qu'elle viendra ? Je partirai pas sans elle, je te le jure !

– Bien sûr qu'elle viendra, répondit Jim (qui n'en était pas totalement convaincu). Écoute… les voilà qui montent. Courage, fillette. On a traversé de plus terribles épreuves. Tu te souviens de l'usine d'équarrissage ?

Adélaïde répondit par un sourire crispé et Jim sentit son cœur fondre de pitié.

On frappa à la porte et celle-ci s'ouvrit. Jim se redressa au moment où le prince entrait. Le vieil homme qui le suivait cligna des yeux pour marquer son étonnement en découvrant ce jeune homme aux cheveux en bataille et à la veste déchirée, la jeune femme qui lissait ses jupes et le bol d'eau ensanglantée posé sur le plancher. Il claqua des talons et s'inclina. C'était un homme trapu, d'aspect militaire, avec un visage rougeaud, les cheveux coupés en brosse, une cicatrice sur la joue, sans doute due à un duel, une épaisse moustache et le torse couvert de décorations. Son épouse, massive et glaciale, étincelait comme un opéra.

Le prince referma la porte.

– Nous parlerons anglais, déclara-t-il.

Livide, il semblait à bout de nerfs, mais il poursuivit d'une voix maîtrisée :

– J'aurais souhaité vous annoncer la nouvelle dans

d'autres circonstances. Mais je n'ai guère le choix. Adélaïde, je vous présente notre ambassadeur, le comte Thalgau, et Mme la comtesse Thalgau.

Jim remarqua que l'ordre des présentations n'avait pas échappé à l'ambassadeur et à son épouse : le prince les avait présentés à Adélaïde, et non l'inverse. Cela signifiait qu'elle leur était socialement supérieure. La tension était perceptible. Le prince enchaîna :

– Comte Thalgau, permettez-moi de vous présenter mon fidèle secrétaire et conseiller, M. James Taylor. Comme vous pouvez le constater, il a été blessé à mon service, ce soir même.

Cette fois, il y eut un hochement de tête approbateur, accompagné d'un claquement de talons. Jim ne pouvait pas serrer la main de l'ambassadeur, mais il parvint à esquisser un mouvement de tête respectueux, à la prussienne. Derrière toutes ces marques de politesse, il sentait monter une colossale curiosité, comme la vapeur dans une bouilloire.

Le prince prit la main d'Adélaïde et la passa autour de son bras.

– Et voici mon épouse, Adélaïde. Votre princesse.

Le comte eut un mouvement de recul, la comtesse resta bouche bée. Puis le vieil ambassadeur explosa :

– Dieu du ciel ! Vous êtes marié ! *Marié !* Êtes-vous devenu fou ? Avez-vous perdu la raison ? Le mariage d'un prince – un prince héritier désormais ! Le futur roi ! – n'est pas une affaire d'adolescents transis d'amour ni de poètes illuminés, nom de nom ! C'est l'affaire des diplomates et des hommes d'État ! L'avenir de la Razkavie dépend des alliances que vous auriez dû contracter par le biais de votre mariage. *Ach ! Mein Gott !*

– Et c'est une excellente raison, si j'avais besoin d'une raison autre que mon amour pour justifier mon mariage avec cette dame, rétorqua le prince, pâle, mais courageux face au feu ennemi. Tout mariage diplomatique aurait été analysé comme le signe de mes positions politiques, ce qui aurait été fatal à la paix. Au contraire, j'ai maintenant la liberté d'agir dans l'intérêt de la Razkavie, sans être tenu par une alliance qui pourrait provoquer une scission dans le pays.

– *Ach ! Sancta simplicitas !* gémit le comte. Mais… la famille de cette dame… Quelles sont ses origines ?

Le prince se tourna vers Adélaïde et dit :

– Mon épouse est anglaise. Autant que je me souvienne, les relations ont toujours été amicales entre les peuples d'Angleterre et de Razkavie. Il n'y a rien qui puisse empêcher notre mariage.

– L'empêcher, non. L'annuler, si. Nous allons déposer immédiatement une demande auprès du Vatican. Le cardinal archevêque fera ce que nous…

– Jamais ! s'exclama le prince, avant de passer à l'allemand pour ajouter, d'un ton rageur : Votre rôle, comte Thalgau, ne consiste pas à essayer de contrecarrer les décisions des princes. Si j'avais sollicité votre avis, je l'écouterais avec respect, mais ce n'est pas le cas. Je n'ai que faire de votre avis. Je réclame votre loyauté. Vous avez toujours été un fidèle ami de la famille, ne me trahissez pas maintenant. J'aime cette dame de toute mon âme. Seule la mort pourra nous séparer, certainement pas quelque sordide arrangement concocté par le Vatican. Est-ce bien clair ?

Pour la première fois, Jim devina l'étoffe d'un roi chez le jeune homme. Le comte ferma les yeux. Puis il se massa les tempes et dit :

– Si c'est fait, c'est fait. Mais bien entendu, il ne peut s'agir que d'un mariage morganatique. La lignée royale des Eschtenburg prendra fin avec vous. Le roi August II…

– Ce mariage ne peut pas être morganatique.

– Et pourquoi donc ?

– Nous nous sommes mariés dans ce pays. La loi anglaise ne reconnaît pas le mariage morganatique. Mon épouse porte donc le titre de princesse.

Seul le fait que le prince soit debout empêcha le comte de s'écrouler sur un siège. Il chancela. A ce moment, Adélaïde intervint :

– Votre Excellence, dit-elle avec son petit accent cockney. Je comprends votre étonnement. Je suis enchantée de faire votre connaissance, mon mari m'a souvent dit combien il avait d'admiration pour vous et pour vos faits d'armes. J'ai hâte d'en connaître davantage. Asseyez-vous donc, madame la comtesse et vous. Peut-être M. Taylor serait-il assez aimable pour aller demander qu'on nous serve des rafraîchissements ?

« Bien joué, petite », se dit Jim en ramassant le bol d'eau rougie et en descendant aux cuisines. Là, il trouva la cuisinière et le valet de chambre en proie aux interrogations et aux spéculations. Il leur ordonna de monter à l'étage une assiette de sandwichs et une bouteille de vin.

Quand il rejoignit Adélaïde et les autres, ils étaient en train de parler de Becky. Il s'immisça dans la conversation :

– Puis-je vous suggérer, Votre Altesse, de vous rendre, avec la princesse et la comtesse, chez la mère de Rebecca, Frau Winter ? Il est essentiel que cette jeune fille vienne avec nous, je suis d'accord avec Ad… avec la princesse, mais elle n'a que seize ans, et sa mère aura besoin d'être rassurée sur le… euh…

– *Die Richtigkeit*, dit la comtesse.

– *Ja*. La bienséance, dit l'ambassadeur. C'est très juste. *Ja*.

Le comte et la comtesse étaient encore sous le choc. Jim compatissait, mais sa main lui faisait un mal de chien et, quand le valet apporta le vin, il en avala trois verres pour calmer la douleur. Puis le prince se leva et prit congé. Accompagné d'Adélaïde et de la comtesse, il s'en allait informer – et stupéfier – Frau Winter, laissant Jim seul avec l'ambassadeur.

– Eh bien, monsieur Taylor, dit celui-ci en fixant sur Jim un regard qui aurait déstabilisé un hussard. J'attends que vous me disiez la vérité. En quoi êtes-vous impliqué dans cette histoire ? Qui était donc cet espion qui vous a mis dans cet état avant de s'enfuir ?

Prenez garde, monsieur Taylor. J'ai reçu un choc ce soir, mais j'aime mon pays, je vénère mon prince et maintenant… (Il inspira profondément.) je serai le fidèle serviteur de… la princesse. Beaucoup de choses me semblent mystérieuses dans cette affaire. Racontez-moi tout, ou vous le regretterez.

Jim commença alors son récit.

4
Le théâtre de l'Alhambra

Assise à la table du petit salon, Becky était plongée dans une grammaire italienne. Son livre était posé à l'orée du cercle de lumière, à l'intérieur duquel la main de sa mère dessinait avec application Dick Bois-Mort en train de tirer avec deux pistolets sur un gigantesque hors-la-loi barbu, et armé, lui aussi, de deux pistolets. Leurs balles s'étaient peut-être percutées en vol, car aucun des deux hommes n'était blessé. La plume plongea une dernière fois dans l'encre pour ajouter une boucle à la barbe du hors-la-loi, puis la mère de Becky essuya son outil de travail, le posa et s'étira en appuyant ses mains dans le creux de son dos.

– Ça suffit pour ce soir, fit-elle avec un bâillement.

– Un chocolat chaud ? proposa Becky en glissant un marque-page entre deux pages de sa grammaire.

La bouilloire sifflait doucement sur la plaque de fonte dans la cheminée et la petite horloge en bois venant d'Elpenbach s'apprêtait à sonner vingt-deux heures.

Mais, avant que Becky ait eu le temps de se lever, on frappa à la porte d'entrée. La mère et la fille échangèrent un regard surpris : cette pension était un endroit respectable où l'on recevait rarement de visites après dix-huit heures. Elles écoutèrent Mme Page, la logeuse, traverser le vestibule en clopinant, puis ouvrir la porte.

Il y eut quelques murmures, suivis de bruits de pas... et quelqu'un frappa à la porte de leur salon.

Becky se précipita pour aller ouvrir ; sa mère se tenait debout derrière elle, inquiète. Le visage ridé et perplexe de Mme Page apparut dans l'ouverture de la porte.

– Il y a là un monsieur et... euh, deux dames qui souhaitent vous voir. Je n'ai pas compris leurs noms, ajouta-t-elle à voix basse.

Becky aperçut alors Adélaïde, enveloppée dans un long manteau et coiffée d'un chapeau, puis le prince et une dame si majestueuse, froide et imposante qu'on aurait pu la croire taillée dans du marbre.

– Oh ! Adélaïde... le prince... Votre Altesse... Madame... Maman, c'est... Entrez donc, je vous en prie..., bredouilla Becky, en proie à la plus grande confusion.

Sa mère était tout aussi déroutée, mais désireuse de se montrer polie, bien que gênée par l'aspect misérable du décor. Elles n'avaient que quatre chaises ! Mais Mme Page, qui s'en était aperçue, était allée en chercher une autre.

Pendant ce temps, Becky s'interrogeait sur l'ordre des présentations. Était-elle censée connaître l'identité du prince et l'avoir révélée à sa mère ? (Ce qu'elle avait fait, bien évidemment.) Heureusement, Adélaïde vint à son secours :

– Rudolf, dit-elle, vous connaissez Mlle Winter, et voici sa mère. Becky, votre mère sait certainement que Herr Strauss est le prince Rudolf.

La mère de Becky, rougissante, esquissa une révérence, sa fille l'imita avec une certaine brusquerie. Puis Adélaïde se tourna vers l'autre dame.

– Comtesse, dit-elle, permettez-moi de vous présenter Frau et... *und Fräulein Winter*. Voici la comtesse von Thalgau. L'épouse de l'ambassadeur de Razkavie.

Nouvelles révérences, accompagnées d'une poignée de main dénuée de chaleur. La comtesse promena son regard autour d'elle et ferma les yeux dans un silence éloquent.

Après que Mme Page eut apporté la chaise supplémentaire et qu'ils furent tous assis, le prince prit la parole. Pour commencer, il leur parla de l'assassinat du prince héritier, puis de son propre mariage. Il s'exprima d'abord en anglais, une langue qu'il maîtrisait assez bien, mais avec laquelle il ne se sentait pas à son aise. Il se tourna alors vers Adélaïde et dit :

– Pardonnez-moi, ma chère, mais je vais continuer en allemand. Sinon, je crains de ne pas être assez précis.

Son visage de doux rêveur était pâle dans la lumière de la lampe. Il s'adressa à la mère de Becky :

– Frau Winter, quand mon épouse m'a dit que la préceptrice que j'avais engagée était native de mon pays, j'ai senti que la main du destin avait guidé mon choix. J'ai appris par la suite qui était son père et, dès lors, je n'ai plus eu aucun doute. J'ai eu le privilège, jadis, de rencontrer feu votre mari. Il était venu au palais pour me parler de l'évolution de nos lois ; cette visite entrait dans le cadre de mon éducation. Croyez bien que je déplore amèrement sa mort. Parmi mes souhaits les plus chers figure la volonté de modifier notre constitution pour permettre à des partis politiques démocratiques de se développer, comme le souhaitait votre époux.

Il marqua une brève pause, puis reprit :

– Mais comme pour tout ce que j'entreprendrai, je me fierai au jugement et à la sensibilité de mon épouse. Son expérience de la vie lui a apporté une sagesse qui dépasse bien largement le nombre de ses années, ainsi qu'une force de caractère et une perspicacité sur lesquelles j'espère m'appuyer.

Becky remarqua que la comtesse s'était retournée pour poser son regard froid sur Adélaïde. Cette dernière, assise calmement, les mains sur les genoux et les yeux fixés sur le prince, ne s'aperçut de rien.

– Mais mon épouse aura besoin d'aide, ajouta le prince. Elle aura besoin d'être guidée et accompagnée. Elle aura besoin de recevoir une instruction. Il semblerait, d'après ce qu'elle m'a dit, que Fräulein

Winter soit capable, plus que n'importe qui, de remplir toutes ces fonctions. Frau Winter, j'ai longuement parlé, et je vous prie de m'en excuser. Si vous ne pouvez pas autoriser votre fille à accompagner la princesse en Razkavie pour être sa dame de compagnie, je le comprendrai et je respecterai votre décision. Et je prendrai congé. Quoi qu'il en soit, madame, je vous prie de nous pardonner ce dérangement.

La mère de Becky regarda sa fille, inspira profondément et joignit les mains dans un geste de prière, puis elle frappa dans ses paumes, comme si elle avait pris une décision.

– Votre Altesse. Je tiens à vous dire, tout d'abord, combien nous sommes honorées. Et combien je regrette de ne pas pouvoir vous accueillir plus confortablement. Je me souviens fort bien de la visite de mon mari au palais. Il m'a raconté avec quelle attention vous l'aviez écouté et interrogé. S'il avait vécu plus longtemps, vous n'auriez pas eu de conseiller plus loyal. Et je suis très honorée de la confiance que vous nous faites. Mais votre requête est considérable. Je suis une veuve dans un pays étranger et je dois lutter pour survivre. Tout ce qu'il me reste ici, ce sont ma vieille mère et ma fille, et j'aime profondément l'une et l'autre. S'il devait arriver un malheur à Rebecca, ma vie serait finie. Mais c'est une jeune fille dotée d'une grande force de caractère, d'une grande honnêteté et de nombreuses autres qualités. J'ai essayé de l'élever pour qu'elle soit bonne, modeste, travailleuse et charitable. Je suis fière d'elle. Je pense que votre princesse aura besoin d'une amie fidèle. Elle n'en trouvera pas de plus sincère ni de plus précieuse que ma Rebecca. Prince, votre requête nous honore. Mais permettez-moi d'ajouter que la princesse Adélaïde sera plus honorée encore par l'amitié de ma fille. Ma réponse est donc oui, Rebecca peut vous accompagner, avec ma bénédiction. Mais je vous préviens : si on touche à un seul de ses cheveux, le coupable ne trouvera sur terre aucun endroit où se cacher ; je le retrouverai et je lui arracherai le cœur, comme il aura brisé le mien. Rebecca, *liebchen*..

La voix tremblante, la vue brouillée par les larmes, elle se tourna vers Becky et lui tendit les bras. La mère et la fille s'étreignirent si intensément que Becky entendit des craquements, sans savoir s'il s'agissait de ses côtes ou du corset de sa mère, mais cela n'avait pas d'importance, car elle pleurait elle aussi.

Quand elles se furent ressaisies, le prince Rudolf dit :

– Nous partirons dans trente-six heures. Fräulein, vous aurez besoin de vêtements... Pour le deuil et le reste. La comtesse Thalgau vous conseillera. Frau Winter, je vais vous laisser de l'argent pour couvrir tous les frais. Si jamais vous avez besoin d'autre chose, n'hésitez pas à en parler à la comtesse...

Des pièces d'or apparurent sur la table. Personne dans cette maison n'avait vu autant d'argent depuis des années. Adélaïde croisa le regard de Becky et, l'espace d'un instant, un petit sourire inquiet s'accrocha à ses lèvres ; un autre lui répondit. Le jeune professeur se demanda alors laquelle des deux amies aurait le plus besoin de l'autre.

Les gardes irlandais avaient pourchassé l'espion jusque dans le quartier de Marylebone, en suivant Baker Street et en rameutant des troupes sur le trajet, si bien que le fuyard avait au moins cent gamins braillards à ses trousses. Mais, arrivé au coin d'Oxford Street, l'homme sauta dans un fiacre. Liam et Charlie étaient suffisamment près pour entendre l'adresse qu'il lança au cocher d'une voix essoufflée et, alors que la voiture s'enfonçait dans Mayfair, ils s'écrièrent :

– Par ici ! Suivez-nous ! en s'élançant dans Oxford Street avant de s'engouffrer dans Soho.

A bout de souffle, ils arrivèrent à Leicester Square juste au moment où un fiacre s'arrêtait devant l'entrée des artistes du théâtre de l'Alhambra.

– C'est lui ? demanda Liam.

– Le voilà ! s'écria Charlie d'une voix stridente.

– Rattrapez-le, les gars ! lança Dermot.

Le concierge de l'entrée des artistes n'avait aucune chance : ils s'engouffrèrent dans le théâtre comme un essaim de guêpes en folie. La représentation du soir venait de s'achever et les coulisses, les couloirs, les loges grouillaient d'artistes, de menuisiers, d'éclairagistes et d'accessoiristes, mais en quelques minutes il n'y eut pas un seul recoin, du foyer au poulailler, qui ne fût envahi de garnements.

– Le voilà !

– Je l'ai vu... là-haut, sur l'échelle !

– Il est passé par la trappe ! Suivons-le !

– Il a pris ce couloir... Il est là-bas !

Cinq hommes (acrobates, régisseurs et serveurs) furent pourchassés, interrogés, puis relâchés, avant que Liam, Charlie et Dermot ne repèrent enfin leur proie dans un couloir, près du foyer des acteurs.

Déterminés, ils se lancèrent à sa poursuite, mais un peu trop tard pour l'empêcher de se faufiler dans une loge. Une clé tourna dans la serrure. Ils tambourinèrent contre la porte avec fureur.

– Sors de là, misérable voleur ! Espèce de sale espion ! Trouillard ! Sors donc et bats-toi, infâme crapule !

A l'intérieur, c'était le silence. Mais, derrière les trois garçons, la clameur enflait.

– Va falloir enfoncer la porte, les gars, déclara Liam.

Ils reculèrent dans l'étroit couloir pour prendre leur élan.

– Un... deux... trois !

La porte s'ouvrit.

Déséquilibrés, ils trébuchèrent et se rétablirent tant bien que mal, pour se retrouver face à une femme : une superbe actrice de type espagnol, avec des yeux sombres et une chevelure de jais, vêtue d'une robe écarlate qui dénudait ses épaules. Elle affichait un vif effroi et semblait avoir du mal à parler, tant son cœur battait fort.

– Où est l'homme ? demanda Liam. Par où s'est-il enfui ?

D'un geste tremblant, elle montra la fenêtre ouverte.

– Par ici ! brailla Liam, au moment où les autres garnements arrivaient devant la porte de la loge.

Guidés par Liam, ils s'engouffrèrent dans la pièce et ressortirent par la fenêtre pour se laisser glisser le long du mur obscur et atterrir sur un chantier de construction dans Castle Street, au milieu des briques, des planches et des amas de gravats : on aurait dit des taons à la poursuite d'un taureau enragé.

Et imaginaire.

L'actrice referma sa fenêtre et laissa échapper dans un long soupir frissonnant le souffle qu'elle retenait. Épuisée, elle avait à peine la force de tenir debout. La poitrine haletante, elle ferma la porte à clé, tira les rideaux et ôta sa perruque. Elle fit passer sa robe par-dessus sa tête, défit une fermeture au niveau de la taille et se débarrassa du pantalon caché sous la longue robe, qu'elle lança dans un coin derrière la porte, où il alla rejoindre la veste et le gilet qu'elle avait ôtés en toute hâte. Cela fait, elle se laissa tomber sur le siège de la coiffeuse. Peu à peu, sa respiration se calma. Elle détacha ses cheveux noirs tirés en arrière et sortit de l'étui fixé à son mollet le couteau ensanglanté, qu'elle essuya avec un mouchoir de soie. Puis elle esquissa un sourire et observa son reflet dans le miroir, d'un côté puis de l'autre.

Les soupçons incrédules de Jim étaient fondés.

– Une femme ? Comment s'appelle-t-elle ?

– Carmen Isabella Ruiz y Soler, monsieur. C'est une actrice.

– Digne de confiance ?

– Je crois savoir comment la contrôler, monsieur.

– Vraiment ? J'avoue que vous ne m'avez pas encore déçu, bien qu'il s'agisse du plan le plus fou dont j'aie jamais entendu parler. Continuez, Bleichröder. Et tenez-moi informé.

Nous sommes à mille kilomètres de là, à Berlin. Celui qui parle est un homme âgé, à l'air féroce, avec une tête ronde, chauve, des yeux protubérants et une moustache en guidon de vélo. Il jette un regard noir autour de lui, hoche brièvement la tête et prend congé pour regagner sa voiture. Dans l'antichambre, les officiels s'inclinent, des valets ouvrent les portes, des fonctionnaires lui emboîtent le pas rapidement, des documents à la main. Tous affichent un air crispé et apeuré, car cet homme n'est autre que le grand Chancelier, le prince Otto von Bismarck.

L'autre homme, celui qui est resté dans le bureau, prend appui sur les bras de son fauteuil et se rassied sans hâte. C'est un banquier, il a le même âge que Bismarck, mais il ne possède pas l'énergie autoritaire du chancelier. Bleichröder dégage une impression de distraction affectée : une tête noble et chauve, une épaisse moustache, des yeux mi-clos et un nez fin et recourbé. Il attend que son secrétaire ait refermé la porte.

– Eh bien, Julius ? demande-t-il. Comment interprétez-vous tout cela ?

C'est un petit jeu entre eux. Le jeune secrétaire doit tirer des conclusions à partir des éléments dont il dispose, deviner des liens qu'il ne connaît pas, et tenter d'analyser les rouages de l'esprit subtil et insondable de son employeur.

– La Razkavie... N'est-ce pas ce pays dont le prince héritier a été assassiné aujourd'hui, monsieur ? J'ai lu quelque chose à ce sujet dans les télégrammes de la mi-journée... Un petit royaume situé à la frontière de la Bohème. Ils ont une cérémonie pittoresque, me semble-t-il... une histoire de drapeau...

– Exact. Vous avez tout bon jusqu'à présent.

– Ça y est, ça me revient ! N'ont-ils pas des mines... De l'étain, ou quelque chose comme ça ?

– Du nickel. Bravo, Julius.

– Mais je ne vois pas le rapport avec une actrice espagnole. C'est trop compliqué pour moi, monsieur.

– Dans ce cas, je vais vous expliquer. Allez ouvrir le meuble de rangement bleu, je vous prie, et sortez le dossier intitulé « *Thalgau* ».

Pendant que le secrétaire ouvre le meuble fermé à clé, les mains du banquier glissent lentement sur la surface du bureau pour redresser un stylo, aligner le buvard, chasser quelques grains de poussière imaginaires, avant de caresser un globe en verre, petit mais lourd.

Le secrétaire revient avec le dossier. Bleichröder se renverse dans son fauteuil, les mains croisées derrière la tête, les yeux mi-clos.

– Lisez, dit-il.

5
L'étiquette

Pour Becky, la journée suivante fut un véritable tourbillon d'emplettes. Le temps était trop court pour faire confectionner des robes, il fallut les acheter en prêt-à-porter et y apporter quelques modifications. La comtesse assistait à ces préparatifs à travers ses paupières mi-closes, jetant parfois un ordre bref à Frau Winter, qui le répétait en anglais aux modistes, aux tailleurs et aux couturiers. Ensuite, il fallut faire l'acquisition de valises et d'une malle. Après quoi Becky, s'étant souvenue de la raison première pour laquelle elle effectuait ce voyage, insista pour acheter des manuels scolaires et des dictionnaires destinés à Adélaïde. Avec quels livres pourrait-elle lui apprendre à lire ? Là encore, elle n'avait pas le temps de chercher : les deux *Alice, Black Beauty*... un jeu de société, ainsi qu'un échiquier avec des pièces et un jeu de dames, sans oublier quelques magazines à sensation illustrés par sa mère. Il faudrait faire avec.

Sa grand-mère, alitée et sujette à des trous de mémoire, sentait qu'il se passait quelque chose d'inhabituel dans la maison et se tracassa jusqu'à ce que Becky vienne s'asseoir près de son lit, dans la lumière du soir. La vieille femme ne comprenait pas grand-chose, mais sa main parcheminée reposait sereinement dans celle de sa petite-fille et elle finit par s'endormir. Puis il fallut faire les bagages, vérifier à la dernière minute la liste des choses à ne pas oublier et, après quelques heures de sommeil, avaler en hâte un petit déjeuner. Les adieux furent précipités, des larmes furent versées et Becky partit.

La Manche était agitée, mais le mal de mer n'est pas un sujet de conversation, n'importe quel ouvrage consacré aux bonnes manières vous le dira. Or le respect de l'étiquette occupa toutes les pensées de Becky dès que les voyageurs eurent posé le pied sur la terre ferme. Une fois dans le train, la comtesse entreprit de leur enseigner, à Adélaïde et à elle, mille choses auxquelles elles n'avaient jamais songé : comment s'adresser au chancelier, la différence de rang entre le fils cadet d'un comte et le fils aîné d'un baron, comment peler une orange à table, de quelle façon aborder une conversation en présence d'un évêque... et mille autres sujets inimaginables, tous relatifs à l'étiquette. A force, les deux jeunes femmes avaient la tête qui bourdonnait.

Et quand la comtesse n'enseignait pas les usages de la cour à Adélaïde, Becky lui apprenait la lecture, l'écriture et un peu d'allemand. La jeune princesse aurait pu se décourager, mais c'était une fille robuste et déterminée. Seule marque de fatigue : une petite ride s'était installée entre ses sourcils, mais elle s'effaçait comme par miracle dès que le prince ou Becky jouaient avec elle à un jeu de société quelconque. Elle n'avait jamais appris à jouer aux dames mais, au grand étonnement de Becky, elle maîtrisa très vite ce jeu et gagna la troisième partie. Après quoi, elle insista pour apprendre à jouer aux échecs, car les pièces lui paraissaient plus intéressantes, déclara-t-elle. Et ainsi passa le temps.

Le premier soir, après toute une journée de voyage en train, ils traversèrent la ville d'Essen, où se dressaient les immenses usines Krupp aux cheminées crachant de la fumée dans le rougeoiement du soleil couchant. Malgré la distance, ils entendaient le martèlement puissant des presses qui forgeaient des armes et des blindages en acier. Jim Taylor, qui était venu s'asseoir à côté de Becky, dit :

– La vraie raison, c'est ça. Alfred Krupp s'intéresse à leur nickel. Comment va la princesse ?

– Elle travaille dur. J'ai peur qu'elle s'épuise.

– C'est à vous de l'en empêcher. Allez donc faire une partie de Parchesi avec elle.

– Vous voulez jouer ?

– Moi ? Ne dites pas de bêtises ! J'ai des choses plus importantes à faire, comme bavarder avec le comte et fumer des cigares.

Ce n'était plus M. Taylor, mais Jim. Petit à petit, Becky apprenait à le connaître et à l'apprécier. Mentalement, elle composait son portrait avec des mots, pour écrire une lettre à sa mère, mais elle s'apercevait qu'il était difficile de le décrire, car il ne ressemblait à aucun des jeunes hommes dont elle avait entendu parler (ceux qu'elle connaissait personnellement étaient trop peu nombreux pour qu'elle en tînt compte). Elle avait d'abord pensé qu'il s'agissait d'un individu grivois et peu recommandable, et cette première impression se renforçait à mesure qu'elle le fréquentait. Mais cette image ne collait pas avec la sensibilité et le tact dont il faisait preuve en présence du prince et de l'ambassadeur et, pourtant, il n'y avait pas chez lui la moindre déférence et encore moins de flagornerie. A dire vrai, il semblait se considérer comme leur égal, ce qui ne manquait pas de toupet quand on y pensait, mais il s'en tirait à merveille. Sans doute, pensait Becky, était-ce dû en partie à sa présence physique, à l'élégance avec laquelle il portait des vêtements à la mode, à la grâce athlétique de ses mouvements et à un soupçon de fanfaronnade dans sa démarche. Mais cette assurance venait aussi de l'éclat saisissant de ses yeux verts, des yeux de chat dans lesquels brillait une lueur paresseuse et amusée, et aussi de cette impression qu'il donnait d'être beaucoup plus intelligent que toutes les personnes de son entourage, tout simplement. Et pour finir – mais cela, Becky n'en parlerait pas à sa mère – il y avait cette aura de danger qui semblait l'entourer en permanence, le sentiment qu'il n'hésiterait pas à se battre, voire à tuer, en cas de nécessité. Et qu'il y prendrait plaisir.

Bref, Jim n'était pas un gentleman. Il était beaucoup plus captivant. La seule chose qui empêchait Becky de perdre totalement la tête à cause de lui était cette évidence : il était amoureux d'Adélaïde. Encore un souci supplémentaire. Mais cela non plus, elle n'en parlerait pas dans sa lettre.

Alors que la lumière déclinait, après leur deuxième journée de voyage, le paysage commença à changer. Le train à vapeur progressait lentement entre les montagnes, et plus ils avançaient vers le sud, plus les montagnes s'élevaient, à tel point qu'ils durent bientôt pencher la tête sur le côté, derrière les vitres du wagon, pour en apercevoir les sommets déchiquetés rosis par la lumière du soir, enveloppés de filaments nuageux aux teintes pastel, abricot, orange et jaunes. Plus bas, les pentes abruptes étaient couvertes de sapins vert foncé ; dans une clairière, ils aperçurent un chasseur avec son fusil, son cor et son chien qui remuait la queue. Il les salua en soulevant son chapeau orné de plumes et ils lui adressèrent des signes de la main. Becky retrouva sa bonne humeur : c'était son pays, ses paysages... sa place était ici. Elle rentrait enfin à la maison.

Des nuages de vapeur dans la gare éclairée, un tapis rouge, des officiels qui saluent bien bas en ôtant leurs hauts-de-forme, des domestiques qui se hâtent de décharger les malles et les valises pour les charger dans des voitures. Et partout, le deuil : les gens habillés de noir, les drapeaux en berne, à la mémoire du prince héritier. Mais sur les places publiques et dans les squares, dans le labyrinthe de la Rose des Jardins espagnols, situés sur un coude de la rivière, résonnaient les échos d'une musique joyeuse – Weber, Strauss et Franz von Suppé – jouée avec vigueur par divers orchestres (payés grâce à une taxe spéciale acquittée par les touristes). Les cloches de la grande cathédrale sonnaient sans discontinuer, et celles des autres églises anciennes, disséminées dans les ruelles et sur les places, se joignaient au concert pour ponctuer chaque heure. Une odeur de cigare flottait dans l'air, se mêlant au parfum des fleurs, à l'arôme des ragoûts épicés et des saucisses grillées. Ils passèrent sous les avant-toits proéminents des vieilles maisons et les balcons surchargés de géraniums écarlates, devant les fenêtres éclairées des bars à bière et des cafés, dont les murs s'ornaient de bois de cerf, d'animaux empaillés et de toutes sortes de trophées de chasse. La rivière serpentait, sombre et tumultueuse, le rocher d'Eschentenburg se dressait au loin, et l'Aigle Rouge, l'*Adlerfahne*, flottait au-dessus de la ville comme il le faisait depuis six cents ans.

Ils arrivèrent au palais dont les colonnes, sous l'éclat de la lune, ressemblaient à un glaçage ; dans les jardins à la française, les fontaines murmuraient.

Des domestiques qui s'inclinaient sur leur passage, des escaliers de marbre, des statues, des tableaux, des tapisseries, des tapis, des porcelaines. Adélaïde se tenait près de Becky, grave, nerveuse, mais digne.

Puis il y eut une longue attente dans une antichambre où deux douzaines de bougies se consumaient dans des bougeoirs dorés, placés devant de vieux miroirs sombres, pendant que le prince rendait des comptes au roi son père. Adélaïde et ses deux compagnes restèrent assises là une bonne heure. Becky regarda passer le temps sur la pendule en chrysocale posée sur la cheminée.

Enfin, à minuit moins le quart, la porte s'ouvrit, un majordome – ou une sorte de chambellan – apparut, s'inclina avec raideur et annonça :

– Sa Majesté va vous recevoir. En entrant, vous devez faire une première révérence sur le seuil, puis avancer vers le roi et faire une deuxième révérence. Si vous quittez la pièce avant lui, vous devez marcher à reculons en suivant le bord du tapis, jusqu'à l'endroit où je me trouverai. Puis vous ferez une révérence avant de vous retourner pour sortir. Veuillez me suivre, je vous prie.

Becky traduisit ces consignes à l'attention d'Adélaïde qui entra la première, suivie de Becky et de la comtesse. Elles pénétrèrent dans un vaste salon brillamment éclairé, où brûlait un grand feu de cheminée devant lequel se tenait le prince, visiblement nerveux. Le comte était là, lui aussi, l'air solennel, et sur un canapé était assis un vieil homme à la mine sévère, en tenue de deuil, avec de longs favoris gris, un crâne chauve et une expression de mélancolie insondable. Sa main droite reposait sur le bras du canapé et Becky remarqua que ses doigts ne cessaient de trembler. Il avait posé un pied sur un tabouret bas.

Les visiteuses plongèrent dans leur révérence, avancèrent jusqu'au canapé et firent une deuxième révérence, conformément à l'usage. Le majordome sortit en silence.

– Comtesse, dit le roi d'une voix enrouée et sifflante, j'espère que ce voyage ne vous a pas trop fatiguée ?

– Nullement. Je vous remercie, Votre Majesté.

– Nous vivons des temps difficiles. Comment va votre cousine, Lady Godstow ?

Comme de nombreux monarques, le vieux roi possédait une prodigieuse mémoire des liens de parenté, et il savait que la comtesse avait une cousine au troisième ou quatrième degré, une Anglaise mariée à un sujet de la cour de la reine Victoria. La comtesse rougit de plaisir et ils parlèrent de sa cousine et des autres membres de sa famille pendant dix bonnes minutes, avant que le monarque daignât se tourner vers Becky.

En continuant à ignorer Adélaïde.

– Fräulein Winter, dit-il. Vous êtes très jeune pour posséder tous les talents dont on m'a parlé. Nul doute que l'éducation des jeunes personnes doit être très en avance, là-bas en Angleterre. Ici, en Razkavie, nous sommes plus vieux jeu. Ce que nous apprécions par-dessus tout chez une jeune fille, c'est la modestie, et peut-être trouverez-vous que nous sommes longs à vous apprécier.

Il fallut quelques secondes à Becky pour comprendre le sens de ces paroles, puis elle sentit monter en elle une violente antipathie. Elle ne pouvait oublier que cet homme était responsable, indirectement, de la mort de son père, mais elle le haïssait également pour la manière dont il snobait Adélaïde, ne daignant lui adresser la parole qu'en dernier, après une simple interprète. Becky était fatiguée, elle avait faim et, dès qu'elle ouvrit la bouche, elle sut qu'elle commettait une erreur, mais elle ne put s'en empêcher :

– Votre Majesté est trop bonne, dit-elle. Mais je suis moi-même une Razkavienne, et ma mère m'a toujours affirmé que si notre pays était pauvre à bien des égards, il était riche par sa courtoisie et sa bonté. Je serai heureuse d'apprendre ces qualités en suivant l'exemple de Votre Majesté.

Elle conclut par une révérence en s'inclinant le plus bas possible, jusqu'à ce que son nez touche presque le tapis. Elle sentait à ses côtés la présence de la comtesse pétrifiée, du comte hérissé et du prince tremblant, mais surtout d'Adélaïde, alerte et perplexe. En se relevant, elle vit un éclat glacial dans les yeux du roi.

Becky soutint le poids de ce regard. Il l'écarta d'un geste et se tourna enfin vers Adélaïde. Il l'examina de la tête aux pieds, plusieurs fois, puis il s'adressa à elle et Becky traduisit ses paroles comme le lui avait expliqué la comtesse : à voix basse, le plus rapidement et discrètement possible.

– Voilà donc l'épouse que mon fils a choisie, dit-il.

– Je suis très honorée de faire la connaissance de Votre Majesté, répondit Adélaïde.

– Votre nom était Bevan, si je ne m'abuse. Parlez-moi de votre famille.

– Ma mère était couturière, Votre Majesté. Elle est morte dans un hospice de Wapping. Mon père était sergent recruteur, mais je ne l'ai jamais connu. Voilà tout ce que je sais.

Elle s'exprimait avec clarté et fermeté. Pendant que Becky traduisait ses paroles, le visage du roi demeurait de marbre, seuls ses doigts qui tremblaient de plus belle trahissaient les émotions qui l'habitaient.

Il ajouta :

– On me dit que vous êtes devenue princesse.

– Je suis devenue l'épouse d'un prince. C'est la seule chose que je puisse choisir. Si quelqu'un souhaite faire de moi une princesse, j'essaierai de me montrer à la hauteur, par égard pour cette personne.

Un long silence suivit, meublé par le crépitement des bûches dans la cheminée et les douze coups de minuit sonnés par la pendule. Les doigts du roi s'agitèrent plus que jamais lorsqu'il essaya de lever son bras droit, sans y parvenir. Becky comprit qu'il avait dû être victime d'une sorte d'attaque d'apoplexie et que, en vérité, il était très âgé et très malade.

Il parvint malgré tout à remuer son bras gauche pour tapoter le coussin qui se trouvait près de lui. Regardant Adélaïde, il dit d'une voix douce :

– Venez vous asseoir à côté de moi.

L'espace d'un instant, Becky crut revoir son grand-père et elle dut se ressaisir pour empêcher sa voix de trembler lorsqu'elle traduisit les paroles du roi. Adélaïde s'assit donc à côté de lui et il demanda qu'on apporte du vin. Quand il fut servi, le monarque prit un verre dans sa main tremblante et, au prix d'un effort colossal, le tendit à Adélaïde sans en renverser une goutte. Puis il prit un autre verre.

– Adélaïde, dit-il. C'est un joli nom. Il ressemble à notre aigle, notre *Adler*. Avez-vous vu flotter l'Aigle Rouge au-dessus du rocher ? Je croyais qu'un jour mon fils Wilhelm porterait le drapeau de la cathédrale jusqu'au rocher, mais notre Seigneur en a décidé autrement. Ainsi soit-il. Rudolf est un homme de valeur. Veillez à ce qu'il ne se fourvoie pas.

Il ne but qu'une gorgée de vin, puis il resta assis à côté de la jeune femme sans rien dire, pendant au moins une minute, en lui tenant la main. Enfin, il poussa un long soupir qui sembla déclencher une vive douleur et jeta un regard à son fils.

Le prince comprit. Il ôta le tabouret sur lequel reposait le pied du vieil homme et aida celui-ci à se mettre debout.

Adélaïde se leva à son tour et le roi s'inclina pour l'embrasser tendrement.

– Bonne nuit, Adélaïde.

Il salua ensuite le prince, le comte et la comtesse, après quoi le majordome le prit par le bras.

Becky sentit une intense rougeur se répandre de son cou à la racine de ses cheveux, mais elle devait absolument s'exprimer.

– Votre Majesté… (Le vieil homme s'arrêta et elle plongea dans une profonde révérence.) Je suis confuse. J'ai été très impolie envers vous et je vous prie de m'excuser.

Elle n'osait pas le regarder en face. Après un bref silence, le roi dit :

– Bonne nuit, mon enfant. Quand vous reverrez votre mère, remerciez-la de ma part.

Sur ce, d'une démarche chancelante, il quitta la pièce. Un domestique referma la porte.

6

Des aigles et de la glu

Becky avait raison au sujet de Jim, sur un point au moins : il se considérait comme l'égal de tous, de manière totalement démocratique. La compagnie des garçons d'écurie et des pickpockets lui était familière, comme celle des artistes, des comédiens et des comtes, mais il n'avait encore jamais vu de cour royale et il était fasciné.

Au petit matin de leur première véritable journée en Razkavie, il fut convoqué dans le bureau du chambellan. Le baron Gödel dirigeait la maison royale et, à ce titre, veillait au bon déroulement des cérémonies et des réceptions, organisait les rendez-vous et gérait les finances royales.

Habité par une vive curiosité, Jim pénétra dans son bureau.

Le baron était un homme d'une cinquantaine d'années, au teint pâle, dont la peau du visage paraissait relâchée et enflée, avec des yeux délavés et globuleux et des dents inclinées vers l'arrière comme celles des rats. Il était d'une laideur si frappante que

Jim éprouva immédiatement un sentiment de pitié pour lui. Puis il remarqua l'expression de Gödel : cet homme avait conscience de l'effet produit par son physique et guettait les réactions de ses interlocuteurs. Une petite étincelle de triomphe sembla jaillir dans son regard comme un poisson, avant de s'enfuir aussitôt dans l'humidité glauque de ses yeux. Jim remarqua ensuite avec quel soin maniaque il était habillé : la coupe impeccable de sa veste, la blancheur immaculée de son col qui tranchait avec le noir lustré de ses cheveux, si bien peignés en arrière qu'ils paraissaient collés sur son crâne. Cet homme était aussi vaniteux qu'il était laid : intéressant.

– Herr Taylor, dit le chambellan sans lui proposer de s'asseoir, je crois savoir que Son Altesse Royale vous a engagé à son service, à titre privé. Évidemment, je ne souhaite nullement m'immiscer dans ses affaires. Mais je dois vous informer que vous n'avez aucun statut, d'aucune sorte, au sein de la maison royale. Le secrétariat de Son Altesse est au complet et elle dispose de tous les domestiques nécessaires. Quant à sa sécurité, elle est assurée jour et nuit par la garde du palais. Comprenez-vous ce que je suis en train de vous dire ? Il n'y a aucune place pour vous ici, aucun poste à occuper, vous ne toucherez donc aucun salaire. Son Altesse Royale a informé mon bureau qu'il souhaitait que vous logiez avec les serviteurs. La chambre dans laquelle vous avez dormi la nuit dernière revient à un de mes secrétaires. Nul doute, cependant, qu'ils vous trouveront un logement si vous vous renseignez auprès de l'intendance. Vos fonctions et votre rétribution vous seront attribuées par Son Altesse elle-même, je vous demande seulement de vous comporter de manière correcte durant votre séjour au palais et de ne pas entraver le bon fonctionnement de la maison royale. Sur ce, bonne journée.

– Bonne journée, répondit Jim avant de prendre congé.

C'était donc ainsi. Cela aurait pu être pire, se dit-il. Gödel aurait pu le submerger de tâches diverses qui ne lui auraient pas laissé une minute pour sa véritable mission.

Mais qu'était-il venu faire exactement dans ce pays ?

Le prince n'en savait rien lui-même. Comme un enfant, il s'était raccroché en toute confiance à la présence amicale la plus proche, tout comme il avait épousé Adélaïde parce qu'elle était gentille avec lui. Il comptait sur Jim pour le protéger, mais aussi pour qu'il sache *de quoi* le protéger, et comment s'y prendre. Si le jeune détective se sentait obligé d'assumer cette mission, ce n'était pas uniquement à cause d'Adélaïde : il aimait bien le prince. L'héritier du trône n'était qu'un enfant hébété et perdu, mais il se montrait désireux d'accomplir son devoir, quel qu'il fût. Il ressemblait au Pierrot des arlequinades : lunaire, innocent, un tendre amoureux trop naïf pour affronter le monde. Jim se retrouvait donc dans le rôle du serviteur rusé, chargé d'arracher son maître au danger.

Ce n'était pas un mauvais rôle, tout bien considéré. Mais il impliquait de s'imprégner de l'atmosphère des lieux pour commencer, car Jim n'était pas sur son territoire. Aussi, après une longue journée passée à discuter avec le personnel de l'intendance pour finalement s'installer dans une chambre exiguë, située dans les combles réservés aux domestiques, au-dessus de la chambre de Becky, plus confortable, le jeune homme décida d'aller inspecter les environs. En début de soirée, il enfila un costume en tweed bien coupé, coiffa sa casquette et noua autour de son cou une cravate vert foncé puis, d'une démarche sautillante, il prit la direction du centre-ville.

Eschtenburg était une curieuse cité : mi-allemande et mi-bohème, mi-médiévale et mi-baroque, à moitié contemporaine et rationnelle et à moitié folle. Sur la rive ouest de la rivière se trouvaient le palais, les bâtiments gouvernementaux, les banques, les ambassades et les hôtels, l'université et la cathédrale. Sur la rive est, massée autour du rocher au sommet duquel flottait l'Aigle Rouge, se dressait la vieille ville, une sorte d'amalgame insalubre et chancelant, comme Jim n'en avait jamais vu en Europe, du moins pas depuis que la municipalité de Londres avait rasé les taudis autour de Seven Dials pour faire de la place à Charing Cross Road.

Dans les parties les plus anciennes, il n'y avait même pas de rues, les constructions semblaient entassées au hasard. D'après une légende, les maisons se mélangeaient la nuit et au matin, elles n'étaient plus au même endroit. Une autre légende affirmait que le brouillard venu de la rivière modifiait l'apparence des choses, faisait disparaître les statues, changeant les noms des maisons et gravant de nouveaux motifs sur les montants des portes et les encadrements des fenêtres.

Intrigué, Jim décida d'emprunter un de ces vieux et très jolis ponts pour voir s'il se perdrait dans ce dédale mais, alors qu'il déambulait dans le quartier de l'université, il fut tenté d'entrer dans une sorte de taverne d'où s'échappait la plus délicieuse odeur de saucisses grillées et de bière qu'il eût jamais sentie. Des trombones jouaient une polka endiablée. Impossible de résister. Jim poussa la porte et descendit quelques marches.

La taverne était située dans une petite cave enfumée. La plupart des clients étaient des étudiants et portaient tous un uniforme composé d'un pantalon étroit et d'une vareuse de style militaire ornée d'épaulettes et de rubans au revers pour indiquer à quelle fraternité ils appartenaient. Ils étaient au moins quatre-vingts ou quatre-vingt-dix, entassés dans un endroit où trente personnes auraient été à leur aise. Les musiciens de l'orchestre de cuivres, des hommes aux visages rougeauds et luisants de sueur, étaient assis sur une minuscule estrade située au fond de la salle et, à travers l'épaisse fumée de cigare, Jim aperçut sur les murs suffisamment de bois de cerf et d'animaux empaillés pour peupler une petite forêt.

Il se faufila dans un coin, commanda des *wurst*, des saucisses, avec de la choucroute et une chope de bière, puis il s'aperçut qu'il avait choisi sans le savoir le meilleur endroit d'Eschtenburg pour en connaître davantage sur la politique, car à moins de deux mètres de lui se déroulait une violente dispute.

Le sujet semblait être la famille royale et son attitude vis-à-vis du problème allemand. Un étudiant, dont l'uniforme s'ornait d'épaulettes rouge et noir, frappait du poing sur la table et vociférait d'une voix grave, qui couvrait le vacarme. Il avait le regard un peu fou, le teint blême et quelques traces de bave fort désagréables aux commissures des lèvres. Jim savait par expérience que ce n'était pas le genre de personnage avec lequel il avait envie de passer un moment.

Il était bruyamment soutenu par d'autres « rouge et noir », qui tentaient d'imposer silence à un autre groupe d'étudiants, moins nombreux, en jaune et vert. Jim essayait de comprendre ce que disait l'orateur quand la serveuse lui apporta une jolie chope en terre cuite fermée par un couvercle en étain et contenant au moins deux litres de bière, à en juger par sa taille. Alors qu'il soulevait le couvercle et portait la chope à ses lèvres, il reçut un coup dans le dos qui projeta un demi-litre de mousse sur le sol recouvert de sciure.

– *Ach ! Mein Herr !* Je vous demande pardon... Va au diable, Reiner ! Pousse-toi de là ! Permettez-moi de vous offrir une autre bière, monsieur.

Jim se retourna et vit un étudiant corpulent aux cheveux bouclés et aux yeux bleus, qui luttait pour se frayer un chemin dans la foule et s'asseoir sur le banc. Il faisait partie de la brigade des « jaune et vert ».

– Vous n'avez rien renversé, répondit Jim. Seulement de la mousse.

– Dans ce cas, je vous offre de la mousse. Vous êtes anglais ?

– Jim Taylor, dit-il en tendant la main. Et vous, qui êtes-vous ?

– Karl von Gaisberg, étudiant en philosophie. Désolé que vous soyez obligé de supporter les délires de ces hégéliens mystiques… comme ce Glatz, là-bas.

Il montra du doigt l'orateur enragé.

– Que dit-il exactement ? interrogea Jim. J'ai cru saisir l'expression *« sang et fer »*. C'est une phrase du prince Bismarck, non ?

Karl von Gaisberg prit un air dégoûté.

– Sottises ! Il fait partie d'un groupe d'étudiants qui idolâtrent Bismarck et tout ce qui est allemand. La race, le sang et la sainte destinée de la grande Razkavie. Des idioties méprisables, si vous voulez mon avis.

– Ça veut dire que vous êtes du côté du prince Rudolf et de la démocratie ?

– Absolument ! s'exclama von Gaisberg. Le prince n'est pas parfait, mais il représente notre seule chance. Ces imbéciles-là nous pousseraient dans les bras de Bismarck. Ce serait notre fin. Même François-Joseph serait un moindre mal.

Étant donné que cette opinion se rapprochait de celle de Daniel Goldberg et qu'en outre Karl von Gaisberg avait tout du garçon joyeux, tapageur, insouciant et honnête qu'appréciait Jim, ce dernier commanda deux autres bières. En attaquant ses saucisses et sa choucroute, il écouta l'étudiant lui résumer la nature de cette dispute.

– Qui est ce Leopold dont il a parlé une ou deux fois ? demanda Jim.

– Le prince Leopold. Le fils aîné du roi…

– Je croyais que c'était Wilhelm, le prince héritier qui a été assassiné ?

– Leopold était son aîné. Il est mort lui aussi, il y a plusieurs années, dans d'étranges circonstances. Un scandale a été étouffé. Aujourd'hui, plus personne n'en parle, c'est comme s'ils voulaient l'oublier. Glatz et ses amis se sont mis en tête que Leopold était une sorte de leader assassiné, trahi par des lâches… C'est une belle histoire qui leur évite de regarder la réalité en face.

L'orateur aux lèvres écumantes avait atteint un stade d'exaltation qui hypnotisait la majeure partie de son auditoire. Jim tendait l'oreille, essayant de comprendre ce qu'il disait, mais les vociférations du garçon rendaient sa tâche ardue.

Soudain, quelqu'un s'écria :

– Tu ne veux pas un roi de Razkavie ! Tu veux une marionnette aux mains des Allemands !

– Mensonge ! éructa Glatz. Je veux une royauté razkavienne pure ! Une royauté digne de Walter von Eschten... pas ce bouffon de prince avec sa putain anglaise !

Ces paroles tombèrent dans un profond silence. Même l'orchestre s'était arrêté. Tout le monde était immobile. Jim repoussa son assiette et se leva.

Il commença à ôter sa veste. Karl von Gaisberg lui murmura :

– Assieds-toi, fou d'Anglais ! Glatz est une fine lame, il va t'embrocher...

Jim éprouva un petit pincement de fierté en sentant tous les regards se poser sur lui, tout en se traitant de cinglé. Il était venu ici pour espionner, pas pour jouer les d'Artagnan.

– Qu'est-ce que tu fais, toi ? lui lança Glatz. Cela ne te regarde pas. Tu es étranger. Ne te mêle pas des querelles des Razkaviens.

– Détrompe-toi, répliqua Jim. Premièrement, tu as insulté une dame et cela exige une réponse. Deuxièmement, même si je suis un étranger, je suis au service du prince Rudolf. Et donc, si ces autres messieurs veulent bien accepter mon aide, je serai heureux de la leur offrir.

Sur ce, il roula ses manches, sous les encouragements des « jaune et vert » qui frappaient du poing sur les tables et les sifflets des « rouge et noir ». Du coin de l'œil, il nota que les musiciens s'empressaient de ranger leurs instruments et comprit que la rigolade allait commencer. C'est alors que le dénommé Glatz se pencha au-dessus de la table pour le gifler.

En une fraction de seconde, Jim imagina ce qui allait se passer ensuite : la provocation en duel, le choix des armes, et les médecins qui l'emmenaient, mortellement blessé d'un coup d'épée. Une fois de plus, il remercia Dieu de ne pas être né *gentleman* et décocha un coup de poing qui s'écrasa sur le nez de Glatz.

Celui-ci s'écroula comme un sac. Débuta alors la plus formidable mêlée qu'ait connue Jim depuis le soir où il avait été éjecté du *Rose and Crown* après une dispute pour deux mille guinées. Des tables furent renversées, des bancs brisés, les chopes de bière volèrent comme des boulets de canon. Ces Razkaviens étaient des bagarreurs enthousiastes et, à voir la fureur qui s'empara de l'assemblée réunie dans cette cave, le jeune détective en déduisit que la passion couvait depuis longtemps. La situation aurait pu être dangereuse mais, dans ce genre de rixe sauvage, les voyous élevés à la rude école de la rue avaient l'avantage sur les *gentlemen* scientifiquement entraînés. Il laissa les trois premiers « rouge et noir » à demi assommés après seulement trente secondes de combat, avant de se retourner pour s'attaquer à la fournée suivante.

Glatz, dont le nez saignait comme une fontaine, était en train de rouer de coups un « jaune et vert » tombé à terre. Jim lui faucha les jambes avec son pied et il s'apprêtait à s'occuper de lui plus sérieusement quand il entendit un bruit qu'il connaissait bien. La police se reconnaissait facilement dans tous les pays : martèlement de bottes, sifflets, coups frappés à la porte. Et la meilleure chose à faire, c'était de disparaître. Jim récupéra sa veste, saisit von Gaisberg par le bras et l'entraîna vers les cuisines. La serveuse sauta sur le côté comme une puce pour s'écarter de leur chemin et ils se retrouvèrent dans une petite cour obscure, puis dans une ruelle et enfin dans une sorte de parc planté de cerisiers, où ils se laissèrent tomber sur un banc. Karl était secoué d'un fou rire.

– Vous avez vu la tête de Glatz quand vous l'avez frappé ? Il n'en revenait pas ! Et Scheiber… quand il a sauté sur le bout du banc et que Vranitzky l'a reçu en pleine mâchoire ? Formidable ! Monsieur Taylor, quelles que soient vos autres qualités, vous savez vous battre. Mais qui êtes-vous réellement ? Et pourquoi vous intéressez-vous au prince Rudolf ?

Jim tapota la blessure de sa main, qui s'était rouverte. La lune brillait, suffisamment pour éclairer les boucles rebelles et les yeux pétillants de l'étudiant, sa vareuse déchirée et l'épaulette arrachée. L'animation nocturne des rues de la capitale les entourait et, de l'autre côté de la rivière brillant comme de l'étain, se dressait le grand rocher, surmonté de l'*Adlerfahne*, immobile sous les étoiles. Jim prit alors une décision.

– Très bien, je vais vous raconter, dit-il. Tout a commencé à Londres, il y a dix ans…

Il fit à Gaisberg un récit complet : de la première apparition d'Adélaïde, sorte de petite chose effrayée portant sur elle l'odeur de la pension Holland, jusqu'à son adoption par le vieux roi, la veille au soir, un épisode dont Becky lui avait fait un compte rendu détaillé.

L'étudiant n'en revenait pas. Quand Jim eut terminé son récit, Karl se frappa les genoux et se renversa contre le dossier du banc en laissant échapper un long sifflement.

– Inutile de vous préciser, ajouta Jim, que j'ai pris un risque en vous racontant tout ça. Mais j'ai vu comment vous vous battiez et je pense que cela ne nuira pas aux intérêts du prince si vous connaissez toute la vérité. Toutes sortes de rumeurs vont circuler – Glatz en avait déjà eu vent – et, malheureusement, certaines seront vraies. En effet, Adélaïde vient des plus bas quartiers de Londres, et elle ne sait ni lire ni écrire. Mais cela ne l'empêche pas d'être coriace, chaleureuse, rusée et intelligente. Et elle se battra jusqu'à la mort pour le prince. Voilà, vous savez tout maintenant. Vous savez qui est votre princesse et pourquoi je suis ici, à son service. Je peux compter sur vous ?

Sans la moindre hésitation, Karl von Gaisberg lui serra vigoureusement la main en jurant de rassembler tous les Richterbund, ainsi que se nommait la faction des étudiants « vert et jaune », pour défendre le prince et la princesse.

– Je saurai vous le rappeler, dit Jim au moment où l'horloge de la cathédrale sonnait minuit.

Il s'aperçut alors que les excellentes saucisses et presque toute la bière avaient servi de projectiles avant qu'il puisse les consommer et maintenant il mourait de faim. Les bagarres lui ouvraient l'appétit. A Londres, il aurait marché jusqu'à Smithfield où les gargotes faisaient recette toute la nuit grâce aux employés des abattoirs. Mais il ne connaissait pas encore Eschtenburg et, quand il demanda à Karl où il pouvait se restaurer, l'étudiant secoua la tête.

– Ici, on se couche tôt. Mais ne vous en faites pas. Venez chez moi, j'ai du pain et du fromage, et je trouverai bien une bouteille de quelque chose...

Ils grimpèrent quatre étages jusqu'à la chambre de Karl, qui donnait sur la place de l'Université. En passant par la fenêtre, assura Karl, et en se penchant sur la gauche, la pointe des pieds sur la gouttière, on avait une belle vue sur les collines boisées au nord. Jim le crut sur parole. A la lumière d'une bougie, ils partagèrent du pain sec et du fromage qui l'était encore plus, le tout arrosé d'alcool de prune, pendant que Karl évoquait la politique de la Razkavie, les duels, l'alcool et la difficulté d'être étudiant. Et tous les deux commencèrent à s'apprécier énormément.

Le lendemain, Jim s'entretint avec le prince en privé ; il lui parla de la bagarre dans la taverne.

– Ce que je veux vous dire, prince, c'est que les gens savent que vous êtes marié, mais ils ont besoin de voir la princesse reconnue publiquement. Plus longtemps elle restera cachée, plus les rumeurs enfleront, et plus votre position sera délicate. Ne pouvez-vous suggérer à Sa Majesté de faire une sorte d'annonce ? Et pourquoi pas une cérémonie dans la cathédrale ?

– Cela me paraît très compliqué pour le moment… La cour porte encore le deuil de mon frère et de son épouse… Oh, Taylor, qui cherche à tous nous éliminer ?

– C'est ce que j'essaie de découvrir. Je pense que vous n'avez pas à vous inquiéter pour Glatz et sa bande d'étudiants qui bavent d'admiration devant lui. Mais ils sont un symptôme. Je m'intéresse davantage à la femme.

– La femme ? Quelle femme ?

– L'espionne dans votre jardin, ce fameux soir, vous vous souvenez ?

– *Une femme ?*

– Je n'en étais pas sûr. Mais quand les gardes irlandais m'ont dit qu'ils avaient suivi l'espion jusqu'à un théâtre, où une actrice les avait envoyés sur une fausse piste, j'ai commencé à y voir clair… Je ne vous ai pas posé la question jusqu'à présent, prince, et je ne vous la reposerai plus jamais, mais avez-vous eu des relations avec une femme de ce genre ? Une femme qui pourrait avoir envie de se venger, pour une raison ou pour une autre ?

Le prince paraissait à ce point stupéfait par cette question que, lorsqu'il nia connaître cette femme, Jim le crut immédiatement.

– Vous devez faire sans tarder une annonce au sujet de votre mariage, reprit-il. Deuil ou pas. C'est la seule façon de mettre le peuple de votre côté.

Une autre question tracassait Jim ; elle concernait le prince défunt, Leopold. Il y eut d'innombrables hommages rendus au prince héritier Wilhelm et à la princesse assassinés. Des articles de journaux louaient son zèle et la beauté de son épouse ; on vendait leurs portraits photographiques et des gravures, encadrés de noir. Des rapports d'enquête furent publiés : en fonction des journaux, la trace des vils assassins conduisait à Bruxelles, à Saint-Pétersbourg ou à Budapest mais, invariablement, ils avaient disparu. Partout, il n'y en avait que pour le prince Wilhelm mais, sur son frère aîné, le premier fils du roi, pas un mot. Comme s'il avait été effacé de l'histoire.

En outre, Jim ne tarda pas à découvrir que les questions concernant Leopold provoquaient des réactions hostiles. Le comte Thalgau lui-même répugnait à en parler.

– Tout ça, c'est du passé, dit-il. Inutile de remuer de vieux scandales. Ce prince est mort, notre devoir consiste à protéger celui qui est en vie. Au fait, d'où vient cet œil au beurre noir, mon garçon ?

Jim raconta au comte la bagarre dans la taverne et le vieil homme laissa éclater sa joie en frappant dans sa paume.

– Fichtre ! J'aurais aimé être là ! Voilà ce qu'il nous faut dans ce palais, de jeunes gredins comme votre von Gaisberg. J'ai bien connu son père, figurez-vous. Je me suis soûlé avec lui plus d'une fois.

– J'avais envisagé, dit Jim, de former une sorte de garde personnelle, avec l'aide des Richterbund. Une unité composée d'hommes en civil chargés de protéger, officieusement, le prince et la princesse.

– Excellente idée. Mais n'en parlez pas à Gödel surtout, il l'interdirait immédiatement. Ah, comme j'aimerais être encore jeune, Taylor. Je m'engagerais dans votre garde privée sans hésiter...

Jim commençait à s'attacher à ce vieux guerrier tapageur. Il y avait de l'intelligence derrière ses fanfaronnades et de la bonté derrière sa férocité apparente. Le comte n'était pas un homme riche, avait-il cru comprendre. Ses vieilles propriétés familiales s'étaient réduites comme peau de chagrin et, chose inhabituelle, il vivait de son traitement d'ambassadeur. Il était resté auprès du prince depuis le retour de Rudolf au pays, non pas parce que la comtesse enseignait à Adélaïde les usages de la cour, mais parce que le prince lui avait offert un poste dans son entourage personnel.

Malgré tout, il était évident que le comte refusait de parler du prince Leopold et Jim décida de chercher des informations ailleurs. C'est ainsi que, quelques jours plus tard, il se retrouva dans une partie du palais qu'il n'avait pas encore visitée : la galerie des peintures.

Il y passa une demi-heure à contempler les représentations de batailles oubliées, de scènes mythologiques incompréhensibles, de nus replets et de héros aux muscles saillants prenant des poses outrées qui auraient ravi le public du Victoria Theatre de Lambeth, avide d'émotions fortes. Il y avait également des portraits d'anciens monarques, parmi lesquels le pauvre roi fou Michael, en compagnie de son épouse-cygne, ce qui fit ricaner Jim. Il remarqua ensuite, en hauteur, dans un coin sombre de la galerie, le portrait d'un jeune homme en uniforme de hussard ; il ressemblait beaucoup à Rudolf. A tel point que Jim laissa échapper une exclamation de surprise. Son cri parvint aux oreilles du vieux conservateur de la galerie, assis à une table un peu plus loin, occupé à trier des aquatintes. Le vieil homme se leva et s'approcha de Jim pour voir ce qui avait provoqué cette réaction.

– Feu le prince Leopold, dit-il d'une voix étouffée. Un exemple intéressant du travail du grand peintre Winterhalter. Souhaitez-vous l'examiner de plus près ?

Il sortit d'une alcôve un petit escabeau en acajou sur lequel Jim grimpa pour étudier la ressemblance entre Rudolf et son frère défunt. Réflexion faite, ils n'étaient pas si semblables. Alors que Rudolf arborait une expression rêveuse, Leopold avait un visage mou, et sans doute encore plus dans la réalité, car on pouvait supposer que le grand Winterhalter avait pris soin de flatter son commanditaire. On devinait un soupçon de mauvaise humeur dans le dessin de ses lèvres et une de ses paupières tombait de manière étrange, comme si le jeune prince était sur le point de faire un clin d'œil furtif. Il possédait une certaine beauté, malgré tout – sa fossette au menton avait dû lui valoir de nombreux compliments.

– Qu'est devenu le prince Leopold ? demanda Jim.

Le vieux conservateur jeta un coup d'œil par-dessus son épaule en retenant sa respiration. Peut-être que personne ne lui avait adressé la parole depuis des mois, ou peut-être avait-il un tempérament de commère ; quoi qu'il en soit, Jim redescendit de l'escabeau pour lui permettre de parler à voix basse :

– Il se trouve que le prince avait contracté une union fort regrettable. Il avait épousé une actrice, je crois. Espagnole de surcroît, ce qui était tout à fait inopportun. Le roi Wilhelm était fou de rage. L'épouse fut bannie immédiatement et traitée avec mépris. Avec cruauté, diraient certains. On ignore ce qui aurait pu se passer ensuite. Leopold était le prince héritier, voyez-vous, mais il a trouvé la mort au cours d'un accident de chasse. L'affaire fut oubliée. Son frère cadet possédait un caractère beaucoup plus stable... pauvre prince Wilhelm. Aussi, quand le prince Rudolf... Je n'ai pas besoin de m'étendre sur ce sujet.

Jim sentit une porte s'ouvrir dans son esprit. Tout le monde à la cour, du roi jusqu'à la moindre fille de cuisine avait dû saisir le parallèle. D'abord Leopold, puis Rudolf : tous deux avaient fait une mésalliance.

Cette découverte s'accompagna d'une autre révélation : l'espionne ! La femme du théâtre de l'Alhambra...

– Tiens, tiens… Merci pour ces renseignements, je vous suis infiniment reconnaissant.

Jim adressa un dernier regard au portrait de Leopold pour enregistrer dans sa mémoire cette beauté un peu molle. Pas étonnant, se dit-il, que personne ne veuille parler de lui. Quels autres secrets renfermait ce palais ?

Le vieux roi passait beaucoup de temps en compagnie d'Adélaïde. Becky, qui la suivait partout comme une ombre, les observait et s'interrogeait, tandis que le roi se promenait sur la terrasse, tenant la jeune femme par le bras dans le soleil matinal ou s'asseyait à ses côtés quand elle conduisait une petite carriole anglaise sur les allées de graviers. C'était comme s'il voulait se racheter auprès d'Adélaïde de son hostilité envers l'épouse du prince Leopold, ou peut-être était-il simplement en train de se prendre d'affection pour elle. Quoi qu'il en soit, il l'accaparait.

Alors qu'Adélaïde entamait sa deuxième semaine en Razkavie, le roi convint que le moment était venu de faire une annonce officielle.

Il invita donc les hommes politiques de premier plan, les hommes d'église et les grands propriétaires terriens, tous les éminents citoyens de Razkavie, ainsi que les principaux ambassadeurs à une grande réception au palais.

De nombreuses rumeurs circulaient dans la ville, comme l'avait deviné Jim. La curiosité était à son comble et, quand arriva le grand soir, la salle de bal du palais était pleine à craquer. Posté dans un coin de la pièce, en tenue de soirée, le jeune détective observait l'assistance, un pistolet dans sa poche. Une ambiance étrange régnait : la cour portait encore le deuil du prince, mais on sentait flotter un parfum d'excitation et d'attente et, quand la famille royale fit son entrée, tous les yeux se braquèrent immédiatement sur la frêle et pâle silhouette d'Adélaïde, très élégante dans sa robe noire, à côté du prince, juste derrière le souverain.

Becky, qui se tenait quelques pas en retrait, vit cette marée de regards converger vers son amie, et elle eut le trac pour elle.

Le vieux roi se déplaçait sans aucune aide, mais toutes les personnes proches voyaient bien qu'il devait fournir un terrible effort. Il monta sur une estrade recouverte d'un tapis et parla de manière claire et puissante, sans parvenir à masquer, toutefois, le tremblement de sa voix.

– Chers Razkaviens ! Chers invités ! En cette période de deuil, une réception comme celle-ci pourrait sembler incongrue, pour ne pas dire déplacée, mais les temps que nous traversons sont tout aussi incongrus. Nous vivons dans un monde rongé par l'inquiétude ; de grands changements se profilent à l'étranger, de rapides et puissants bouleversements dans les domaines de la science et de l'industrie se produisent au-delà de nos anciennes frontières. Mais, au milieu de tout ce tumulte, trois choses demeurent inébranlables : le rocher d'Eschtenburg, l'Aigle Rouge et l'unité sacrée de la famille.

Mon très cher fils Wilhelm nous a été enlevé. Mais mon fils Rudolf a pris aussitôt la place laissée vacante. Et au milieu de notre tristesse commune, il m'a apporté une joie immense, que je tiens à partager aujourd'hui avec vous. Nous vivons à une époque où les choses évoluent si vite que nous sommes obligés de réagir avec la même vivacité pour ne pas être distancés. La vivacité de l'aigle. De l'Aigle Rouge !

Et donc, mes chers sujets, mes amis, voici la nouvelle qui va vous mettre en joie : mon fils Rudolf s'est marié. Ce fut une cérémonie discrète et la terrible perte qui nous frappe a interdit toute commémoration publique, mais notre joie intime, maintenant partagée par tous, est sans limites. Adélaïde…

Becky se tenait juste derrière la jeune femme pour traduire à voix basse les paroles du monarque. Jusqu'à présent, tout s'était bien passé, mais voilà que les choses se corsaient, car le souverain avait choisi de faire un jeu de mots complexe à partir du nom de la jeune épouse. *Adel* en allemand signifie noblesse, et Becky dut l'expliquer à Adélaïde.

– Il dit que la naissance ne compte pas quand on possède *Adel des Herzens*, la noblesse du cœur, et maintenant, il fait de nouveau allusion à l'Aigle, le *Adler*, en disant que vous êtes *adlig*, c'est-à-dire noble, et… Vite ! Avancez-vous !

Le roi avait tendu sa main tremblante vers Adélaïde. Celle-ci jeta à Becky un regard où l'inquiétude et l'impatience répondaient à l'impuissance de la préceptrice, puis elle posa sur le vieil homme un regard si affectueux que même les invités debout au fond de la salle le remarquèrent. Elle s'approcha de lui, pendant qu'un homme en uniforme tendait au roi une décoration attachée à un ruban.

– Princesse Adélaïde, dit ce dernier en lui passant la décoration autour du cou.

Et voilà. Elle était officiellement princesse, reconnue comme telle par le roi en personne, et nul ne pourrait le contester. Quelques minutes plus tard, la princesse et le prince (sans oublier Becky) se retrouvèrent au centre d'un cercle d'admirateurs, dont le jeune professeur d'allemand se chargeait de traduire les félicitations et les vœux.

L'un des premiers à féliciter la princesse fut l'ambassadeur de Grande-Bretagne, Sir Charles Dawson, un homme aux moustaches grises qui s'adressa à elle en allemand. Quand Adélaïde lui répondit en anglais avec un fort accent cockney, il faillit avaler son monocle.

– Je suis une Londonienne, sir Charles. Je parle anglais aussi bien que vous. Ravie de vous connaître.

– Je... ça alors, je... ma parole !... Je... bonté divine ! Une Angl... une Anglaise... Sapristi ! Ah !...

Ce pauvre vieux fossile devait être la seule personne à Eschtenburg à ne pas avoir entendu les rumeurs qui circulaient sur elle, pensa Becky. Un mauvais point pour les services diplomatiques britanniques.

L'ambassadeur repartit en marmonnant, totalement hébété. Quelques secondes plus tard, un géant prit sa place, il claqua des talons, s'inclina et baisa la main d'Adélaïde.

Ses cheveux noirs se dressaient sur son crâne et sa moustache fine était raidie par la cire, à tel point, songea Becky, qu'il devrait mettre des bouchons de liège à chaque bout avant d'embrasser les gens. Ses yeux, noirs eux aussi, étincelaient.

– Le comte Otto von Schwartzberg, murmura un aide de camp.

Le fameux chasseur ! Becky éprouva immédiatement de la pitié pour tout animal – loup, élan ou mastodonte – qui aurait la malchance de croiser le chemin de cet homme. Intriguée, elle observa ces mains qui avaient tué un ours. C'étaient les plus grosses mains qu'elle ait jamais vues, et elles étaient couvertes de cicatrices.

– Cousine ! aboya-t-il. Je suis ravi de vous accueillir en Razkavie.

Il ignora totalement le prince. Adélaïde retira sa main et répondit avec froideur :

– Merci, comte Otto. J'ai entendu parler de vos exploits à la chasse. J'ai hâte de découvrir les oiseaux et les animaux de la forêt... s'il en reste, ajouta-t-elle en s'adressant à Becky et en ajoutant : Ne traduisez pas ça.

Le comte Otto la toisa de son œil noir, avant d'éclater de rire.

– Un petit chardonneret anglais ! rugit-il.

Alors que chez toute personne moins imposante, cette voix sonore aurait paru insupportable, chez lui, cela semblait tout naturel. Cet homme n'était pas fait pour vivre entre quatre murs, là était le problème. Becky devinait qu'il aurait été d'une charmante compagnie au cœur d'une vallée sauvage.

Le prince semblait mal à l'aise, mais Adélaïde n'avait pas terminé.

– Avez-vous déjà tué un chardonneret avec votre arbalète, comte Otto ?

– Oh ! On ne tue pas les chardonnerets avec une flèche ! On les capture avec de la glu et on les met dans de jolies cages !

– Vous devez confondre avec un autre genre d'oiseau, répliqua Adélaïde. Les oiseaux anglais ne se mettent pas en cage. Et on n'attrape pas les aigles avec de la glu.

Pendant que Becky traduisait ces paroles, la princesse toisait le comte avec arrogance. Le prince, lui, regardait ailleurs, il discutait avec l'archevêque ; mais Jim était tout près, et le roi aussi. Il tendait l'oreille et, quand Becky eut fini de traduire, le vieux monarque rit si fort que tout le monde crut qu'il allait s'étouffer.

Le comte Otto sourit avec un air de pirate. L'éclat de ses dents blanches apparut sous sa moustache noire.

– Vous avez bien d'autres gens à voir, dit-il. Bonne nuit, cousine.

Il s'inclina de nouveau et prit congé.

La soirée se poursuivit, alimentée par un flot ininterrompu de gens que l'on présenta à Adélaïde et auxquels elle devait sourire et adresser une phrase polie. Quand tous les nobles et les ambassadeurs étrangers eurent défilé devant elle, vint le tour des personnes situées aux échelons inférieurs de l'échelle sociale : les fonctionnaires et les politiciens qui dirigeaient le pays. L'un après l'autre, ils s'avancèrent, s'inclinèrent, dirent quelques mots et repartirent. A force, Becky avait la tête qui tournait, mal aux pieds et la gorge sèche, car elle était obligée de traduire toutes les conversations, dans les deux sens. Au bout d'un moment, elle dut maîtriser une bouffée d'hystérie face à ces personnages tirés à quatre épingles qui, souriant jusqu'aux oreilles, claquaient des talons et se pliaient en deux, en file indienne : Herr Schnickenbinder, le maire d'Andersbad ; Herr Rumpelwurst, inspecteur de la pureté des eaux ; Herr Knorpelsack, directeur des services postaux...

Ces noms n'existaient pas vraiment, si ? se demanda-t-elle. Non, elle devait certainement les inventer. Il allait y avoir un incident diplomatique. Elle serait renvoyée, emprisonnée, exécutée. Il fallait qu'elle se ressaisisse, qu'elle se concentre...

Un homme était chargé de tout superviser et de faire les présentations les plus importantes, et donnait l'impression de rôder à la lisière des conversations : le chambellan, le baron Gödel. Becky savait qui il était et, sans savoir pourquoi, elle le craignait. Vers la fin de la soirée, à un moment où Adélaïde n'avait pas besoin de Becky car elle bavardait avec Rudolf, Gödel lui fit signe d'approcher en agitant son index. Le cœur de la jeune fille s'emballa.

Il l'entraîna dans un coin et se pencha vers elle. Elle sentait l'odeur forte de son eau de Cologne, de la pommade passée dans ses cheveux et des petits bonbons à la violette qu'il suçait pour rafraîchir son haleine.

– Vous parlez trop fort, lui dit-il de sa voix suave et ronronnante. Ce n'est pas ainsi que se comporte une interprète. Vous devez vous montrer plus discrète. De plus, vous ne devez pas dévisager effrontément vos interlocuteurs. Il y a chez vous une insolence que je trouve très désagréable. Vous êtes sur le point d'oublier votre place. Si cela se produit, vous la perdrez.

Becky était pourtant obligée de regarder les gens pour s'assurer du sens exact qu'ils voulaient donner à leurs paroles, et c'était Adélaïde elle-même qui lui avait demandé de parler plus fort. Mais il était inutile de discuter avec le chambellan et la jeune fille n'avait qu'une envie : s'éloigner de cet homme le plus vite possible.

– Très bien, monsieur.

Elle adressa un petit sourire au baron Gödel quand celui-ci la congédia. Jim, qui avait observé la scène, fit un clin d'œil discret à Becky.

Ainsi se déroula la soirée au cours de laquelle Adélaïde fut intronisée princesse.

Cette nuit-là, le roi mourut.

7
Tourbillon

Moins de dix minutes après que les serviteurs du roi lui eurent apporté sa cafetière en argent, à sept heures, comme tous les matins, tout le palais savait que le roi Wilhelm était mort. Jim, impatient de prendre son petit déjeuner, était en train de finir de s'habiller quand un valet de pied frappa à sa porte pour lui annoncer qu'il était attendu sur-le-champ dans les appartements du comte Thalgau.

Jim s'empressa de descendre pour retrouver le comte, qu'un domestique aidait à nouer sa cravate noire. Dès qu'il vit l'expression du vieil homme, il comprit ce qui s'était passé.

– Sa Majesté est morte ?

– Sa Majesté est vivante, répondit le comte en foudroyant le jeune homme du regard par-dessus sa moustache hérissée, tandis que le domestique s'affairait sur son nœud de cravate. Le roi Wilhelm est mort paisiblement dans son sommeil. Nous devons maintenant trouver rapidement la meilleure façon de conseiller et de protéger le roi Rudolf. *Ach,* ça suffit ! Allez-vous-en, je finirai moi-même ! jeta-t-il d'un ton hargneux au domestique, qui s'inclina et s'éclipsa sans demander son reste.

Jim avait eu l'intention de livrer au comte sa découverte concernant le prince Leopold et de l'interroger au sujet de cette actrice espagnole, mais le moment était mal choisi. Le vieil homme se regardait dans le miroir en levant le menton pour arranger son nœud de cravate.

– Ça ira comme ça, soupira-t-il après un ultime mouvement de poignet, avant de prendre sa brosse à cheveux en argent. Écoutez-moi bien. Sa Majesté n'a pas encore le pouvoir, loin s'en faut. Il devra livrer une dure bataille avant de supplanter Gödel et de pouvoir imposer ses décisions au palais. Il ne peut pas renvoyer cet homme, sa fonction est héréditaire. Et, pour parler franchement, le roi n'est pas encore assez mûr pour prendre les décisions relatives à son rang ; nous devrons l'aider. Il veut me voir dans cinq minutes, et vous dans dix. Dans le bureau Vert. Je l'encouragerai à vous offrir un poste avec de plus grandes responsabilités et Gödel s'y opposera mais, si le roi reste inflexible, le chambellan sera obligé d'accepter. Dans l'immédiat, votre tâche consiste à être patient et à tenir votre langue en attendant que la décision soit prise, c'est compris ?

– Oui. Mais dites-moi, comte, le baron Gödel a-t-il trempé dans l'assassinat du prince Wilhelm ?

– *Hein ?*

– Oui ou non ?

– Certainement pas ! Cette idée est absurde. Cet homme est une véritable plaie, mais c'est un fidèle serviteur de la couronne. Ne perdez pas votre temps avec ce genre de spéculations, pour l'amour du ciel. Sa Majesté vous attend dans dix minutes... huit maintenant. Ne soyez pas en retard.

Songeur, Jim tapota ses dents avec son index, puis il emprunta d'un pas énergique le couloir qui conduisait au bureau Vert, là où se réglaient toutes les questions relatives à la maison royale.

A l'heure précise, la porte de l'antichambre s'ouvrit et un fonctionnaire à la mine sombre le fit entrer. Le bureau était surchargé de somptueuses tentures ornées d'épaisses franges et dégageait une impression de grandeur guindée, jusque dans la manière dont la table de travail bombait et dont les pieds des fauteuils enflaient avant de rétrécir.

Le roi Rudolf était assis à son bureau, vêtu d'un uniforme dont la sobriété tranchait avec ceux des autres régiments de son pays. Jim s'inclina. A droite du roi se tenait le comte et à sa gauche, le baron Gödel.

– Merci d'être venu, Taylor, dit le nouveau roi.

Il était pâle et paraissait perdu. Il s'exprimait d'une voix faible, comme s'il avait du mal à trouver son souffle.

Gödel dit d'un ton doucereux :

Herr Taylor, Sa Majesté m'a fait part de son

intention de vous offrir un poste plus élevé dans ce palais. Je serai franc : je suis opposé à cette idée. Nous ne savons rien de vous, si ce n'est que vous êtes extrêmement jeune, que vous appréciez la compagnie de personnes peu recommandables et que vous n'avez aucun lien avec notre pays. Vous êtes ici, me semble-t-il, en tant que mercenaire. Si un ennemi vous offrait une somme d'argent supérieure pour trahir Sa Majesté, peut-on être sûrs que vous saurez résister ? Si vous étiez un Razkavien, né sous l'Aigle Rouge, nous vous ferions confiance sans hésiter. Mais un étranger…

Rudolf se ratatina dans son fauteuil, c'était son jugement que l'on mettait en doute. Le comte Thalgau s'était redressé, comme pour lancer une mise en garde, mais Jim ne put contenir sa colère.

– C'est exact, dit-il. Je suis un étranger. Et je plaide coupable également pour les autres chefs d'accusation : je suis jeune, je ne suis pas bien né, j'apprécie la compagnie des coquins, des artistes et des vagabonds. Quant à mon rôle de mercenaire, je reconnais que, lorsque j'ai rencontré Sa Majesté qui n'était encore que Son Altesse Royale, je lui ai proposé mes services de détective privé. Nous nous sommes serré la main, et cette poignée de main fut ma parole d'honneur, car je ne suis pas n'importe quel étranger, je suis un Anglais, et je vous prie de ne pas l'oublier. Je ne suis lié par aucun traité, les menaces ne m'impressionnent pas et je ne me laisserai pas acheter avec de l'or. J'ai offert librement et de bon cœur ma loyauté au roi et à la reine, pour la vie, et gare à celui ou à celle qui osera en douter.

Le comte brûlait d'envie d'intervenir et le roi semblait nerveux, mais un sourire de gratitude effleura son visage. Puis il jeta un regard inquiet en direction de Gödel.

Ce dernier s'inclina très légèrement.

– Je ne peux que donner mon avis, sire. Si tel est votre souhait, nul doute que nous trouverons un poste pour Herr Taylor, une fonction honorifique me semblerait tout indiquée. Maintenant que vous êtes roi, sire, votre entourage et vos collaborateurs sont placés sous les ordres du bureau du Chambellan. Herr Taylor dépendra donc directement de moi, comme tous vos autres serviteurs. Si vous me l'ordonnez, sire, je trouverai un arrangement.

– Très bien, répondit Rudolf d'un air las. Occupez-vous-en, baron.

Gödel sourit, on aurait dit de l'huile qui se répand dans une flaque d'eau. Jim l'ignora et s'inclina devant le roi.

– Toutes mes condoléances pour la mort de feu Sa Majesté, dit-il. Je vous servirai de mon mieux, la reine et vous.

– Je n'en doute pas, Taylor. Merci.

Jim prit congé. Une fois sorti du bureau, il s'arrêta et secoua la tête. « Quel imbécile ! se dit-il. Tu es tombé dans le panneau, pauvre idiot. » Désormais, il aurait encore moins de liberté qu'avant. Gödel le cantonnerait dans des tâches routinières et insipides, alors qu'il ferait mieux de se lancer à la recherche de cette comédienne espagnole, si elle existait, et si c'était bien elle l'espionne.

Il poussa un grognement et décocha un coup de pied dans un ballon imaginaire qu'il expédia à travers les carreaux dans une explosion de verre tout aussi imaginaire. Puis il descendit prendre son petit déjeuner.

Il passa le reste de la matinée à observer les dignitaires qui défilaient au palais pour présenter leurs condoléances au roi et à la reine. L'archevêque fut parmi les premiers : un vieux schnock cadavérique, se dit Jim, avec une tête de mort au teint grisâtre sous sa calotte noire. Ce fut ensuite au tour des ambassadeurs. L'Allemand et l'Austro-Hongrois arrivèrent exactement au même moment, ce qui posa un petit problème de protocole au chambellan : qui devait-il annoncer en premier ? Mais les chambellans sont payés pour résoudre ces questions et, au moment de repartir, les deux ambassadeurs bavardaient aimablement. Il est vrai, songea Jim, qu'ils étaient payés pour ça, eux aussi. Les visiteurs se succédaient et, pendant ce temps, les activités du palais se poursuivaient : il fallait polir l'argenterie, donner à boire et à manger aux chevaux, effectuer la relève de la garde, servir le déjeuner.

A 14 h 30, on vint chercher Jim : la reine réclamait sa présence. Il trouva Sa Majesté dans le salon qui surplombait la terrasse sur laquelle elle s'était souvent promenée avec le vieux roi, bras dessus bras dessous. Elle était vêtue de noir, évidemment, et jouait avec un éventail, debout devant la fenêtre, son petit visage au teint pâle et ses grands yeux noirs humides de larmes..

Jim se ressaisit juste à temps pour s'incliner comme il convenait.

– Merci, comtesse, dit Adélaïde. Veuillez nous laisser cinq minutes.

La comtesse Thalgau fit sa révérence (elle y était obligée maintenant) et sortit, raide et glaciale comme un iceberg. Becky s'apprêtait à l'imiter, mais Adélaïde secoua la tête et la jeune fille resta. Elle paraissait plus fatiguée qu'Adélaïde : pâle et le bout du nez rougi, elle donnait l'impression de couver un rhume.

– Restez, dit Adélaïde d'une voix sans timbre. Dieu sait ce qu'ils iraient raconter encore si je me retrouvais seule avec un gars. A moins que ce soit l'archevêque, ce vieux squelette moisi. Où tu étais passé, Jim ?

Sa voix était rauque, ses nerfs à fleur de peau. Jim connaissait ces signes, il les avait vus chez la petite Harriet, la fille de Sally, quand elle avait de la fièvre et ne parvenait plus à dormir.

– Si Votre Majesté le permet, je vais tout vous expliquer. Je *crois* savoir qui se cache derrière l'assassinat du prince héritier. Le roi vous a-t-il déjà parlé de son frère aîné, le prince Leopold ?

Adélaïde plissa les yeux. Mais elle paraissait davantage hébétée que furieuse et elle répondit en secouant la tête :

– Non. Je sais qui c'était, mais rien de plus. Ils ne parlent jamais de lui. Pourquoi cette question ?

Jim rapporta aux deux jeunes femmes ce qu'il avait découvert.

– Mais j'ai été complètement stupide, conclut-il. Je me suis placé moi-même sous la coupe du chambellan. Le baron von Gargouille. Alors que je devrais traîner en ville et fureter avec Karl von Gaisberg et les gars du Richterbund. Peut-on se parler normalement, Votre Majesté ? Car sinon…

– Oui, évidemment, dit-elle. Je pourrais pas le supporter autrement. Mais à voix basse et seulement quand on est tous les trois. Sinon, ça arrivera aux oreilles de… des autres, comme ton camarade Glatz, l'étudiant fou. Et ils accuseront le roi Rudolf une fois de plus. Pauvre homme, il est complètement perdu. Il n'était pas destiné à devenir roi. Je dois l'aider. Et ça veut dire que tu dois m'aider. Je ne pourrai pas survivre sans discuter normalement de temps en temps avec quelqu'un.

Adélaïde se laissa tomber dans un fauteuil. Elle possédait deux facettes différentes, Jim le savait bien : l'une sereine et gracieuse, l'autre grossière, indolente et affectueuse. Il les aimait toutes les deux mais, surtout la seconde, car elle ne la montrait qu'en privé. Mais, à cet instant, il avait du mal à distinguer précisément cette facette. Sous la grâce et le charme de ses manières royales, il y avait toujours un soupçon de provocation boudeuse et, même dans les moments où elle se montrait le plus vulgaire elle ne pouvait cacher une adorable tendresse… Jim aurait pu penser à elle en permanence.

– Je serai obligé d'enquêter en douce, dit-il. Mais je ne laisserai pas tomber. Il se passe des choses qui m'échappent… Quel est le programme à présent ?

– L'enterrement a lieu mardi, dit Adélaïde. Il y aura ensuite deux semaines de deuil, puis le couronnement. Pour tout ça, je peux me débrouiller. La comtesse m'expliquera ce que je dois faire, où je dois me mettre, etc. Mais toutes ces histoires de politique, j'y comprends rien.

– Laisse faire le roi. La politique, c'est une affaire d'hommes.

Jim avait dit cela pour provoquer la jeune femme, mais ce fut Becky qui réagit. D'une voix enrouée, elle s'exclama :

– Ne dites pas de bêtises, voyons ! Sa Majesté se repose entièrement sur Adélaïde. Vous ne l'avez pas remarqué ? Le roi Wilhelm ne l'a jamais autorisé à consulter les documents officiels. N'oubliez pas qu'il était prince héritier depuis un mois seulement, il est aussi ignorant que nous des affaires. Il reçoit tellement d'avis contradictoires qu'il en a le tournis. Adélaïde est sa meilleure conseillère. Mais il faut qu'elle sache ce qu'elle doit lui conseiller. A vous de vous renseigner et de la tenir informée.

Adélaïde intervint :

– Tu vois ? C'est l'Allemagne ou l'autre camp et, s'ils se mettent pas d'accord rapidement, ils se battront. Mais même s'ils se mettent d'accord, il y aura une guerre, car le perdant protestera. Et, pendant ce temps-là, y a ce fichu assassin qui rôde ! Qu'est-ce que je peux faire, Jim, nom d'un chien ?

Le détective se gratta la tête. Finalement, il proposa :

– Je pourrais demander à Dan Goldberg. Je crois savoir ce qu'il me dirait : « Qu'elle mette le peuple de son côté. Qu'elle se montre le plus possible. » Les gens ne te connaissent pas encore et ils ont des doutes sur Ru... Sa Majesté. Je suis sûr qu'ils se prendront d'affection pour toi, mais tu dois leur en donner l'occasion. Et si jamais il faut livrer bataille, tu pourras compter sur leur engagement, et cela pourrait faire pencher la balance en ta faveur.

Le jeune homme s'interrompit et regarda Becky d'un air sombre.

– Je ne te cacherai pas que ça risque d'être dangereux. Mais je peux t'assurer que le Richterbund – le groupe d'étudiants aux épaulettes jaune et vert, tu te souviens ? – sera à tes côtés, où que tu ailles. Même si tu ne les vois pas, ils seront là. Alors, sors de ton palais, va à la rencontre des gens, mais méfie-toi. Voilà mon conseil.

Adélaïde hocha la tête.

– Merci, Jim.

Il prit congé, tandis que la jeune préceptrice sortait d'un air las le jeu d'Halma.

Becky écrivait à sa mère deux fois par semaine, mais elle ne lui racontait pas tout – de moins en moins, à dire vrai. Par exemple, si elle lui rapporta le conseil de Jim, elle prit soin de ne pas évoquer le danger encouru. A la place, elle remplissait ses lettres de détails sur sa vie quotidienne. Et elle ne manquait pas d'anecdotes, car elle découvrait que le rôle de meilleure amie d'une reine se révélait bien plus difficile que celui de professeur de langues et de partenaire de jeux d'une princesse. Pour commencer, il y avait beaucoup moins de temps libre : chaque instant de la journée semblait avoir été planifié par une gigantesque machine invisible, et il fallait caser les parties d'échecs dans les rares créneaux disponibles.

La journée d'Adélaïde débutait à sept heures quand sa femme de chambre lui apportait un plateau avec du café et des petits pains et lui faisait couler un bain. Puis la nouvelle souveraine passait la robe choisie par la responsable de la garde-robe (une Française grassouillette qui avait blêmi en voyant les vêtements apportés par Adélaïde et avait réquisitionné aussitôt un couturier parisien). A 9 h 30, un secrétaire se présentait pour lui faire signer des lettres de remerciements en réponse aux condoléances (Adélaïde réussissait à tracer un A et déclarait d'un air majestueux que c'était suffisant). Elle recevait ensuite une ou deux visites : une délégation du Comité des dames patronnesses d'Andersbad ou les épouses du président et des professeurs de l'université, venues lui présenter leurs respects.

Venait ensuite le déjeuner, en compagnie de quelque invité sempiternellement sinistre et guindé, et de la comtesse Thalgau, qui veillait au grain. L'après-midi, séance de travail avec la comtesse : quelle attitude devait adopter la reine lors des funérailles du roi, comment accueillir les chefs d'État étrangers, quels couverts utiliser quand il y avait de l'esturgeon au menu ? Adélaïde se pliait à tous ces exercices avec une patience acharnée.

Pendant ce temps-là, toute la ville avait hâte de la voir. La curiosité était immense, voilà pourquoi elle devait recevoir tous les visiteurs qui se présentaient et faire preuve de courtoisie. Suivant le conseil de Jim, Adélaïde demanda à la comtesse Thalgau d'organiser un certain nombre de sorties publiques : à la cathédrale afin d'inspecter les préparatifs en vue des funérailles du roi ; au labyrinthe de la Rose dans les Jardins espagnols, près de la rivière, pour l'érection d'une statue ; à l'hôpital enfin d'inaugurer un nouveau pavillon. Un ou deux journaux critiquèrent ces activités, estimant qu'il était inconvenant de se montrer en public durant une période de deuil. Mais les critiques ne faisaient pas le poids face au respect que gagnait ainsi Adélaïde. Chaque fois qu'elle faisait arrêter sa voiture pour acheter des roses à une vieille marchande de fleurs et qu'elle la gratifiait d'un sourire, chaque fois qu'elle visitait un hôpital et serrait la main des malades, chaque fois qu'elle achetait de petits cadeaux pour les enfants d'un orphelinat, elle séduisait de nouveaux cœurs.

Plus que le roi, à vrai dire. Il émanait d'Adélaïde une douceur naturelle, simple et sans affectation, alors que Rudolf se montrait, en public, guindé et intimidé. Becky l'observait avec compassion mais, plus il faisait d'efforts, plus il paraissait maladroit.

Partout où allait Adélaïde, Becky l'accompagnait. Elle s'asseyait derrière elle à table, devant elle dans sa voiture, elle se tenait derrière sa chaise quand elle recevait des visiteurs et, tous les mots que la jeune femme entendait ou prononçait, à l'exception de ceux qu'elle échangeait dans l'intimité avec son mari, passaient par Becky. Très souvent, quand la reine manquait de tact ou de patience, la jeune préceptrice était là pour nuancer ses propos et, lorsqu'elle traduisait les paroles des visiteurs, elle en profitait pour glisser, dans un murmure diplomatique, une phrase ou deux du genre : « Cessez de faire la moue, bon sang ! » ou « Surveillez vos manières, petite friponne ! » ou encore : « Trouvez un compliment ! Dites-leur que vous appréciez leur travail. »

Elle ignorait si la comtesse Thalgau s'en apercevait. La femme de l'ambassadeur, qui parlait quelques mots d'anglais, était toujours présente, elle aussi, assez près pour entendre mais jamais elle ne laissait paraître la moindre réaction.

Toutefois, un matin, Becky eut la réponse à sa question. Comme d'habitude, elle était assise à côté d'Adélaïde dans le petit salon pendant que la comtesse Thalgau lui donnait une leçon sur les liens entre la famille royale de Razkavie et les autres noblesses d'Europe. A force, elles avaient établi une méthode de travail : la comtesse était froide et pédante,

Adélaïde était froide et appliquée ; les questions et les réponses étaient transmises de l'une à l'autre par l'intermédiaire de Becky qui avait l'impression d'être l'un de ces tuyaux pneumatiques qui servent, dans les grands magasins, à transmettre les factures.

On frappa à la porte et le valet de pied annonça un visiteur : le chambellan en personne. Celui-ci s'excusa longuement et avec effusion de ce dérangement, puis il dit, en anglais, sans prêter attention à Becky :

– Demain, Votre Majesté, nous souhaiterions vous présenter votre nouvel interprète, le docteur Unger. C'est un professeur d'université, diplômé de la faculté d'Heidelberg et de la Sorbonne, et un conseiller très apprécié de notre ministre des Affaires étrangères. Il prendra la place de Fräulein Winter, qui pourra ainsi retrouver sa famille et ses études à Londres.

Becky ouvrit de grands yeux. La comtesse Thalgau plissa les siens. Adélaïde explosa :

– Quoi ?

– Maintenant que Votre Majesté n'est plus princesse mais reine, il est naturel qu'elle ait à son service un homme plus qualifié. Bien entendu, vous souhaiterez certainement récompenser Fräulein Winter pour son dévouement, et nul doute qu'une petite décoration s'impose. Toutefois…

– Qui a eu cette idée ? demanda Adélaïde.

Ses narines étaient dilatées et une légère rougeur avait envahi ses joues.

– Il nous semble que ce serait plus approprié. Je

suis sûr que Fräulein Winter possède de grandes qualités, mais…

– Il vous semble ? A qui ? Il ne me semble pas, à moi. Êtes-vous en train de me dire que c'est une idée du roi ?

– Sa Majesté tient naturellement à ce que vous bénéficiiez des meilleurs conseils et de la meilleure compagnie. Le docteur Unger est homme de grand…

Adélaïde se leva. Becky et la comtesse furent obligées de l'imiter, mais ce fut moins ce mouvement soudain que la fureur et le mépris qui irradiaient de la frêle silhouette de la jeune femme qui fit reculer le chambellan d'un pas.

– Je souhaite au docteur Unger le plus grand succès pour sa carrière, dit la jeune reine d'un ton glacial. Mais Fräulein Winter est mon interprète. Elle et personne d'autre. De plus, c'est *moi* qui choisis par qui je veux être conseillée. Vous avez compris ?

– Je… naturellement… je…

– Au revoir.

– Le docteur Unger pourrait travailler aux côtés de Fräulein Winter, comme une sorte de…

Adélaïde prit une profonde inspiration mais, avant qu'elle puisse répliquer, la comtesse Thalgau intervint. Au grand étonnement de Becky, elle lança en allemand, d'un ton cassant et rapide :

– Baron Gödel ! Dois-je vous rappeler que vous vous adressez à la reine ? Vous avez entendu sa réponse. Comment osez-vous insister avec une telle impertinence ? Fräulein Winter s'acquitte de ses tâches, et même davantage, avec la plus grande compétence et le plus grand tact. Je n'imagine pas que quiconque puisse faire mieux. Sur ce, soyez assez bon pour vous retirer, vous faites perdre son temps à Sa Majesté.

Becky en demeura bouche bée. Le chambellan s'inclina et sortit. Quelques secondes plus tard, la leçon reprit comme s'il ne s'était rien passé. La comtesse avait retrouvé toute sa froideur et ses manières brusques et guindées, mais la jeune interprète la regardait avec un respect nouveau, mêlé de méfiance.

Jim voyait Karl von Gaisberg et les autres étudiants du Richterbund chaque fois qu'il parvenait à s'échapper du palais. Généralement, ils se réunissaient au *Café Florestan*, un petit établissement situé près du pont Matthias, où le patron, homme discret, leur ouvrait un large crédit. Deux jours avant le couronnement, Jim y emmena Becky. Elle avait rarement l'occasion de quitter l'ambiance formelle de la cour et elle prit plaisir à se promener incognito dans les rues animées, comme n'importe quelle citoyenne.

Mais, une fois assise devant une tasse de chocolat et une part de tarte, la jeune fille sentit peser sur elle tous les regards. Les étudiants du Richterbund rivalisaient pour lui adresser des compliments, tout en essayant de ne pas rougir, ce qui était charmant, déconcertant et gênant, dans cet ordre. Puis Karl von Gaisberg arriva. Jim fit les présentations et ce fut au tour de Becky de rougir. Il s'inclina pour lui baiser la main ; la jeune fille crut qu'il se moquait d'elle, mais elle comprit très vite qu'il était très sérieux et très poli et, que pour accomplir ce geste, il avait dû surmonter son évidente timidité. Dire qu'elle avait failli éclater de rire ! Il y avait de quoi rougir.

– Alors, les gars, du nouveau ? interrogea Jim.

– J'ai fait tous les hôtels, répondit un des étudiants. Il y a beaucoup de journalistes en ville. J'ai réussi à trouver cinq femmes voyageant seules, mais trois d'entre elles ont plus de soixante-dix ans et les deux autres sont des sœurs infirmes en cure à Andersbad. Elles sont venues pour assister au couronnement et, ensuite, elles retourneront prendre les eaux.

– Continue à chercher. Et toi, Gustav ?

– J'ai épluché les archives des journaux. Il n'y a pas grand-chose sur le mariage du prince Leopold, mais la censure aurait interdit les articles de toute façon. En revanche, j'ai trouvé le compte rendu de sa mort. Apparemment, il a été tué par un sanglier près du relais de chasse de Ritterwald. Le seul témoin est le chasseur qui l'accompagnait, un vieux serviteur nommé Busch. On pourrait peut-être aller l'interroger, s'il est toujours de ce monde.

– Ça vaut le coup d'essayer. Hans ?

– Friedrich et moi, on a dupé Glatz ! On a appris qu'il avait l'intention de perturber la visite de la reine à l'école des Mines demain, alors on lui a fait croire qu'ils avaient changé leurs plans et qu'ils allaient se rendre au conservatoire à la place. Il va débarquer là-bas avec une bande de manifestants et ils n'auront personne à huer.

– Excellent ! Parlons maintenant du plan pour le couronnement. Karl ?

Ce dernier se racla la gorge et jeta un regard furtif et intimidé à Becky avant de décrire de quelle façon les étudiants comptaient surveiller l'itinéraire. Au bout d'une ou deux minutes, sa timidité s'envola et il s'exprima de manière claire et déterminée. Becky vit surgir en lui un autre leader, un autre Jim : plus mesuré, moins lunatique peut-être, et certainement moins aguerri, mais tout aussi fort.

– Le problème, c'est notre faible nombre, dit-il en guise de conclusion. Nous pouvons rassembler soixante garçons, soixante-trois au maximum. Et nos seules armes sont des épées. Les règles de la fraternité étudiante nous donnent le droit de les porter, mais nous n'avons pas la moindre arme à feu.

– Ah, comme j'aimerais me joindre à vous ! dit Becky.

– Vous savez tirer ? demanda quelqu'un.

– Je suis sûre que j'y arriverais si j'essayais.

– Je vous apprendrai, proposa un autre. Ils font de jolis petits pistolets qu'on peut mettre dans un sac à main. Je les ai vus.

Becky le regarda d'un air étonné.

– Qui vous dit que je veux un joli petit pistolet ? J'aurais aimé être un pirate et tirer au canon. Mais quoi qu'il en soit, je dois rester auprès de la reine, elle a besoin de moi. Je guetterai vos exploits.

– J'espère que vous n'aurez pas besoin de nous, dit Karl. Si nous sommes obligés d'intervenir, c'est que les choses auront mal tourné.

– Assez parlé de ça, dit Jim. Vous avez tous fait votre possible. Buvons ! Mais continuez à surveiller les hôtels, et surtout la gare...

Plus tard, alors que Jim et Becky traversaient le pont en sens inverse, la jeune fille demanda :

– Vous redoutez vraiment des incidents lors du couronnement ?

– Oui. Hélas. Mais on dirait que vous attendez ça avec impatience ?

– Ah bon ?

– Cette histoire de canon et tout ça. Vous êtes une fille assoiffée d'aventure, n'est-ce pas ?

– Je ne sais pas, répondit Becky en toute franchise. Je n'ai jamais eu l'occasion de le découvrir. Mais je saurais me battre s'il le fallait. Je ne me rendrais pas, je ne pleurerais pas et je ne m'évanouirais pas. Les gens croient que les filles ne sont pas courageuses, mais j'aimerais avoir l'occasion d'essayer... Rien qu'une fois, juste une, pour savoir ce que ça fait de risquer sa vie. Non pas que j'aie envie de tuer quiconque, je veux seulement apprendre à mieux me connaître. Et je ne me connaîtrai jamais véritablement avant d'avoir essayé.

– Je ne crois pas que les femmes soient moins courageuses que les hommes. J'ai l'exemple de Sally.

Mme Goldberg. S'il fallait se battre, je vous ferais confiance.

– Pourquoi ?

– Un pressentiment. Vous avez fait forte impression sur Karl von Gaisberg.

– Ah bon ? Hmmm. Ils… ils semblent très compétents. Les Richterbund…

– Je n'aurais pas pu trouver mieux. Surtout Karl… Quand je le vois, je me demande si je n'ai pas loupé quelque chose en ne faisant pas d'études. Ils ont la belle vie à l'université : ils se battent, ils chantent, ils boivent, et tout ça. Quand cette histoire sera finie, peut-être que j'étudierai la philosophie… si j'arrive à suivre.

Quand Becky eut regagné sa chambre, Jim se promena dans l'enceinte du palais. C'était une nuit claire, mais sans lune ; les jardins à la française étaient immobiles et parfumés sous les myriades d'étoiles. Le jeune détective suivait l'allée de graviers entre les petites haies sombres, perdu dans ses pensées, à moitié enivré par la beauté de la nuit, éperdument amoureux d'Adélaïde dont il voyait la fenêtre au-dessus de la terrasse de pierre avec ses ornements de marbre. Il s'arrêta et l'observa un instant, puis il quitta le jardin pour pénétrer dans le parc plus sauvage où une vaste étendue d'herbe, parsemée d'arbres, ondulait jusqu'à la forêt au loin.

Il erra sans but pendant une vingtaine de minutes en décrivant un large cercle qui l'éloignait du palais.

Le silence était profond. Il aurait pu se croire le seul être humain sur terre.

Soudain, un bruit lui glaça le sang. C'était une voix d'homme, un cri. Il avait jailli de l'obscurité, avant de mourir.

Jim n'avait jamais eu une telle frousse. Ses muscles étaient comme liquéfiés, la peur lui donna la nausée. C'était plus qu'un cri : un hurlement d'angoisse, un long gémissement qui trahissait une douleur infinie. Il agrippa la canne qu'il tenait dans la main et s'obligea à rester immobile pour essayer de localiser la provenance de ce cri. Venait-il de là-bas ? De la forêt ? S'agissait-il d'un animal nocturne, une chouette, qu'il pouvait ignorer sans risque ?

Non. Il déglutit et avança à pas lents dans la direction d'où avait jailli le hurlement, vers un bosquet de chênes situé à la lisière d'une petite déclivité. A demi accroupi, réconforté par l'action, il s'approcha, tous les sens en alerte, les nerfs tendus, s'attendant à voir une chose abominable lui sauter dessus. Mais rien ne se produisit. Il atteignit le premier arbre, s'arrêta, la main appuyée sur le tronc, et il tendit l'oreille. Rien.

Il tapota le tronc avec sa canne. Aucune réaction.

Il s'enfonça sous les arbres, les yeux écarquillés, scrutant chaque recoin obscur. Rien ne bougeait, les ombres n'étaient que des ombres, il n'y avait aucun danger, le cri ne venait pas d'ici.

Avec prudence, il ressortit du bosquet et regarda autour de lui : la lumière des étoiles, le silence, les ombres.

Il laissa échapper un long sifflement tremblant et alla se coucher.

Le soir précédant le couronnement, le palais et la ville débordaient d'activité ; les préparatifs battaient leur plein. Dans les cuisines du palais, les pâtissiers apportaient la touche finale aux pièces montées qui décoreraient la table du banquet et, dans la chambre froide, un sculpteur taillait un gigantesque bloc de glace venu de Saint-Pétersbourg et conservé depuis l'hiver. Il représenterait la cathédrale, mais si le temps était trop chaud et s'il commençait à fondre, le sculpteur le transformerait rapidement en une grossière maquette du rocher d'Eschtenburg, avec le funiculaire et le drapeau au sommet.

Dans les écuries, on nourrissait les chevaux, on tressait leurs queues et on peignait leurs crinières. Le carrosse royal avait été nettoyé, huilé, poli et redoré, on avait changé les pneus, les sièges avaient été rembourrés avec du crin neuf. Dehors, en ville, on balayait et on nettoyait les rues, on arrosait et arrangeait les fleurs dans les bacs sur les bords des fenêtres, toutes les vitres situées sur le trajet du cortège étincelaient. Près du lac du Nénuphar dans le parc Stralitzky, une équipe de pyrotechniciens napolitains installait les fusées et les roues pour le feu d'artifice. La chorale répétait dans la cathédrale. L'orchestre de l'opéra jouait le programme du bal, qui incluait bien évidemment la *Valse d'Andersbad* de Johann Strauss fils. Les sentinelles en poste devant le palais frappaient du pied sur le sol, exécutaient leur demi-tour, saluaient et présentaient les armes avec une vigueur inhabituelle, pendant que les policiers patrouillaient dans les rues en tortillant leurs moustaches et en fronçant les sourcils d'un air grave.

Dans les hôtels, les auberges et les tavernes, les restaurateurs, les chefs et les patrons comptaient leurs fûts de bière, leurs bouteilles de vin, leurs pièces de viande. Dans les bars et les cafés, les journalistes de toute l'Europe – et même un ou deux venus d'Amérique – s'imprégnaient de l'ambiance locale et rassemblaient des informations de la manière habituelle, c'est-à-dire en bavardant entre eux autour de quelques verres remplis de boisson forte.

Dans la sacristie de la cathédrale, là où reposait le drapeau depuis la mort du vieux roi (la période entre le décès royal et le couronnement était la seule où il ne flottait pas sur le rocher), les religieuses de Sainte-Agatha, chargées de son entretien, raccommodaient les moindres déchirures avec les aiguilles et le fil les plus fins ; elles renforçaient les coutures, soulignaient les contours de l'aigle avec de la soie mauve et fixaient de nouveaux glands dorés sur le bord.

Pendant ce temps, la raison de toute cette activité, le nouveau roi et sa jeune reine étaient assis face à face à une petite table et jouaient à un jeu d'enfant en frappant dans leurs mains et en riant. Becky était assise avec eux, comme une nurse qui surveille deux bambins.

Il s'agissait d'un jeu baptisé Tourbillon, auquel jouaient Adélaïde et Becky avant l'arrivée du roi. La jeune souveraine voulait disputer une partie d'échecs, mais Becky perdait toujours, et Adélaïde, qui avait mis la main sur un ouvrage théorique (à défaut de savoir lire, elle savait maintenant déchiffrer les notations des échecs), n'avait pas la patience de supporter sa nullité, alors elles jouaient au Tourbillon. L'objectif consistait à être le dernier englouti par le vortex ; il fallait donc obtenir les plus petits chiffres possibles avec les dés et Adélaïde trichait outrageusement. Mais elle avait beau faire tomber les dés par terre et affirmer qu'elle avait fait deux, elle avait beau se « tromper » en comptant le nombre de cases quand elle devait avancer, elle avait beau parler d'autre chose pour faire croire ensuite à Becky que c'était encore à elle de jouer, elle dut reconnaître que son petit bateau allait sombrer dans le maelström bien avant celui de sa jeune préceptrice et, à ce stade de la partie, elle eut le culot d'accuser son adversaire de tricher. Becky se moqua d'elle.

Adélaïde était sur le point de s'emporter – Becky reconnaissait les signes – quand on frappa doucement à la porte. Celle-ci s'ouvrit et le roi entra.

Becky fit une révérence. Adélaïde se leva d'un bond pour l'accueillir avec un baiser. « Elle l'aime vraiment beaucoup », se dit la jeune fille. Adélaïde avait en elle des trésors d'affection. Une ou deux fois, elle avait appelé Becky « ma sœur » et, surprise autant que son amie, elle avait tenté de cacher cet aveu derrière une démonstration de mauvais caractère. Aussi Becky n'était-elle jamais étonnée de la voir aussi tendre avec Rudolf, même si elle sentait que c'était le genre d'affection que l'on portait à un frère adoré, plus qu'à un mari.

La jeune fille s'apprêtait à prendre congé, mais le roi Rudolf dit :

– Non, mademoiselle Winter, restez avec nous, je vous prie. Vous jouiez à un jeu ? De quoi s'agit-il ?

– On a presque fini, dit Adélaïde. Jouez aux échecs avec moi, Rudi. Becky pourra nous regarder, pour apprendre.

– Non, j'aime mieux ces jeux-là. Puis-je me joindre à vous ?

Un petit sourire triomphant apparut sur le visage de la jeune reine : elle pouvait recommencer au début, sans être engloutie par le vortex. Elle s'empressa de balayer toutes les pièces sur le plateau et le roi s'assit avec elles à la table recouverte de velours rouge, dans la petite pièce douillette un peu trop encombrée de meubles. Dehors, la nuit tombait et les lampes diffusaient leur chaleur ambrée sur la table, le plateau de jeu aux couleurs vives, les dés d'ivoire, les petits navires en métal et leurs mains : celles du roi où étincelait l'anneau du pouvoir et celles d'Adélaïde, rose pâle, qui agitaient les dés entre ses paumes jointes avant de les lancer.

– Double un ! s'exclama-t-elle joyeusement. Cette fois, c'est bien parti !

Elle avança son navire de deux cases et la partie commença.

Dans une des grandes et vieilles maisons de la place Saint-Stephen, qui donnaient sur les marches de la cathédrale, une femme sonna à la porte d'un appartement situé au quatrième étage. L'homme qui se trouvait derrière elle tenait à la main une longue boîte recouverte de cuir et ce qui était peut-être un trépied dans un sac en feutre vert.

Une domestique ouvrit la porte. L'occupant des lieux, un marchand de cigares nommé Alois Egger, ne connaissait pas sa visiteuse qui déclara s'appeler la señora Menendez et représenter un grand magazine de mode de Madrid. L'homme qui l'accompagnait était photographe. Herr Egger était-il conscient, demanda-t-elle, de l'énorme intérêt que provoquait dans toute l'Europe l'accession au trône de cette belle et jeune reine ? Si la señora Menendez pouvait obtenir avant tout le monde quelques détails sur la cérémonie, et des photos de la robe de couronnement... Cet appartement donnait sur les marches de la cathédrale, n'était-il pas vrai ?

Effectivement. Le balcon offrait l'une des plus belles vues de la ville.

Herr Egger n'était pas un provincial demeuré ; c'était un homme d'affaires cosmopolite ; il se rendait à Amsterdam plusieurs fois par an, il était même allé à La Havane une fois. Quel plaisir de traiter avec une femme moderne, aussi agréable et charmante que la señora Menendez ! Cela lui rappelait une certaine soirée à Cuba... la lune derrière les palmiers, les douces notes d'une guitare, une rose rouge, des cheveux noirs...

En outre, la rétribution qu'elle lui offrait était très généreuse. Ils tombèrent d'accord : il quitterait son appartement de bonne heure le lendemain matin pour en laisser l'usage exclusif à la señora Menendez et à son photographe durant le couronnement. Il empocherait un joli bénéfice, les dames de Madrid auraient leur article illustré et demain soir... qui sait ?... un petit dîner, une promenade dans les Jardins espagnols, une ville en fête. Ce serait comme à La Havane.

Tout était donc fin prêt pour le couronnement.

8
Le couronnement

Une domestique vint réveiller Becky à six heures du matin. Pas question de s'attarder au lit une minute de plus ! Elle se leva d'un bond et se planta devant la fenêtre pour contempler le parc, les toits ocres de la ville en contrebas et le vert profond des sapins qui couvraient les collines au loin, tandis que le soleil naissant balayait le décor d'une fraîche clarté nacrée – ce M. Pissarro aurait su la peindre, mais la jeune fille ne pouvait que s'émerveiller.

Vite, il fallait se laver, s'habiller, aller prendre son petit déjeuner, puis remonter en toute hâte, demander à une femme de chambre de la coiffer... Miroir de poche, chaussures, chapeau, broche, réticule... Oh, où était-il ?... « Ah, le voici ! » Le porte-monnaie, de l'argent... Y aurait-il une quête à la cathédrale ? Faisait-on circuler une soucoupe lors d'un couronnement ? Non, sûrement pas. Mais autant prendre quelques pièces, au cas où... Quelle heure était-il ? Non, impossible ! Vite, vite !

Becky dévala l'escalier, faillit se prendre les pieds dans le tapis du couloir ouest et heurta de plein fouet un homme qui arrivait en sens inverse.

C'était Jim. Son expression trahissait une fureur hébétée, mais ce n'était pas à cause de Becky. Il entraîna la jeune fille dans la petite antichambre, derrière la bibliothèque.

– Écoutez-moi, dit-il. Le temps presse…

– Je sais ! Je dois être à la porte ouest dans *trois minutes !*

– Fermez votre clapet et écoutez. Gödel m'a trouvé une fonction ridicule et m'a confiné à l'intérieur du palais, l'infâme ! J'ai faussé compagnie à l'huissier mais, s'il me retrouve, je suis bon pour le cachot. Je vais essayer de sortir d'ici pour rejoindre Karl et les autres. Il se trame quelque chose, Becky. Bon sang, si je pouvais…

Jim se figea et tendit l'oreille, puis il se précipita derrière l'épais rideau. Becky fit semblant d'enfiler ses gants. Quelqu'un frappait à la porte de manière péremptoire.

Le battant ne tarda pas à s'ouvrir. La jeune préceptrice se retourna, feignant la surprise, pour se retrouver face à deux soldats.

– Pardonnez-nous, Fräulein, dit l'un d'eux. Avez-vous vu l'Anglais ? Herr Taylor ?

– Non, pas ce matin, répondit-elle. Il est certainement avec Sa Majesté.

– Non, il a disparu. Excusez-nous de vous avoir dérangée, Fräulein.

Ils saluèrent et se retirèrent. Il était grand temps pour Becky de gagner la porte ouest, si elle ne voulait pas mettre tout le monde en retard. En effet, elle devait se rendre à la cathédrale en compagnie du comte et de la comtesse, car Adélaïde avait insisté pour qu'elle demeure près d'elle.

– Jim ? murmura-t-elle d'un ton angoissé. Il *faut* que j'y aille !

– Regardez s'ils sont toujours dans le couloir, répondit le jeune homme en sortant de sa cachette. Si la voie est libre, hochez la tête. Souvenez-vous : vert et jaune signifie « rien à craindre ».

Becky ouvrit la porte de l'antichambre. Le long couloir recouvert d'un tapis était vide. Elle se retourna et chuchota :

– La voie est libre.

Puis elle fila en direction de la sortie, qu'elle atteignit juste à temps. Elle passa en trébuchant devant un valet de pied surpris et déboucha sur les marches, tel un comédien dans une pièce bouffonne. Au pied de l'escalier, dans une voiture découverte, le comte la foudroya du regard. Becky découvrit qu'il y avait un quatrième passager et elle pesta intérieurement.

– Je vous demande pardon, dit-elle en montant en voiture aussi dignement que possible. Mon talon s'est pris dans le tapis et j'ai trébuché.

Son explication fut accueillie par un silence glacial. Elle prit place en face du comte, tournant le dos à la marche. Le valet ferma la portière, le cocher agita les rênes et la voiture s'ébranla lentement pour rejoindre le carrosse royal qui franchissait déjà les grilles du palais. Becky brûlait d'envie de tourner la tête pour regarder la foule, mais cela aurait été impoli, car le comte la présentait au vieux monsieur assis en face d'elle, une sorte de duc dont elle ne retint pas le nom. Ne sachant pas comment on exécutait une révérence quand on était assise, mais sentant qu'un geste quelconque s'imposait, elle se trémoussa de manière assez disgracieuse et le monsieur répondit très poliment en se découvrant. La calèche ralentit lorsqu'elle eut rejoint le carrosse, puis deux autres voitures se mirent à la file, suivies d'un bataillon de hussards (à moins qu'il ne s'agît de lanciers) qui arrivèrent au trot avec force cliquetis et reniflements. Terriblement fiers d'eux, ils jetaient des regards en biais à Adélaïde, sous leurs casques recouverts de fourrure noire.

Le cortège venait de partir. Les applaudissements et les cris joyeux de la foule faisaient vibrer les toits des maisons et s'envoler les pigeons ; d'innombrables drapeaux flottaient aux fenêtres, aux portes et sur les balcons. Le trajet jusqu'à la cathédrale n'était pas très long, mais il dura presque une demi-heure, car les voitures empruntèrent le boulevard Cesky, passèrent sous l'arche du Souvenir, puis traversèrent le parc Stralitzky, longèrent le lac des Nénuphars et passèrent devant la « grotte-pavillon » que le roi Michael avait fait construire en 1765 pour son épouse-cygne.

D'un bout à l'autre du parcours, les habitants agitaient des drapeaux, des touristes ôtaient leurs chapeaux et les policiers saluaient avec raideur. Becky vit une jeune silhouette se glisser au milieu de la foule et crut apercevoir un éclair vert et jaune sur son épaule, du moins l'espérait-elle.

Jim se faufila jusqu'à l'extrémité du couloir ouest. De là, il jeta un regard dans la salle des Banquets, située dans le prolongement du salon. A l'autre bout de cette grande pièce se trouvait un office équipé d'un appareil à vapeur destiné à maintenir les plats et les assiettes au chaud. Au-delà, un petit couloir menait aux cuisines. Pourrait-il atteindre l'autre extrémité de la salle des Banquets sans être vu ? Des domestiques entraient et sortaient à chaque instant pour déposer des bouquets de fleurs, installer des chaises, disposer des verres…

Des voix s'élevèrent dans son dos. Il n'avait plus le choix. Plié en deux, il traversa le salon à toutes jambes, pénétra dans la salle des Banquets… vide, Dieu soit loué ! Un bruit d'assiettes ! Quelqu'un était entré dans l'office ! Vite, plonger sous la table !

La nappe descendait presque jusqu'au sol. A condition de rester silencieux, Jim se dit qu'il pourrait aller d'un bout à l'autre de la table sans être repéré, car le plancher était recouvert d'un tapis, mais il avait un long chemin à parcourir. La table avait les dimensions d'un terrain de cricket. Quelques jours plus tôt, il s'était amusé à la mesurer en arpentant la salle : vingt et un mètres d'un bout à l'autre. Elle était soutenue par plusieurs pieds centraux massifs, dont il devrait enjamber les protubérances sculptées semblables à des racines vernies.

Il commença à avancer. Hélas, il lui fallut bien plus longtemps qu'il ne l'avait espéré car, au moment où il arrivait à mi-chemin de la table, une escouade de valets de pied entra pour disposer les couverts avec une précision géométrique. Jim ne voyait que leurs bas blancs et leurs chaussures à boucles qui se déplaçaient lentement des deux côtés de la table, de place en place. Il entendait le sifflement de la vapeur qui s'échappait de l'office, le petit bruit sourd des couverts que l'on posait sur la nappe, le murmure des conversations, qui cessèrent brusquement quand l'intendant (reconnaissable à son pantalon noir) entra à pas lents et parcourut toute la longueur de la table, s'arrêtant parfois pour formuler une critique, avant de repartir.

Il y eut un nouveau silence et tous les pieds se tournèrent vers la porte par laquelle était entré Jim. Des jambes d'uniforme apparurent : Jim reconnut le pantalon étroit, bordeaux avec une bande noire, des gardes du palais.

– Avez-vous vu le secrétaire de Sa Majesté ? L'Anglais nommé Taylor ?

– Non, sergent, répondit l'intendant.

– Si vous le voyez, sonnez l'alarme aussitôt. C'est bien compris ?

– L'alarme, sergent ? Mais…

– C'est une question de vie ou de mort. Il se pourrait qu'un complot vise le roi.

– Et cet Anglais serait…

– Exactement. Ouvrez les yeux. Caporal, fouillez la salle de Bal. Moi, je monte dans la galerie…

Ils ressortirent. Jim jura en silence. C'était pire qu'il l'avait imaginé car, lorsque le coup serait porté (il ne doutait plus de cette éventualité), la faute retomberait sur lui. Raison de plus pour filer… Ils en avaient encore pour longtemps, ces larbins ?

Presque une demi-heure, en fait. Lorsque la dernière petite cuillère fut enfin à sa place, la dernière chaise disposée parallèlement à la table et le dernier verre débarrassé du dernier grain de poussière, Jim pleurait presque de rage et de frustration.

Mais finalement, tous les valets de pied quittèrent la salle des Banquets. Jim compta jusqu'à cent, puis fonça jusqu'à l'office. Un domestique, les bras chargés de plats, regarda bouche bée le jeune détective s'engouffrer dans le couloir. Il enfonça la porte battante des cuisines, se faufila au milieu de l'armée d'aides-cuisiniers et d'apprentis occupés à découper des morceaux de viande, à émincer des légumes, et se retrouva dans une cour dallée où il dut s'arrêter, le temps de s'orienter. Quelqu'un poussait des cris et il entendait des bruits de pas précipités dans son dos ; il courut jusqu'au mur d'en face, sauta sur un tonneau qui avait la bonne idée de se trouver là, escalada le mur et atterrit dans la cour des écuries.

« Il est temps que la chance me sourie », se dit-il. Et elle lui sourit, sous la forme d'une magnifique jument baie, sellée pour le colonel des Dragons qui, dans un coin, était en train de passer un savon à un palefrenier. Jim n'était pas très à l'aise avec les chevaux, mais il savait comment les faire avancer et s'arrêter et, entre les deux, il était plus ou moins capable de rester en selle. Alors il sauta sur le dos de la jument, glissa ses pieds dans les étriers et avait saisi les rênes avant que le colonel ait eu le temps de pousser un cri, et à plus forte raison de dégainer son sabre. Jim jaillit de la cour des écuries et dévala le chemin de graviers en direction du portail principal.

Le cortège était passé peu de temps avant et la foule l'avait suivi, laissant les abords du palais presque déserts mais, très vite, Jim dut ralentir, car plus il approchait du centre plus les rues étaient encombrées. Il mit la jument au trot, puis au pas, mais la foule devint si dense qu'il dut finalement abandonner sa monture. Il la confia à un homme moustachu vêtu d'un gilet hongrois, lui promettant vingt couronnes s'il était encore là l'après-midi. Il devinait que, dans moins d'une demi-heure, l'homme aurait vendu la jument pour cinquante couronnes et se serait volatilisé. « Je lui souhaite bonne chance », se dit Jim.

Il continua donc à pied, courant au milieu de la foule, évitant les piétons les plus lents, dérapant dans les virages, gravissant les marches quatre à quatre, impatient d'atteindre la cathédrale pour empêcher...

quoi donc ? Il n'en avait aucune idée, ou plutôt si. Voilà pourquoi il était impératif qu'il arrive à temps.

Au moment où la procession pénétrait sur la place Saint-Stephen, face à la cathédrale, Becky demeura bouche bée devant l'ampleur de la foule et la clameur qui s'éleva, mais surtout face à la beauté de ce lieu sous l'éclat d'une matinée d'été. Les vieilles maisons coiffées de leurs toits baroques et percées de fenêtres sculptées brillaient d'une lumière ocre, dorée et crémeuse sous les rayons du soleil. Des badauds, perchés sur les balcons en fer forgé, agitaient les bras et, de l'autre côté de la place, la noirceur ancienne et gothique de la cathédrale se dressait de manière imposante sur le bleu du ciel. Entre deux maisons, Becky distinguait, de l'autre côté de la rivière, la masse grise du rocher d'Eschtenburg, privé temporairement de son étendard, et qui semblait attendre.

L'orgue jouait déjà lorsqu'ils prirent place à l'intérieur de la cathédrale. Une fanfare de trompettes, si tonitruante que le souffle des musiciens agitait presque les plis du drapeau fixé au mur près de la grande porte ouest, retentissait. Tout le monde se leva lorsque la frêle silhouette de l'archevêque apparut pour conduire lentement le roi et la reine dans l'allée centrale.

Le roi portait l'uniforme de colonel des gardes d'Eschtenburg, le plus élégant de tous les régiments : d'un blanc immaculé avec une rangée de médailles sur le torse et des épaulettes dorées ; à sa taille était accrochée une longue épée incurvée ornée d'un pompon écarlate. Naturellement, il était tête nue et, lorsqu'il passa devant Becky, celle-ci constata que son visage était creusé par l'angoisse.

A ses côtés, Adélaïde était vêtue d'une robe en soie épaisse, couleur crème. Elle avait posé sa main sur le bras de Rudolf et Becky voyait bien qui soutenait qui.

Le chœur se mit à chanter, puis la messe fut célébrée et enfin, à onze heures et quart, le véritable couronnement eut lieu. Ce fut une cérémonie très simple : après une prière, Rudolf jura de servir fidèlement l'Aigle Rouge, puis l'archevêque le consacra par l'onction d'huile sainte. Becky regarda Rudolf et Adélaïde s'agenouiller côte à côte sur le gros coussin surélevé, tels deux enfants qui s'amusent, et elle sentit dans sa gorge une boule qui n'était pas seulement due au patriotisme.

Il y eut une nouvelle prière pour réclamer longue vie et fertilité, puis l'archevêque se tourna vers le page qui se tenait en retrait et prit la couronne posée sur le coussin que tendait le jeune garçon. Elle n'avait rien d'extraordinaire : c'était un simple anneau de fer noir orné d'une unique et grosse topaze jaune, taillée grossièrement. Mais elle avait été forgée à partir de l'épée avec laquelle Walter von Eschten avait défendu le rocher et vaincu Ottokar II lors de la bataille de Wendelstein. Quant à la topaze, c'était la dot d'Erszebet Cséhak, la comtesse hongroise qui avait épousé le fils de Walter, Karl. Voilà pourquoi la couronne de Razkavie était plus précieuse que n'importe quelle babiole en or.

Rudolf se leva et fit face à l'assemblée. L'archevêque brandit la couronne à bout de bras et la posa délicatement sur la tête du roi. Une sorte de soupir collectif parcourut la cathédrale et le vieux prélat s'agenouilla pour baiser la main du nouveau souverain. Becky aurait parié qu'elle avait entendu ses genoux craquer.

Les trompettes firent retentir un puissant accord, au moment où l'orgue tonnait. L'archevêque ouvrit le chemin dans l'allée, en direction de la porte ouest, là où était accroché l'*Adlerfahne*. Sur leur passage, tout le monde avait les yeux écarquillés.

La porte avait été ouverte à deux battants. Le prélat attendit que toute l'assemblée fût regroupée autour d'eux, ce qui provoqua une certaine bousculade polie. Becky capta le regard d'Adélaïde ; la reine parut soulagée en apercevant son interprète et amie, car un sourire éclatant et fugitif brilla dans ses yeux avant qu'elle retrouvât son impassibilité.

En bas, sur la place, quatre mille paires d'yeux ou plus – qui aurait pu les compter ? – étaient levées vers le couple royal. Des soldats et des policiers se tenaient prêts à dégager la rue en direction du vieux pont.

L'archevêque se tourna vers l'*Adlerfahne*. Le drapeau mesurait environ trois mètres de long sur deux de large, l'Aigle Rouge était brodé avec du fil écarlate et pourpre sur un fond en soie jaune d'or. Les bords s'ornaient d'une frange de glands dorés. La hampe d'environ quatre mètres pesait très lourd, mais c'était un roi qui devait la porter.

L'homme d'église récita encore une prière avant d'asperger le drapeau d'eau bénite, puis Rudolf prit le drapeau pour le sortir de son support et parcourut les trois ou quatre mètres le séparant des marches de la cathédrale.

Lorsqu'il apparut, une clameur s'éleva. Les gens agitèrent leurs chapeaux et la foule s'écarta devant les soldats et les policiers qui ouvraient un chemin au nouveau roi. Les joueurs de trompette, alignés sur les marches, levèrent leurs instruments dorés et attaquèrent la *Fanfare de l'aigle.*

Adélaïde rejoignit le roi, restant légèrement en retrait sur sa gauche, et Becky crut entendre un regain d'applaudissements et de cris dans la foule. Pour le moment, les Razkaviens avaient mis de côté leurs doutes concernant le roi Rudolf. C'était peut-être un esthète, un dandy et un rêveur, mais c'était leur roi, l'*Adlerträger*, celui qui porte l'aigle et, pour cette raison, ils l'aimaient. C'était à cette occasion que la nation se recomposait et s'unifiait. Becky sentit un flot de fierté submerger son cœur, de tristesse aussi, car elle songeait à son père. Il aurait dû être là pour voir ça. Mais elle éprouvait également de la joie, et elle savait qu'un grand nombre de citoyens ressentaient la même chose à cet instant : leur roi, leur drapeau, leur liberté, leur nationalité. Ils étaient prêts à mourir pour lui.

Pourtant, ce fut lui qui mourut pour eux. Alors qu'il descendait la première marche, en direction de la place, un coup de feu retentit, couvrant les vivats de la foule et la fanfare, et Rudolf s'écroula. Le tumulte et la musique cessèrent presque instantanément, un silence effroyable s'établit, tandis que le grand drapeau de soie s'affaissait et basculait à son tour vers le sol, comme si l'Aigle venait d'être abattu en plein vol. Becky entendit alors les quatre mille personnes rassemblées sur la place retenir leur souffle.

La première à réagir fut Adélaïde, et son premier geste fut pour son mari. Une grosse rose rouge sembla éclore sur la poitrine de Rudolf, dans la neige de son uniforme. Elle tendit les mains vers lui, mais Rudolf utilisa ses dernières forces pour soutenir le drapeau et murmurer :

– *Der Adler*...

Une dizaine de mains se levèrent autour de lui, puis se figèrent. Tous les hommes, toutes les femmes et même les enfants présents sur la place avaient réagi instinctivement, mais ils s'immobilisèrent, car le drapeau était maintenant dans les mains de la reine Adélaïde, qui le tenait fermement.

L'archevêque s'était agenouillé à côté du roi agonisant. Déjà, la foule affluait vers la reine, puis les gens s'écartèrent pour l'inciter à descendre les marches, pour l'encourager.

La jeune femme dut faire un gros effort pour redresser le drapeau ; elle appuya la hampe sur sa hanche, dans une posture peu élégante, le temps de déplacer une main pour avoir une prise plus confortable. Après avoir adressé un regard passionné et anéanti à Rudolf (ce qui n'échappa pas à la foule), elle commença à descendre vers la place.

Le comte se tenait à sa gauche et Becky à sa droite. Du coin de l'œil, la jeune interprète vit Karl von Gaisberg et une douzaine de « jaune et vert » jouer des coudes pour former une sorte de haie d'honneur au pied de l'escalier. Ils resserrèrent les rangs pour repousser la foule et permettre à Adélaïde d'avancer. Elle prit la direction des vieilles maisons au coin de la place, et du pont qui se trouvait au-delà.

L'enjeu était clair : si Adélaïde parvenait à porter l'*Adlerfahne* jusqu'au rocher, la Razkavie resterait libre. Mais un danger planait : un deuxième assassin, ou bien le même, s'il avait réussi à s'enfuir, pouvait agir à tout moment. Autre obstacle : le poids du vieux drapeau et la difficulté de manier une hampe de quatre mètres au bout de laquelle pendait un drapeau de six mètres carrés, composé de plusieurs couches de soie épaisse et brodée. Rudolf s'était entraîné à le porter, il avait reçu des conseils, pas elle. Sans oublier l'angoisse qui l'habitait après avoir vu son mari se faire assassiner à côté d'elle.

Le comte avait dégainé son revolver. Karl von Gaisberg s'approcha de Becky et demanda à voix basse :

– Où est Jim ?

– Ils ont essayé de l'arrêter, au palais. Je ne sais pas s'il a réussi à s'échapper. (Il se tourna vers Adélaïde.) Vous croyez qu'elle va y arriver ?

– Comment savoir ? En tout cas, elle luttera jusqu'à la mort.

– Espérons que non...

Karl alla reprendre sa place à la tête de la phalange des « jaune et vert » et Becky rejoignit Adélaïde, qui la vit et lui adressa un regard où se mêlaient fierté et angoisse.

– Et Rudi ? demanda-t-elle d'une voix tendue.

Becky ne put que secouer la tête.

– J'y arriverai pas, Becky, murmura Adélaïde. Je ne peux pas...

– Si, vous le pouvez, répondit son amie. Reposez-vous si vous voulez. Prenez tout votre temps. Mais vous y arriverez, vous le pouvez !

Adélaïde s'arrêta, mais seulement pour faire passer le poids de son corps d'une jambe sur l'autre en appuyant la hampe sur son flanc. Cent visages inquiets se pressèrent autour d'elle. Puis une voix s'exclama :

– *Ein hoch dem Königin !*

D'autres voix s'élevèrent : *Hoch ! Hoch für Adélaïde !*

La clameur enfla car la jeune reine avait à nouveau soulevé le drapeau ; elle était repartie.

Jim atteignit la cathédrale au moment où le cortège en sortait, juste à temps pour entendre la fanfare et le coup de feu fatal, et pour voir Rudolf s'écrouler. Une boule de pitié se gonfla dans sa gorge, car Rudolf n'avait jamais rien demandé : il n'avait pas cherché à s'approprier la couronne, mais il avait fait de son mieux pour assumer ce fardeau, et le jeune détective sentait confusément que, même si le roi avait eu vent de ce qui l'attendait, il aurait malgré tout tenu à accomplir son devoir. Adélaïde avait su déceler des qualités chez ce pauvre rêveur, et Jim avait toujours éprouvé la plus grande admiration pour ces hommes qui, bien que n'étant pas d'un naturel courageux, affrontaient le danger sans ciller.

Il vit Adélaïde se saisir du drapeau avant qu'il touche le sol. C'est alors qu'un détail lui revint en mémoire. Imaginant les interminables disputes si tout n'était pas fait dans les règles, il gravit les marches de la cathédrale en jouant des coudes, glissa quelques mots à l'archevêque et ramassa la couronne à laquelle nul ne faisait attention. L'anneau de fer avait glissé de la tête de Rudolf et roulé dans le caniveau.

Comprenant qu'il était inutile d'essayer d'atteindre le pont en traversant la foule, il tira le prélat par le bras et fit signe à un capitaine des hussards en brandissant la couronne. L'homme plissa les yeux ; son premier réflexe fut de porter la main à son épée, puis il comprit et rejoignit Jim. A eux deux, ils entraînèrent l'archevêque, lui firent dévaler les marches, tournèrent au coin de la cathédrale et coururent jusqu'au bac amarré au bord de la rivière.

Il s'agissait en réalité d'une vieille barge à fond plat qui prenait l'eau et passait d'une berge à l'autre à l'aide d'un câble métallique tendu au-dessus de la rivière. Jim avait regardé faire le passeur une dizaine de fois et cela paraissait facile, mais il dut utiliser toutes ses forces, plus celles du capitaine des hussards, sans oublier les prières de l'archevêque, pour faire avancer l'embarcation qui se balançait dangereusement.

En regardant en amont, Jim remarqua l'agitation qui régnait sur le pont et il se demanda avec inquiétude si Adélaïde n'allait pas arriver la première.

– Du nerf ! cria-t-il. Plus fort !

Par-dessus la marée humaine, Becky apercevait les statues qui bordaient le parapet du pont. Chacune était couverte d'un essaim de jeunes garçons qui agitaient leurs casquettes en poussant des cris. Comme la grande place, le pont était pavé et Adélaïde, chaussée de fragiles chaussures en satin, avait du mal à assurer son équilibre.

Pas à pas, avec une infinie lenteur, elle continua d'avancer, jusqu'à la clé du pont, au milieu. La foule était si dense, les gens si serrés, accrochés les uns aux autres, que Becky craignait que la chute d'une seule personne en entraîne une dizaine dans l'eau. Pendant ce temps, la jeune reine pleurait en silence. Elle serrait les dents, son teint était livide, ses bras tremblaient.

– On est à mi-chemin, lui dit Becky. Continuez !

– Ça monte sacrément ensuite, non ? marmonna Adélaïde en desserrant à peine les dents, mais sans s'arrêter.

A l'autre extrémité du pont, la route passait sous une grande arche gothique et un corps de garde dont les fenêtres grouillaient de monde. En outre, elle devenait plus étroite et il était de plus en plus difficile de se frayer un chemin à travers la foule. Karl donna de la voix :

– Écartez-vous ! Laissez passer la reine ! Poussez-vous de là !

Le comte avait rengainé son revolver et fixait intensément Adélaïde, à moins d'un mètre d'elle, prêt à la soutenir si elle flanchait. Son vieux visage farouche trahissait l'inquiétude et la fierté.

Quand ils atteignirent le corps de garde sous lequel ils devaient passer, Adélaïde tremblait tellement que Becky crut pendant un instant qu'elle allait lâcher le drapeau. *« Qu'arrivera-t-il alors ?... Qu'arrivera-t-il alors ? »* Ces paroles résonnaient dans sa tête. Mais Adélaïde ne le lâcha pas ; elle s'arrêta de nouveau pour appuyer la hampe sur sa hanche et leva les yeux vers le comte avant de chercher momentanément le soutien de son bras, puis elle repartit. Elle passa sous le corps de garde et la foule massée sur sa gauche s'écarta ; les gens se bousculèrent pour grimper sur les rebords des fenêtres, la moindre saillie, ouvrant le chemin jusqu'aux marches qui conduisaient au sommet du rocher.

– Tirez, capitaine ! Tirez !

Comment faisait donc le vieux passeur pour manier son bac ? se demanda Jim. Il avait déjà été saisi d'admiration devant de vieux bonshommes gâteux, à peine capables d'avaler une cuillerée de soupe et qui, pourtant, creusaient une tranchée ou coupaient un arbre quatre fois plus vite qu'un jeune gaillard aux muscles saillants. Il en avait un nouvel exemple aujourd'hui. Le capitaine et lui suaient à grosses gouttes, leurs muscles tremblaient, la barge se balançait furieusement et ils n'avaient toujours pas atteint l'autre rive.

– Ja hau ruck ! Hau ruck !

« Nom d'un chien ! se dit Jim. Pourquoi est-ce que je fais ça ? » Ce n'était pas seulement pour Adélaïde. C'était aussi pour Rudolf, et pour le comte. Pour Becky. Pour Karl von Gaisberg, et pour ce petit pays de rien de tout avec sa fierté, son passé et son honneur. A cet instant, il se sentait aussi razkavien que le brave capitaine, voilà pourquoi il se remit à tirer sur le câble avec fougue. Bientôt, ils sortirent du courant et progressèrent plus facilement vers la jetée en bois, sur la rive opposée.

Quelques minutes plus tard, ils débarquaient.

– Et maintenant ? demanda le capitaine. Le funiculaire ?

– C'est la seule solution. Venez !

Ils entraînèrent sans ménagement l'archevêque sur le sentier qui contournait le rocher, vers la petite gare de départ du funiculaire. Ils frappèrent à la porte du cottage du préposé jusqu'à ce qu'un homme alerté par le bruit accoure.

– Non ! C'est interdit ! leur cria-t-il. Le funiculaire ne fonctionne pas !

Mais il vit l'archevêque, qui brandissait la couronne, et ouvrit des yeux comme des soucoupes. Sans perdre une seconde, il actionna des leviers et ôta des bondes, car le funiculaire fonctionnait grâce à un système de poids et de contrepoids. Un réservoir d'eau situé au sommet (alimenté par cette même source qui avait permis à Walter von Eschten et à ses chevaliers de survivre des siècles plus tôt, et qui jouait maintenant un nouveau rôle dans l'histoire de la Razkavie) remplissait un réservoir installé dans le wagon vide qui se trouvait en haut et qui, désormais plus lourd que celui d'en bas, descendait tranquillement la pente et faisait monter l'autre. C'était simple, efficace et silencieux, mais d'une lenteur insupportable. C'est pourquoi, après avoir abandonné l'archevêque dans le wagon, le capitaine et Jim se lancèrent à l'assaut du rocher, en suivant les rails.

Adélaïde regarda vers le sommet, ferma les yeux et se mordit la lèvre, avant de regarder de nouveau le sol pour voir où elle mettait les pieds. Deux personnes seulement pouvaient avancer de front sur le sentier bordé sur la gauche par un garde-fou et sur la droite par des maisons en pierre qui, très vite, disparurent pour laisser place à la roche nue. A chaque fenêtre, des visages regardaient passer le cortège : d'abord Karl et deux autres étudiants qui ouvraient le chemin, puis Adélaïde et le comte. Becky avait du mal à avancer, mais son amie cria avec un accent de désespoir :

– Becky ! Restez avec moi !

La jeune fille lutta alors pour se frayer un passage au milieu de la foule et demeurer près de la reine.

– Je suis là ! répondit-elle. Je suis avec vous !

D'autres étudiants lui emboîtèrent le pas, suivis par la vague humaine. Les pieds d'Adélaïde, dans ses chaussures fragiles et maintenant déchiquetées, se posaient de manière hésitante sur les pierres du chemin.

Un faible gémissement ininterrompu s'échappait de sa gorge. Quand elle se retournait, Becky voyait qu'elle serrait les dents et que ses yeux étaient remplis de larmes. Soudain, elle s'immobilisa. Becky ne comprenait pas ce qu'elle voulait, mais le comte dit d'une voix éraillée :

– Sa robe... La reine va se prendre les pieds dedans !

Il s'écarta et Becky se précipita et souleva le bas de la lourde robe en soie brodée pour éviter à la reine de trébucher.

La jeune femme tremblait de tous ses membres, elle s'appuya sur son amie pendant quelques secondes, puis murmura :

– Laissez-moi... je vais continuer...

Becky obéit.

Pas à pas, la jeune souveraine continua d'avancer, de monter, de plus en plus lentement, et la foule en bas, les gens qui attendaient au sommet, ainsi que ceux qui étaient perchés sur des rochers ou accrochés aux buissons qui poussaient sur les flancs du rocher, tout le monde était muet à présent. Les cris avaient cessé, les spectateurs qui se trouvaient près de la reine lisaient la douleur sur son visage blanc comme de la craie et partageaient sa souffrance en la voyant se mordre la lèvre jusqu'au sang.

– C'est juste après le prochain virage, lui dit Becky. Ce n'est plus très loin. Continuez. Appuyez-vous sur moi. Reposez-vous si vous voulez. Prenez tout votre temps. Vous y êtes presque…

Adélaïde avait usé toutes ses forces. Elle ne pouvait même plus répondre, elle ne pouvait que regarder devant elle. Des sanglots secouaient sa poitrine, et Becky vit apparaître avec effroi un filet de sang sous ses ongles. Son visage luisait de sueur et ses cheveux si bien coiffés pour la cérémonie étaient plaqués sur son front et devant ses yeux en longues mèches humides. Becky les écarta délicatement et sentit les tremblements qui parcouraient sa nuque.

Au sommet des marches, à la sortie du virage suivant, se trouvaient le petit terre-plein au milieu duquel se dressait le mât du drapeau et, un peu plus loin, le quai du funiculaire. Elle y était presque… Elle y était presque… Mais, au moment où ses pauvres pieds couverts d'ampoules s'attaquaient aux cinq dernières marches, une ombre lui barra la route.

Levant les yeux, Becky vit la silhouette imposante et le regard menaçant d'Otto von Schwartzberg.

Adélaïde vacilla, puis s'arrêta.

– Je n'en peux plus, murmura-t-elle. Je suis épuisée, Becky. Je veux mourir. J'y arriverai pas…

L'expression d'Otto von Schwartzberg était impénétrable : il pouvait tout aussi bien envisager de frapper mortellement la reine que de la soulever dans ses bras pour la porter jusqu'au sommet. Nul ne pouvait deviner ses intentions et sa présence était si colossale que personne, pas même le comte, ne savait que faire. Et pendant ce temps, le drapeau s'inclinait, s'inclinait…

Mais soudain, au milieu de cette immobilité générale, une silhouette jaillit du sommet du rocher et atterrit en douceur aux pieds du gigantesque chasseur. Les cheveux blonds ébouriffés, le visage et les mains écorchés, les vêtements déchirés, Jim se dressa devant le géant. Il serrait quelque chose dans sa main gauche.

– Reculez ! ordonna-t-il. Vous êtes sur le chemin de la reine ! Poussez-vous !

Nul n'avait jamais parlé ainsi à Otto von Schwartzberg, dans aucune langue. Il s'écarta sans un mot et Adélaïde gravit les dernières marches conduisant au terre-plein. Toute la ville vit alors apparaître le drapeau et la population explosa de joie.

Les gardes de l'Aigle – les sentinelles qui patrouillaient sur le rocher jour et nuit – se précipitèrent sur ordre du comte pour prendre l'*Adlerfahne* des mains de leur reine, au moment où celle-ci s'écroulait dans les bras de Becky, inconsciente.

De tous côtés se déroulaient des scènes d'intense jubilation. Des chapeaux s'envolaient, sur les toits des maisons et au sommet du Rocher retentissaient des cris de joie accompagnés du crépitement des pétards et du vacarme des trompettes, alors que le drapeau s'élevait fièrement le long du mât. Où était passé Otto von Schwartzberg ? Nul ne le savait. Le comte s'inquiétait pour Adélaïde, mais Becky avait dans son réticule un flacon de sels. Elle le sortit, le déboucha et l'agita sous le nez de la reine. Ranimée par l'odeur piquante, Adélaïde eut un mouvement de recul et secoua la tête. Elle rouvrit les yeux en clignant des paupières, leva la tête et vit flotter l'Aigle Rouge dans le ciel bleu.

– J'ai réussi, murmura-t-elle.

Il se produisit soudain un bruit de machinerie et le joli wagon en bois du funiculaire apparut. Il s'immobilisa et l'archevêque en descendit, fébrile et inquiet, portant sur lui des traces de sang – le sang du roi. Jim lui tendit alors la couronne du royaume de Razkavie.

Becky aida Adélaïde à se lever et là, sous le drapeau qu'elle avait porté jusqu'au sommet du rocher, la toute nouvelle reine, livide et tremblante, fut couronnée, et toutes les personnes présentes s'agenouillèrent pour lui rendre hommage.

9
Dispositions

Pendant une heure ou deux après le couronnement d'Adélaïde, il régna dans toute la ville une confusion extrême où se mêlaient excitation et chagrin. Des milliers de personnes avaient vu ce qui s'était passé et, pourtant, cette scène semblait presque incroyable. C'est seulement quand Adélaïde eut suffisamment récupéré pour redescendre du rocher à bord du funiculaire que la triste réalité commença à s'imposer dans les esprits. Désormais seule souveraine, elle dut monter seule dans le carrosse découvert qui aurait dû les ramener, Rudolf et elle, au palais. Elle y prit place, pâle et tremblante maintenant que le choc la frappait de plein fouet, avec la couronne en fer posée sur ses cheveux bruns. Elle était anéantie ; elle n'avait jamais su dissimuler ses sentiments et c'était cela, songea Jim, qui lui assurait une telle emprise sur les gens, sur ses sujets. Elle ne pouvait rien cacher, alors ils lui faisaient confiance.

Mais la situation était fort dangereuse. Jim réquisitionna une monture et chevaucha à côté du carrosse jusqu'au palais, redoutant un nouveau coup de feu. Le comte chevauchait de l'autre côté. Des guirlandes, des applaudissements et des cris d'encouragement s'élevaient sur le passage d'Adélaïde qui les accueillait avec l'expression qui convenait : un large sourire aurait été déplacé, un trop grand désespoir aussi. Elle paraissait grave, fière, déterminée, triste, téméraire. Jim croisa le regard du comte et il sut qu'ils pensaient la même chose : grâce à un coup de chance miraculeux, la Razkavie avait trouvé le dirigeant idéal. La petite Adélaïde, originaire du quai du Pendu, un quartier misérable de Londres, était une reine dans l'âme.

Pendant ce temps, des soldats et des policiers passaient au peigne fin les environs de la place Saint-Stephen, à la recherche de l'assassin. Mais un unique coup de feu était trop soudain et trop bref pour qu'on puisse le localiser et chaque témoin avait une idée différente sur sa provenance. Le nombre de fenêtres autour de la place se comptait par centaines, sans parler des balcons, des toits à l'architecture baroque avec leur abondance de frontons, de pignons, de corniches et de balustrades... sans oublier la multitude de ruelles sinueuses et obscures dont la plupart n'étaient pas connues, même des habitants de la place, et n'avaient jamais fait l'objet d'aucun relevé précis. Les recherches se poursuivirent malgré tout, mais sans grand espoir de succès.

Le palais était en proie à une vive agitation. Tout avait été prévu pour la réception officielle : les invités arrivaient (les citoyens de premier plan étaient conviés au déjeuner, les hôtes étrangers au dîner) et voilà qu'il n'y avait personne pour les accueillir.

Alors que le carrosse et son escorte passaient sous le portique dans un martèlement de sabots, l'ennemi de Jim, le chambellan, le baron von Gödel, apparut sur le seuil. Il s'inclina avec obséquiosité mais, quand son regard se posa sur Jim, sa pâleur trahit sa nervosité. Le comte se pencha vers Adélaïde pour lui glisser un mot à voix basse mais, comme Becky n'était pas là pour traduire, elle ne put que deviner ce qu'il lui disait et hocher la tête. Le comte se tourna ensuite vers Gödel et dit :

– Sa Majesté va se retirer dans ses appartements privés. La réception aura lieu comme prévu. Je vous verrai dans le bureau Vert dans un quart d'heure.

Jim mit pied à terre, confia son cheval à un garçon d'écurie et suivit le comte à l'intérieur, au moment où la deuxième voiture, à bord de laquelle se trouvaient la comtesse et Becky, arrivait. Rassuré par la certitude qu'Adélaïde aurait une amie à ses côtés, il accompagna le comte dans le bureau Vert.

Dès que la porte se referma, le comte ôta son chapeau à plumes et le jeta à terre.

– Schwartzberg ! rugit-il d'une voix qui fit trembler les vitres et frémir l'encre dans l'encrier en cristal.

– Vous croyez ?

– Qui d'autre ? Ce loup sanguinaire... Mais il a sous-estimé notre petit aigle anglais, n'est-ce pas ? On n'attrape pas les aigles avec de la glu !

– Non, comte. Je suis sûr que ce n'est pas lui. De toute façon, s'il est aussi rusé que vous le pensez, il n'aura laissé aucun indice. J'ai une autre idée...

Le comte était préoccupé, il se frappait les cuisses, tapotait son menton avec son pouce, faisait les cent pas entre le bureau et la fenêtre.

– Elle est forte, Taylor, elle est douée... Mais j'ai peur, mon garçon. Je tremble dans mes bottes. Qu'allons-nous devenir ? Nous ferions bien de lui écrire un discours pour la réception... ou doit-on tout annuler ? Son mari vient d'être abattu devant elle... on ne peut pas demander à une femme de...

– On peut le demander à une reine, dit Jim. Et une reine, vous en avez une. Si vous voulez mon avis, ne lui dictez pas ce qu'elle doit dire. Laissez-la trouver les mots toute seule. Vous avez vu comment elle sait s'y prendre avec les gens, faites-lui confiance.

– Hum, fit le comte en se massant la mâchoire. Je ne sais pas...

– Concentrons-nous plutôt sur le baron von Gödel. Savez-vous que l'on m'a interdit de quitter le palais ce matin ? L'huissier d'armes a reçu ordre de me chercher partout pour m'arrêter. Avez-vous vu la tête de Gödel quand il est sorti pour nous accueillir, à l'instant ?

– Mais... (Le comte était abasourdi. Il se laissa tomber dans son fauteuil.) Mais vous étiez...

– Je me suis enfui, évidemment. Le danger est tout proche, comte... peut-être même ici, à l'intérieur du palais. Je n'ai aucune confiance en cet homme. Ne pourrait-on l'écarter ?

Le comte leva les bras en signe d'impuissance.

– La fonction de chambellan est héréditaire. On ne peut rien contre Gödel... On pourrait peut-être établir une autre chaîne de commandement... Mais ces choses-là doivent se faire dans les règles. Laissez-moi y réfléchir.

Jim allait ajouter quelque chose, mais on frappa à la porte. Le baron von Gödel entra, pâle mais impassible.

– Sa Majesté vient de me choisir pour être son secrétaire particulier, déclara le comte d'une voix autoritaire. (C'était un mensonge éhonté, mais Gödel n'était pas en position de protester.) Dans l'attente de nouvelles dispositions, le palais continuera à fonctionner comme avant. M. Taylor sera mon représentant personnel, vous lui apporterez toute l'aide nécessaire. C'est bien compris ? Il ne doit rencontrer aucun obstacle. Où en sont les préparatifs de la réception ?

Gödel déglutit et murmura :

– Tout est en place, comte Thalgau. Compte tenu des circonstances tragiques, j'ai ordonné que la fanfare de la garde de l'Aigle ne joue pas durant la réception. Sa Majesté recevra les invités dans la Grande Salle. Je pense que la décence les incitera à lui présenter leurs condoléances et à prendre congé rapidement.

– Veillez à ce qu'il en soit ainsi. Dès que la réception sera terminée, Sa Majesté nous recevra, M. Taylor et moi-même, dans son bureau privé. Vous vous tiendrez prêt à appliquer les dispositions qu'elle aura prises.

– Certainement, comte.

Il fit claquer ses talons, s'inclina et sortit.

– Vous croyez qu'il va obéir ? demanda Jim.

– Au début, oui. Il voit bien dans quelle direction souffle le vent… Bon sang, l'heure est grave ! Je pense que nous avons une semaine pour prendre les choses en main. Si lundi prochain, à cette heure-ci, nous ne contrôlons pas le pays, il court à sa perte. En attendant, allez vous changer, Taylor. Et faites vite.

Vingt minutes plus tard, tiré à quatre épingles, Jim rejoignait les invités dans la Grande Salle. Il y avait là des représentants de toute la haute société razkavienne : des membres de l'aristocratie, des maires, des sénateurs, le président de la Haute Chambre, des conseillers d'État, d'éminents avocats et banquiers, des hommes d'église et des professeurs, et même un poète et quelques artistes. L'ambiance était funèbre, feutrée, mais chacun avait hâte d'apercevoir la nouvelle reine.

Avec seulement un quart d'heure de retard sur le programme, une fanfare joua quelques notes et la fine et élégante silhouette d'Adélaïde, toute de noir vêtue, descendit l'escalier. La comtesse était à ses côtés, et Becky marchait un ou deux pas derrière. Jim croisa son regard et lui fit un clin d'œil.

Il avait été prévu que le roi et la reine se tiendraient au pied de l'escalier pour saluer les invités qui se présenteraient devant eux, par ordre de préséance. Mais

Adélaïde s'arrêta avant d'arriver au bas de l'escalier afin d'être vue de tous et elle dit, dans un allemand hésitant, mais clair :

– Bienvenue au palais. Mon cher époux aurait voulu que je vous accueille l'un après l'autre, personnellement, et je le ferai. Mais permettez-moi d'abord de vous adresser quelques mots à tous. Quand mon mari n'était encore que prince, j'ai juré devant Dieu d'être une bonne princesse. Quand il est devenu roi, j'ai juré de le servir et de l'honorer fidèlement. Maintenant que le poids et l'immense honneur de cette fonction reposent sur mes seules épaules, je fais le serment devant vous tous de servir la Razkavie jusqu'au bout de mes forces. Qu'il n'y ait pas le moindre doute dans vos cœurs : la Razkavie a une reine, et cette reine défendra et aimera ce pays jusqu'à son dernier souffle. Longue vie à l'Aigle Rouge ! Longue vie à la Razkavie !

Ils surent alors qu'elle était des leurs.

Ce soir-là, alors que l'excitation de la journée était un peu retombée, Jim partit à la recherche de Karl von Gaisberg. Plusieurs choses le tracassaient, et il ne pouvait toutes les confier au comte.

Il trouva Karl au *Café Florestan*, en compagnie de quatre ou cinq camarades. Ils accueillirent le jeune Anglais avec une curiosité avide. Que s'était-il passé au palais ? lui demandèrent-ils. Après avoir répondu à toutes leurs questions, il dit :

– A ma connaissance, la police n'a arrêté personne.

Et, franchement, ça m'étonnerait qu'ils trouvent le meurtrier. Mais je suis quasiment certain que ce n'est pas Otto von Schwartzberg qui se cache derrière tout ça, ce n'est pas son style.

– Que faisait-il sur le rocher, alors ? demanda Gustav. J'ai bien cru qu'il allait assommer la reine et envoyer valdinguer le drapeau !

– Je pense qu'il la jaugeait. Il ne l'a pas menacée véritablement. Essayons de réfléchir à ce qui s'est passé ce matin. Étiez-vous assez près de la cathédrale pour voir le roi au moment où il a descendu les marches ?

Karl hocha la tête.

– J'étais au pied de l'escalier. Anton, que voici, était un peu plus loin, près du pont... J'ai tout vu.

– J'étais au milieu de la foule, déclara Gustav. J'ai tout vu, moi aussi.

– Mais qu'as-tu vu, au juste ?

– Eh bien... J'ai entendu le coup de feu et j'ai vu le roi tomber.

– De quel côté ?

– A la renverse. Non... attends...

– Non ! s'exclama Karl. Il était tourné vers la gauche, pas vrai ?

– Il est effectivement tombé à la renverse, dit Anton. Mais après s'être tourné vers la gauche, je crois.

– Oui, c'est ce que j'ai vu moi aussi, confirma Jim. La balle l'a atteint en pleine poitrine au moment où il se tournait, et elle l'a projeté en arrière. Autrement.

Adé… Sa Majesté n'aurait pas pu rattraper le drapeau.

– Exact ! s'écria Gustav. Elle était derrière lui, de ce côté… et il est tombé vers elle !

– Alors, dit Jim, est-ce que ça ne nous donne pas un indice concernant la provenance de la balle ?

Ils demeurèrent silencieux. Puis Karl fit glisser vers lui un des menus tachés du Florestan et sortit un crayon de sa poche. Il dessina grossièrement un plan de la place Saint-Stephen en y faisant figurer les marches de la cathédrale, avec une croix pour indiquer l'endroit où était tombé Rudolf.

– Sur quelle marche s'est-il retourné ? interrogea-t-il.

– Je le voyais nettement du fond de la place, répondit Anton. Je suppose qu'il devait se trouver à une dizaine de marches du bas de l'escalier. Et il ne s'est pas retourné complètement.

– Un quart de tour ? suggéra Gustav.

– Oui, à peu près, dit Karl. Mais est-il tombé immédiatement ?

– Non. Il est tombé comme ceci…

Gustav lui prit le crayon pour tracer l'angle de la chute. Jim hocha la tête.

– J'étais sur le côté, dit-il. La reine se tenait entre le roi et moi, mais j'ai vu le drapeau qui basculait dans ma direction. Je pense que c'est le bon angle. Trace un trait qui part de là…

Karl s'exécuta.

– Qu'est-ce qu'il y a à cet endroit ? demanda Gustav.

Karl haussa les épaules.

– Un immeuble ? Je ne me souviens pas.

– Mon oncle vit là, dit Anton. Dans une des maisons situées de ce côté...

– Qu'est-ce qu'on attend ? s'exclama Jim. Allons lui rendre visite.

L'oncle d'Anton, un dentiste prospère nommé Weill, fut enchanté de recevoir les amis de son neveu. Comme leurs voisins, son épouse et lui se trouvaient sur leur balcon orné de drapeaux quand le coup de feu avait été tiré et ils avaient vu d'un œil horrifié le roi mourir devant eux.

– Le coup de feu était assourdissant, n'est-ce pas, Mathilde ? J'ai même cru qu'il venait d'au-dessus.

Leur appartement était situé au troisième étage. Frau Weill était moins catégorique que son mari.

– Ce fut si soudain... Le bruit semblait venir de tous les côtés. Comme un coup de tonnerre, dit-elle. D'ailleurs, qui habite au-dessus ? Mme Czerny est trop âgée : quatre-vingt-neuf ans, imaginez un peu ! Je ne la vois pas tirer sur quelqu'un. Et Herr Egger n'était pas là.

– Qui est Herr Egger ? demanda Jim.

– Un marchand de cigares, dit Herr Weill. Un homme très sympathique. Il m'offre toujours un excellent havane à Noël. En échange, je propose de lui arracher une dent, mais il répond chaque fois : « Non, non, sincèrement. J'aime mieux offrir que recevoir. » Il n'était pas chez lui ce matin. Je le sais, car je l'ai croisé hier soir au bar de l'hôtel Europa et il m'a expliqué qu'il avait loué son appartement pour la journée à des journalistes…

Herr Weill comprit une seconde après tout le monde ce que cela pouvait signifier. Il leva les yeux vers le plafond, horrifié.

– Impossible..., dit son épouse. Ils lui ont forcément montré des papiers d'identité… Non ?

– La police est venue ? s'enquit Jim.

– Oui, ils ont frappé à toutes les portes et nous leur avons dit ce que nous avions entendu... Vous ne croyez tout de même pas que…

– Nous irons interroger Herr Egger, s'il est là, déclara Jim en se levant. En attendant, ne dites rien à personne. En revanche, vous pourriez peut-être noter par écrit tout ce que vous savez et confier ce document à votre avocat.

– Oui, oui. Bonne idée. Je vais le faire immédiatement, dit le dentiste, livide, en se précipitant vers un secrétaire.

– Herr Egger risque d'avoir des ennuis ? demanda Frau Weill. Un homme si sympathique ! Je ne pourrais pas supporter de me dire…

– Je ne sais pas, répondit Jim. Mais merci infiniment pour votre aide. C'est quoi, le numéro de son appartement ?

Herr Egger était chez lui, et il semblait un peu contrarié. Il était rentré avec un énorme bouquet de roses qu'il comptait offrir à la journaliste de Madrid, mais elle était déjà partie, sans même laisser sa carte. Nul doute que son collègue avait dû prendre une jolie photo de la mort du roi, mais c'était une maigre consolation.

Il reçut Jim et les étudiants dans son salon, dont les portes-fenêtres s'ouvraient sur le balcon d'où, Jim en était convaincu désormais, le coup de feu avait été tiré. Les cheveux pommadés de Herr Egger, sa moustache enduite de cire, ainsi que la puissante odeur d'eau de Cologne et de violettes de Parme qui flottait autour de lui, trahissaient un homme dont la vanité l'emportait sur le sens du ridicule. Jim comprit très vite qu'ils avaient tout intérêt à ne pas dévoiler leurs soupçons.

– Je cherche un journaliste, commença-t-il. Je travaille moi-même pour un journal anglais et je crois savoir que vous avez loué votre appartement à un collègue. Il se trouve que ce collègue doit me fournir des renseignements, mais je n'arrive pas à mettre la main sur lui. Sauriez-vous où il est allé, par hasard ?

– Ah, vous n'avez pas de chance, mon garçon ! Vous vous trompez d'endroit. Je peux vous dire que ce n'est pas votre collègue qui a loué mon appartement, et vous voulez que je vous dise comment je le sais ?

– Euh... oui.

– Parce que ce n'est pas *un* journaliste, mais *une* journaliste. Voilà ! Alors, que dites-vous de ça, hein ?

– Étonnant, répondit Jim en sentant son estomac se nouer. Une femme journaliste ? L'avez-vous signalé à la police ?

– La police ?

– Il paraît qu'ils ont frappé à toutes les portes. Pour chercher l'assassin, je suppose.

– J'ignore s'ils sont venus ici ou pas. J'avais accordé un jour de congé à mes domestiques.

– C'est très généreux de votre part. Cette femme… comment était-elle ?

– Oh, une beauté ! s'exclama Herr Egger d'un air polisson. Une Espagnole, vous voyez ? Des cheveux bruns, des yeux noirs, une superbe… (Il fit un geste pour indiquer ce qu'il trouvait superbe.) Vous me comprenez. Elle s'appelle Menendez. Je connais bien les femmes espagnoles, évidemment. Je parle un peu la langue. Je me rends à La Havane tous les ans pour mes affaires. Les cigares.

– A-t-elle laissé une adresse ? Pour quel journal travaillait-elle ?

– Non, pas d'adresse. Rien. Elle travaillait pour un magazine de mode, je crois. A Madrid. Elle était avec un photographe. Il transportait un grand étui, un trépied pour son appareil sans doute. Une très belle femme. Un peu… mûre, cependant, pour un jeune garçon comme vous.

– Parlait-elle allemand ? Ou avez-vous parlé espagnol ?

– Oh, elle parlait allemand. Avec un fort accent. Mais elle avait une très belle voix. Comme un violoncelle au crépuscule… Voulez-vous un cigarillo ? Essayez ceux-là. Ils sont nouveaux. Importés de Las Palmas. Un verre de vin ?

10
La salle des Cartes

Au cours des jours suivants, Adélaïde sembla emportée par une tornade. Elle ne dormit presque pas. Elle confirma le comte à son poste de secrétaire particulier, créa le statut d'interprète en chef pour Becky, nomma la comtesse dame d'honneur, convoqua le chef de la police, exigea de savoir quels étaient ses plans pour attraper l'assassin et lui ordonna de faire quotidiennement un rapport au comte Thalgau sur l'état de l'enquête. Par ailleurs, elle supervisa les préparatifs des funérailles du roi Rudolf, elle reçut tous les domestiques du palais, de l'intendant aux filles de cuisine, et leur expliqua ce qu'elle attendait d'eux ; elle planifia le premier d'une série de déjeuners auxquels, après une période de deuil décente, elle souhaitait convier les notables de la ville ; elle marcha tête nue derrière le bâti de canon qui emportait la dépouille de Rudolf à la cathédrale ; elle suivit chaque jour deux heures de cours d'allemand intensifs et fit des progrès stupéfiants ; elle demanda à l'ambassade de Grande-Bretagne leur exemplaire du catalogue des fournitures de l'armée et de la marine, s'y plongea avec délectation et commanda absolument tous les jeux de société qui s'y trouvaient. Après cela, elle sombra dans ce que le médecin de la cour nomma un état de prostration et elle dormit vingt-quatre heures d'affilée.

Très vite, la maison royale prit un nouveau visage. L'ennemi de Jim, le chambellan, le baron Gödel, ne pouvait être renvoyé, mais on pouvait le contourner. Toutes les décisions d'Adélaïde étaient désormais transmises au palais et au monde extérieur par l'intermédiaire du comte Thalgau. La reine était entourée d'un cercle très réduit, composé uniquement de Becky et de la comtesse qui, si elle n'était pas la plus enjouée des dames d'honneur, était au moins digne de confiance. Becky fit de son mieux pour apprendre à jouer aux échecs, avec un certain succès mais, surtout, elle fit la connaissance d'une femme de chambre qui avait entendu dire que la chatte des écuries venait d'avoir des petits. On alla chercher les chatons, l'un d'eux fut choisi et présenté à Adélaïde avec le titre de « chat d'honneur ». Noir comme de l'encre, il porterait chance. Adélaïde le baptisa Casserole.

A mesure que la jeune souveraine maîtrisait de mieux en mieux l'allemand, le rôle d'interprète de Becky s'effaçait derrière celui de conseillère, ce qui lui permit d'apprendre, en même temps que la reine, une foule de choses. Adélaïde ayant encore des problèmes avec la lecture, elles travaillaient à partir des rapports officiels : c'est ainsi qu'elles se familiarisèrent avec la question de la production de nickel des mines de Karlstein, des négociations des droits de douane avec l'Allemagne et des prévisions des recettes fiscales.

Finalement, Adélaïde décida de s'entretenir avec le chancelier. En tant que président du Sénat, il incarnait la fonction politique la plus élevée du pays, même si cela ne voulait pas dire grand-chose, étant donné qu'il n'avait pas été élu mais nommé par le roi Wilhelm. Le baron von Stahl était un vieil homme et sa rencontre avec Adélaïde fut riche d'enseignements pour l'un comme pour l'autre. Tout d'abord, ne sachant pas quelle attitude adopter, il la traita avec une condescendance mêlée de galanterie. Adélaïde mit rapidement fin à ce manège.

– Je crois savoir que la reine Victoria aimait être flattée par M. Disraeli, dit-elle d'un ton sévère. C'était une vieille femme. Quand je serai vieille, vous pourrez en faire autant. Mais pour le moment, je ne suis pas d'humeur à le supporter car je suis en deuil et, de toute façon, il ne manque pas de jeunes hommes qui sauraient me courtiser bien mieux que vous. Si vous voulez que je vous respecte, parlez-moi honnêtement du Sénat, et laissez de côté vos belles paroles.

Becky dut traduire fidèlement cette tirade, car Adélaïde maîtrisait suffisamment bien l'allemand désormais pour suivre ce que disait son interprète. Coincée entre les yeux plissés de la reine et le regard hébété du chancelier, Becky connut un moment de gêne. Heureusement, le vieil homme n'avait pas un mauvais fond, il se ressaisit très vite et, s'adressant à la reine de manière plus respectueuse, il lui fit un rapport complet et honnête.

Le problème le plus urgent apparut très vite, mais elles en avaient déjà conscience auparavant. L'Allemagne et l'Autriche-Hongrie voulaient l'une et l'autre avaler la Razkavie, non pas pour s'emparer de quelques vignobles, d'une douzaine de châteaux et de sources d'eau sulfureuse, mais pour le nickel qui se trouvait dans ses mines : le cuivre du diable. Les puissantes aciéries d'Essen le convoitaient et l'empereur François-Joseph ne voulait à aucun prix offrir cet avantage à Bismarck et à l'empereur Guillaume. La nécessité de trouver un arrangement était si urgente qu'elle reléguait au second plan des problèmes intérieurs comme le mildiou des vignes à Neustadt, la baisse des revenus du casino d'Andersbad et la recherche de nouveaux capitaux pour financer la Société des chemins de fer.

Adélaïde écouta attentivement le chancelier et le remercia. Dès qu'il fut parti, elle décida de visiter les mines de nickel pour voir de ses propres yeux la cause de toute cette tension. Repoussant les objections du comte Thalgau, qui jugeait cette démarche inconvenante en période de deuil, elle ordonna qu'on prépare le train royal pour qu'elle puisse se rendre à Karlstein et c'est ainsi que par une belle matinée d'automne, la reine et sa jeune compagne parcoururent la soixantaine de kilomètres qui les séparait d'Andersbad, à l'autre bout du pays, et là, changèrent de train pour arriver à Karlstein.

Tous les mineurs et leurs familles étaient à la gare pour les accueillir. Adélaïde avait appris à se familiariser avec le tapis rouge et les honneurs, et elle récita son discours avec assurance. Becky s'étonnait que la jeune femme n'ait jamais réussi à atténuer le fort accent cockney de sa langue natale. Elle n'avait même pas essayé. Quand elle parlait anglais, sa personnalité semblait se relâcher et céder la place à une sorte de vulgarité naturelle mais, quand elle s'exprimait en allemand, elle se tenait un peu plus droite, se comportait de manière plus gracieuse et il irradiait d'elle une qualité pour laquelle Becky ne trouvait qu'un seul mot, non pas allemand mais français : la *classe*. Oui, Adélaïde avait beaucoup de *classe* ce matin-là à Karlstein et la foule l'admira.

L'ingénieur en chef qui leur fit visiter la mine était un jeune homme aux cheveux bouclés nommé Herr Köpke, qui s'aperçut très vite que l'intérêt de la reine n'était pas de pure forme et qu'il pouvait lui parler de son métier sans être obligé de tout simplifier, comme s'il s'adressait à un enfant ignorant. Toutefois, quand elle insista pour descendre sous terre, il fut déconcerté.

– Mais… Votre Majesté, nous ignorions que vous souhaiteriez aller dans la mine et…

Elle le foudroya du regard.

– Si la mine est sûre, je ne risque rien. Si elle ne l'est pas, je veux savoir ce qu'endurent mes sujets.

Sa réponse fit le tour de Karlstein en moins d'une heure et quand elle repartit, elle eut droit à une ovation encore plus fervente que celle qui l'avait accueillie à son arrivée au sommet du rocher d'Eschtenburg.

Pour Becky, en revanche, cette visite fut un cauchemar. Elle ignorait qu'elle était claustrophobe, depuis toujours sans doute et, quand le petit train de wagonnets quitta la lumière du jour pour s'enfoncer au cœur de la montagne, elle fut assaillie par la terreur et ferma les yeux de toutes ses forces. Dès qu'ils se retrouvèrent à l'air libre, Adélaïde lui jeta un regard sévère.

– Au lieu de bouder dans votre coin, vous devriez vous intéresser à ce qui vous entoure et encourager les gens.

Quand elles partirent, l'ingénieur en chef salua bien bas et baisa la main d'Adélaïde qui lui adressa en retour un long regard sensuel qui le fit rougir, si bien que Becky eut elle aussi un motif de réprimande.

Avant de rentrer à Eschtenburg, la jeune souveraine voulut visiter le château de Wendelstein, où Walter von Eschten avait vaincu Ottokar II. Il se trouvait à un peu plus d'un kilomètre d'Andersbad, au bout d'un chemin qui traversait la forêt. La propriété du comte Otto n'était pas très loin de là et la courtoisie aurait voulu qu'il se montre pour présenter ses respects à la reine, mais on disait qu'il était parti chasser le gros gibier en Afrique.

Le vieux château de Wendelstein était en ruine, seule la tour était encore plus ou moins intacte, mais l'entrée en était obstruée par des éboulis. Pendant qu'Adélaïde se promenait sur l'herbe, accompagnée du comte qui lui expliquait comment Walter avait attiré les Bohémiens dans la vaste prairie entre le château et la lisière de la forêt, avant de les attaquer en plusieurs vagues successives avec les chevaliers qu'il avait gardés en réserve, et comment les Bohémiens, démoralisés par la guérilla que leur livrait Walter depuis des mois, avaient pris la fuite, Becky contemplait ce décor paisible, le cœur serré. Son pays, son histoire…

Le doux soleil d'automne dorait le paysage. Des insectes bourdonnaient dans l'herbe ; au loin, un paysan maniait une faux ; plus bas, sur la voie ferrée qui passait à travers la forêt, une locomotive siffla. Il était temps de partir.

Comme Becky le raconta à sa mère dans une de ses lettres bi-hebdomadaires, elle vivait les moments les plus étranges de son existence. Adélaïde et elle devaient se soumettre à de nombreuses obligations officielles : nomination des nouveaux hauts fonctionnaires, discours pour le départ à la retraite de tel général ou visite de tel prince, commémorations, inaugurations, réceptions, cérémonies religieuses… Parfois, la souveraine éclatait en sanglots, d'épuisement et de fureur et, dans ces moments-là, elle s'en prenait à Becky comme si c'était elle la responsable. La jeune fille devait alors se souvenir qu'elle était une citoyenne loyale de Razkavie et que c'était sa reine qui lui parlait ainsi. Généralement, ça marchait.

En permanence, il y avait ce contraste entre Adélaïde, la fille du peuple à l'accent cockney, et cette reine que les membres de la noblesse traitaient avec un profond respect ; il y avait le charme qu'elle déployait pour convaincre ses invités de faire une partie d'échecs, la passion avec laquelle elle s'investissait dans ce jeu, dont elle maîtrisait de mieux en mieux les arcanes ; et surtout, il y avait cette impression d'autorité, cette assurance et cette expérience grandissantes. Comment Becky n'aurait-elle pas été fascinée ?

Puis vint le temps de la diplomatie. Adélaïde décida d'inviter les grandes puissances à envoyer des représentants en Razkavie pour discuter. Les hauts fonctionnaires étaient effarés.

– Votre Majesté, c'est *impensable*, dit le ministre des Affaires étrangères.

– Trop tard. J'ai pris ma décision.

– Mais il faut suivre le protocole…

– Très bien. Vous vous occupez du protocole, moi je me charge des affaires.

– Mais les voies officielles…

– Les voies officielles sont faites pour obliger les fonctionnaires à rester dans le rang.

Adélaïde n'en démordit pas malgré les objections qui continuèrent à fuser. Jusqu'à ce qu'elle perde son calme et lance à travers la pièce un encrier, en hurlant des insultes qui n'avaient pas besoin d'être traduites, même si Becky avait connu les mots allemands pour « rabat-joie rasoir » et « Gros Goths gâteux ». Les fonctionnaires présents s'empressèrent de saluer et de quitter le bureau, et les invitations furent envoyées dans l'après-midi.

Pendant ce temps, Jim et les Richterbund consacraient chaque instant de loisir à rechercher l'actrice espagnole. Jim avait parlé au comte de cette prétendue journaliste et de l'appartement de Herr Egger, et le comte avait transmis l'information au chef de la police lors de leur entretien quotidien, mais Jim ne comptait pas trop sur la police qui ne possédait aucune brigade d'inspecteurs. Les casques à pointe, les épaulettes dorées et les uniformes bordeaux indiquaient que la police razkavienne s'intéressait davantage à l'apparat qu'à l'efficacité.

Le détective était persuadé que l'actrice espagnole se trouvait toujours en ville, mais il n'aurait su dire d'où lui venait cette certitude. Karl, Gustav, Heinrich et les autres écumèrent les cafés et les tavernes de la vieille ville, ils interrogèrent les porteurs de la gare, traînèrent près de l'entrée des artistes de l'opéra et des deux théâtres, harcelèrent les chasseurs de tous les hôtels – en vain.

En fin de compte, ce fut Jim qui trouva le premier indice. Cela se passa au palais, à l'office de l'intendance, qui constituait une sorte de salle commune pour les domestiques de rang supérieur. Jim avait découvert que leur compagnie était intéressante, et eux l'appréciaient tout autant, pour son absence de préjugés et ses propos salés.

Donc, il se trouvait à l'office, un soir, quand le sous-intendant entra en secouant la tête d'un air dépité.

– Qu'y a-t-il ? lui demanda quelqu'un.

– C'est Gödel. Il veut qu'on affecte spécialement une domestique au service d'une sorte de vieille bonne femme qu'il a installée dans la chambre vide tout en haut, dans le couloir du grenier, la 14. Je ne peux pas réquisitionner une domestique rien que pour elle ! Et si je dis à Gödel qu'il nous faut plus d'argent pour payer une nouvelle fille, il le prendra sur nos gages. Maudit soit-il !

– Qui est cette femme ?

– Dieu seul le sait. Une vieille de Schloss Neustadt, je crois. Non, je me trompe. Elle vient de Ritterwald...

Là où se trouvait le domaine de la famille royale, se dit Jim. Pourquoi Gödel se montrait-il si attentionné pour une vieille femme ? Intrigué, il tendit l'oreille.

Le sous-intendant disait à un valet de pied :

– Je sais qu'il est tard et que vous avez fini votre service, mais je vous demande de vous en occuper. Elle n'a pas beaucoup d'affaires, juste une malle et un ou deux cartons. Montez tout ça là-haut et ne discutez pas.

– C'est pour la vieille dame ? demanda Jim. Laissez-moi m'en charger. J'ai toujours rêvé d'être valet de pied.

Le domestique n'était que trop heureux de céder sa place, quant au sous-intendant, il haussa les épaules et s'empressa de prendre des dispositions pour faire monter un plateau-repas. Jim enfila la veste et le gilet du valet de pied et noua rapidement une serviette autour de son cou en guise de foulard.

– Laissez tomber les culottes à boucles, dit-il. Je dirai qu'elles sont au sale. Elle verra mes jolies gambettes une autre fois. Où dois-je aller ?

Le domestique lui indiqua le chemin et Jim emprunta rapidement le couloir nu du rez-de-chaussée qui conduisait à l'entrée des écuries, où un porteur impatient déchargeait une malle en osier d'une voiture et tendait un nécessaire de voyage défraîchi à la voyageuse qui attendait sur les marches.

– Me voici, grand-mère, dit Jim. Je vais vous aider à porter votre malle. Hé, qu'est-ce que vous avez mis là-dedans ? Du plomb ?

En vérité, le bagage était très léger. La vieille femme possédait apparemment peu de choses. Jim monta la malle dans la chambre que lui avait indiquée le domestique, et où quelqu'un avait déjà allumé un petit feu et laissé une bougie.

– Nous y sommes, dit-il. On va vous apporter un petit quelque chose à grignoter, dès qu'ils auront réveillé la cuisinière. Cette chambre vous convient ?

La vieille femme regarda autour d'elle et répondit par un petit hochement de tête. C'était une personne mince, droite comme un i, avec des manières brusques qui faisaient penser à un oiseau, et des joues bien rouges.

– Merci, dit-elle. Vous êtes très aimable. Je serai bien ici.

– Comment vous appelez-vous ? demanda Jim. J'aime me montrer respectueux envers mes aînés.

– Je vois ça. Je m'appelle Frau Busch. Et vous ?

Jim ressentit un choc, comme une décharge électrique.

Il réfléchit rapidement.

– Jakob, dit-il. Si vous avez besoin de quoi que ce soit, Frau Busch, adressez-vous à moi. Ah, j'entends la domestique qui arrive. Bon appétit !

Il quitta la chambre et s'attarda un instant dans l'escalier, en se demandant ce qui avait provoqué cette décharge électrique. Où avait-il déjà entendu ce nom ?

Et soudain, tout lui revint. Le soir précédant le couronnement, Gustav lui avait confié ce qu'il avait découvert dans les archives des journaux au sujet du prince Leopold : l'unique témoin de sa mort avait été un chasseur nommé Busch.

Et le drame s'était produit à Ritterwald, l'endroit d'où venait cette vieille femme.

Le lendemain, Becky fit elle aussi une découverte.

Chaque fois qu'elle avait une heure de liberté, elle aimait se rendre dans la salle des Cartes. Passionné de géographie, le vieux roi Wilhelm, qui avait énormément voyagé durant sa jeunesse, avait rassemblé une impressionnante collection, conservée dans cette pièce. Les immenses tiroirs plats, en acajou, avec des poignées en cuivre, renfermaient des cartes du monde entier. Au centre de la pièce se trouvait une grande table qui permettait de les examiner. Il y avait également plusieurs globes, terrestres et célestes, un petit télescope équatorial, ainsi que divers instruments de navigation rangés dans des coffrets en bois de rose, à l'intérieur matelassé.

Cette pièce était époussetée et cirée régulièrement, mais plus personne ou presque n'y pénétrait. Becky en avait fait son lieu de retraite, elle en appréciait le calme, l'odeur de cire d'abeille, la précision des cartes et des instruments.

Un après-midi, la veille du début des grands pourparlers, elle essaya de regarder à travers le télescope, mais ne parvint pas à effectuer la mise au point. Désœuvrée, elle décida de chercher une carte de Londres, pour voir si sa rue y figurait. C'est alors qu'elle remarqua qu'il n'y avait pas de catalogue des cartes. Comment le vieux roi faisait-il pour trouver une carte d'Afrique occidentale, par exemple, s'il en avait besoin ?

Son esprit logique et bien ordonné s'interrogea un instant, et soudain, elle se souvint qu'il y avait dans le petit bureau attenant à la salle des Cartes un meuble de rangement qu'elle n'avait jamais examiné. C'était peut-être ça.

Elle ouvrit la porte et entra. Contrairement à la plupart des autres portes du palais, celle-ci n'était pas très bien fixée sur ses gonds et elle se referma lentement derrière Becky. Quelques minutes plus tard (alors qu'elle passait en revue les fiches qui se trouvaient effectivement dans le meuble de rangement), elle entendit des voix dans la salle des Cartes.

La jeune fille n'avait aucunement l'intention de se cacher, mais il ne lui parut pas nécessaire de tousser, de racler le sol avec ses pieds ou de faire tomber un livre par terre pour signaler sa présence car, assurément, les intentions de ces personnes étaient aussi innocentes que les siennes. D'ailleurs, elle ne tarda pas à reconnaître une des deux voix : c'était celle du comte. Mais il parlait d'un ton inhabituel, avec une sorte de brusquerie teintée d'angoisse. L'autre homme avait l'élocution précise et pédante d'un maître d'école. Dès que Becky eut entendu le début de leur conversation, elle ne put s'empêcher d'écouter la suite.

– Je crois savoir, Herr Bangemann, que vous possédez un talent rare, dit le comte. J'aimerais bien en avoir un aperçu, si cela ne vous ennuie pas. J'ai ici un document… (Il y eut un bruit de tiroir qui s'ouvre, et celui d'un papier épais que l'on déplie.) Combien de temps vous faut-il pour la première page ?

– Le temps de la lire uniquement. Disons… une minute ?

– Très bien. Je vais vous chronométrer.

Suivit un moment de silence, pendant lequel Becky compta dans sa tête. Visiblement, elle allait moins vite que la montre du comte car, lorsqu'elle arriva à cinquante-cinq, celui-ci déclara :

– Le temps est écoulé.

Il y eut un nouveau bruit de papier, puis Herr Bangemann se racla la gorge délicatement, avant de se lancer :

– Rapport concernant l'expédition à la source des fleuves Orénoque et Rio Bravo, menée sous les auspices de la Société royale de géographie de Razkavie. 1843-44...

Et ainsi de suite, Herr Bangemann récitait de mémoire ce qu'il venait de lire.

– Remarquable, commenta le comte. Mot pour mot ! Que pouvez-vous stocker dans votre mémoire ?

– Une quantité de choses assez considérable, répondit Herr Bangemann. Je n'ai jamais eu l'occasion de soumettre plus de soixante pages à ma mémoire, mais je suis persuadé que, si on me le demandait, je pourrais en mémoriser bien davantage.

– Et il vous suffit d'un seul coup d'œil ?

– Parfaitement. J'ai reçu un coup sur la tête quand j'étais enfant, voyez-vous, et ce don semble avoir été ma récompense.

– Extraordinaire... Je crois savoir que vous êtes père de famille.

– J'ai cinq filles, Votre Excellence. Courageuses et intelligentes. Hélas, les élever coûte cher. Et le salaire d'un employé...

– Je comprends. Herr Bangemann, j'ai besoin d'une personne qui possède votre talent particulier. Il s'agit d'une mission confidentielle, pour ne pas dire secrète...

Il s'interrompit brusquement. Becky sentit son cœur faire un bond dans sa poitrine. L'avait-il repérée ? Elle entendit la porte de la salle des Cartes s'ouvrir, puis se refermer, et le comte reprit, en baissant la voix :

– Comme je vous le disais, il s'agit d'une mission hautement confidentielle. Nul ne doit être au courant, c'est bien compris ?

– Vous pouvez avoir totalement confiance en moi, comte Thalgau.

Leurs voix n'étaient plus que des murmures. Becky se surprit à tendre l'oreille et elle rougit : elle n'avait jamais écouté aux portes et elle n'aimait pas ça. Les deux hommes continuèrent à discuter pendant encore une minute ou deux, mais Becky n'entendit que des chuchotements et, à un moment, un cliquetis de pièces de monnaie.

Finalement, la porte se referma et le silence retomba. Becky resta où elle était pendant quelques minutes avant de sortir avec prudence. Tout cela était déroutant, car le comte s'était toujours montré aussi solide et inébranlable que le rocher d'Eschtenburg et là, dans la salle des Cartes, elle avait découvert un homme inquiet et sournois.

Elle ne pouvait pas en parler à Adélaïde, Sa Majesté avait déjà suffisamment de préoccupations. La personne à qui elle devait se confier, c'était Jim, à condition qu'elle puisse lui mettre la main dessus. Elle déposa un message dans sa chambre et croisa les doigts.

Ce soir-là, dans le salon, Becky sortit un nouveau jeu de société : La Course du train continental. Le plateau représentait une carte de l'Europe ; Adélaïde y jeta un coup d'œil et renifla avec mépris, car la Razkavie n'était même pas représentée.

– C'est quoi, cette carte ? dit-elle en poussant avec son ongle les petits trains en fer-blanc qui devaient faire la course de Londres à Constantinople, ou de Brindisi à Stockholm. Des trains miniatures ! Des bateaux miniatures aspirés par des tourbillons ! Tu sais ce que je suis, Becky ? Je suis une princesse miniature. C'est comme aux échecs : j'ai traversé tout le jeu pour devenir une reine. Mais une reine de pacotille... Tu veux jouer aux échecs ? Non. Moi non plus, je n'en ai pas envie ce soir. Sortons sur la terrasse prendre l'air. On étouffe dans cette pièce...

Becky ouvrit les portes-fenêtres et elles sortirent pour s'accouder à la balustrade en pierre et contempler le parc. L'air était immobile et pesant. Les contours de la forêt étaient déjà flous, quelques arbres isolés semblaient perdus dans une masse de ténèbres, et le ciel au-dessus de leurs têtes était plus sombre que jamais : noir acier avec une touche de bleu de Prusse. L'herbe du parc qui s'étendait jusqu'au bois était balayée ici et là par de légères turbulences qui venaient caresser sa surface puis s'évanouissaient. Soudain, une trouée apparut dans les nuages et les derniers rayons du soleil s'y engouffrèrent, faisant vibrer l'herbe et les arbres d'un vert si intense que Becky pouvait presque entendre les ondes. Une brise coucha l'herbe tel un esprit invisible, avant de tourbillonner vers elle et de caresser leurs joues de sa fraîcheur.

– Becky, dit Adélaïde en se tournant face à l'alignement sombre des arbres, au-delà de l'étendue d'herbe lumineuse.

– Oui ?

– On peut dire que ce palais est ma maison maintenant, non ?

– Oui, sans aucun doute.

– J'ai jamais cru que j'aurais une maison un jour. Je pensais que je mourrais dans la rue, ou dans un hospice. Ou en prison. Je croyais que j'étais condamnée à finir comme ça... Ou à cause d'une maladie, une de ces maladies qu'on attrape... de phtisie peut-être... J'aurais dépéri ou je serais devenue folle et je serais morte dans un asile. J'en étais convaincue.

– Eh bien, ça n'arrivera pas, dit Becky.

Elles demeurèrent silencieuses pendant une longue minute. Puis Adélaïde poussa un soupir si profond qu'elle en trembla presque. Elle regardait fixement la forêt, la brise jouait avec les boucles brunes qui encadraient son visage.

– Pauvre Rudi, dit-elle. Je ne l'ai jamais... *aimé*, Becky... J'avais de l'affection pour lui, sincèrement, mais... Je crois que, quand on a fait ce que j'ai fait, quand on est allé avec des hommes pour de l'argent, on ne peut plus *aimer*... Enfin, je ne sais pas. C'est curieux. Il y a trois hommes que j'aurais pu aimer. L'un d'eux était un vieux type nommé M. Molloy. Il s'est occupé de moi quand j'ai rencontré Jim et Mlle

Lockhart. Il était comme un père pour moi, gentil et doux… Puis il y a eu le vieux roi. C'est étrange, hein ? Je l'ai connu juste un mois et il avait toutes les raisons de me détester et, pourtant, j'avais beaucoup d'amour pour lui…

Sa voix faiblit. Le soleil avait totalement disparu, le ciel pourpre virait au noir, le vent venu de la forêt soufflait plus fort et les rafales fraîches obligèrent Becky à resserrer son châle autour de ses épaules.

– Je crois qu'il vous aimait lui aussi, dit-elle.

– Becky… est-ce que je suis une bonne reine ?

– Quelle drôle de question ! Je crois que personne ne pourrait faire une meilleure reine.

– Si, Mlle Lockhart. Mme Goldberg, je veux dire. Quand ces pourparlers seront terminés, vous croyez qu'elle pourrait venir nous rendre visite ?

– J'en suis sûre. Nous lui écrirons pour le lui demander.

– Je crois que…, continua Adélaïde d'une voix faible, les mains posées sur la balustrade, le regard toujours fixé au loin. Je crois que si elle… J'aimerais tellement sentir qu'elle est fière de moi… Je crois que si *elle* approuvait ce que je fais, je me ficherais pas mal de ce que pensent les autres.

– Qui est le troisième homme ? demanda Becky.

– Le troisième homme ?

– Après M. Molloy et le roi.

– Oh ! J'en sais rien. J'ai dû me tromper, y en a que deux. Je rentre, il commence à faire froid. Je vais boire un bon chocolat et, ensuite, au lit. Ne restez pas là, vous allez tomber malade. Vous aurez besoin de votre voix demain.

Après qu'Adélaïde fut partie se coucher, Becky s'installa dans un fauteuil pour lire, mais elle ne tenait pas en place. Elle alla frapper à la porte de Jim, mais il n'était pas dans sa chambre. Elle essaya de jouer aux échecs toute seule, la main gauche contre la droite, mais elle finit par ne plus savoir où elle en était ; elle essaya de jouer à La Course du train continental et abandonna quand son petit train en fer-blanc arriva à Vienne ; elle essaya de se remettre à lire, mais les livres à sa disposition étaient ou fastidieux ou frivoles, or elle était trop fatiguée pour les premiers et trop à cran pour les seconds.

Excédée, elle s'enveloppa dans son châle et sortit à nouveau sur la terrasse. Le vent se déchaînait, elle entendait bouger les branches des arbres malgré la distance et elle sentait en elle une étrange appréhension, comme si des esprits étaient emportés par le vent telles des feuilles mortes, d'un endroit à l'autre, sans jamais se reposer, sans pouvoir répandre leur bonté sur terre, pas véritablement morts mais prisonniers de vastes limbes entre la vie et le trépas, ballottés sans fin…

Elle agrippa la balustrade de pierre et ferma les yeux face à l'obscurité tumultueuse.

Soudain, saisie par une peur intense, elle les rouvrit ; au même moment, un bras se referma autour de sa gorge, une main se plaqua sur sa bouche et elle fut brutalement jetée à terre.

II

A l'intérieur de la grotte

Une voix lui murmura à l'oreille :

– Becky, c'est moi. Chut ! Ne criez pas. Il y a du danger...

Une angoisse succéda à une autre. Jim ôta sa main de la bouche de la jeune fille et s'accroupit pour regarder entre les balustres.

Aussi silencieusement que possible, Becky se redressa à son tour, suivit la direction du regard de Jim et aperçut devant le mur pâle du palais, en contrebas, la silhouette sombre d'une femme qui émergeait à pas lents de sous la terrasse.

– Qui est-ce ? demanda-t-elle dans un murmure.

– Frau Busch, une vieille domestique. C'est la veuve du chasseur qui se trouvait avec le prince Leopold quand celui-ci a été tué...

Becky se rendit compte alors que Jim tenait un pistolet à la main ; il l'avait sorti sans qu'elle s'en aperçoive. L'éclat capricieux de la lune se reflétait dans ses yeux. La vieille femme s'était arrêtée à moins de vingt mètres d'eux, dans l'obscurité d'un buisson.

– Que se passe-t-il ? chuchota Becky. Que fait-elle ?

– Chut !

Ce fut la seule réponse qu'elle obtint. Jim était absorbé par la scène. Soudain, la jeune interprète vit son expression se modifier, car il se passait quelque chose un peu plus loin : une deuxième silhouette tournait furtivement au coin du palais pour rejoindre la vieille femme.

– Une autre femme ? murmura-t-elle.

Elle sentait la tension qui habitait Jim ; il ressemblait à un chat qui se prépare à sauter sur une souris. Il n'eut pas, cette fois, besoin de poser son index sur ses lèvres car elle comprit qu'elle devait se taire. Tous deux regardèrent la seconde femme rejoindre Frau Busch. Après un échange de paroles murmurées, elles abandonnèrent l'abri du palais pour emprunter à pas feutrés l'allée de graviers jusqu'à la pelouse, puis elles s'éloignèrent en direction des arbres, au loin.

– Je vais les suivre, chuchota Jim. Restez ici.

– Pas question ! Je viens avec vous !

– Non. Cette femme, la deuxième, est *dangereuse*. C'est elle que je cherche, c'est elle la meurtrière. Comment pourrais-je affronter votre mère s'il vous arrivait malheur ? De plus, Adélaïde a besoin de vous demain, vous devez être en forme. Chacun son métier.

Becky se mordit la lèvre. Jim avait raison. Soudain, elle laissa échapper un petit cri et plaqua sa main sur sa bouche.

– Oh ! Avez-vous trouvé mon message concernant la salle des Cartes ? Je l'ai laissé dans votre chambre.

– Je n'y ai pas mis les pieds depuis deux nuits.

Jim se retourna vers le jardin : les deux silhouettes avaient presque disparu.

– Écoutez, dit-il, on n'a pas le temps de parler de ça. Je ne veux pas les perdre. Vous me raconterez plus tard.

Il courut vers l'escalier au centre de la terrasse, s'arrêta pour repérer la direction prise par les deux femmes et s'élança d'un pas aérien dans l'allée de graviers, vers les bois. Becky le suivit du regard en resserrant son châle autour de ses épaules, jusqu'à ce que sa silhouette se fonde dans la masse indistincte de la nuit.

Plié en deux, le jeune détective s'élança dans l'herbe haute. Inutile d'essayer de rester discret, car le vent avait forci et faisait défiler des flottilles de nuages effilochés devant le faisceau blanc de la lune et secouait sauvagement les branches des arbres. Jim progressait par bonds successifs, sans quitter des yeux les deux silhouettes sombres qui le précédaient : l'une visiblement tendue et pressée, l'autre svelte et sautillant comme un oiseau malgré le terrain accidenté.

Il constata, avec une certaine inquiétude, que les deux femmes se dirigeaient vers l'endroit du parc où il avait entendu ce cri effroyable. Difficile d'en être sûr, car rien ne ressemblait plus à un bosquet qu'un autre bosquet mais, grâce à la lune, la nuit était plus claire ce soir-là, et le jeune homme n'eut bientôt plus aucun doute.

Toutefois, Frau Busch, qui semblait montrer le chemin à sa compagne, obliqua légèrement vers la gauche pour se diriger vers un pont palladien qui enjambait l'extrémité du lac. Jim savait que l'eau du lac formait une cascade artificielle qui se déversait dans un bassin romantique bordé de cèdres, avec une chapelle en ruine, et fermé par une grotte. Les deux femmes descendirent dans une petite vallée et longèrent le cours d'eau en direction de la grotte.

Celle-ci offrait un aspect étrange au clair de lune. A vrai dire, elle était déjà bizarre en plein jour, comme avait pu le constater Jim un après-midi où il avait exploré les alentours pour tenter de localiser l'origine de l'horrible cri. En temps normal, il n'aimait guère les grottes artificielles car elles étaient en général laides, grotesques et beaucoup trop humides, mais celle-ci était particulièrement repoussante. L'entrée, envahie de mauvaises herbes, était constituée par la bouche béante d'un gigantesque visage de pierre dont les yeux observaient les visiteurs d'un air lubrique ; ce masque était entouré de représentations outrancières de serpents, de grenouilles, de lézards, de crapauds, qui semblaient sortir de la roche.

Une percée dans les nuages laissa passer l'éclat inconstant de la lune. Les noirs, les gris et les ombres indistinctes conféraient à ce décor l'apparence d'une illustration de roman à deux sous, dont le titre aurait pu être : *La Grotte fatale* ou *La Traque du meurtrier*.

Il s'accroupit dans l'ombre d'un mur en ruine recouvert de lierre et vit les deux femmes s'arrêter sur le petit chemin qui longeait le cours d'eau.

Frau Busch se pencha vers les roseaux et tira sur une corde. Une embarcation étroite, sorte de barque à fond plat, apparut. La vieille femme grimpa à bord avec agilité, suivie par l'actrice qui s'assit pendant que Frau Busch prenait les rames. L'Espagnole craqua une allumette et la lanterne qu'elle tenait à la main s'éclaira, puis les deux femmes s'éloignèrent de la rive. Très vite, le courant les emporta et la barque dériva en direction de la grotte.

Jim poussa un juron et courut vers la rivière. Quand il arriva au bord, l'embarcation avait disparu. La large gueule sombre de la grotte bâillait d'un air moqueur, en avalant l'eau noire qui y pénétrait sans bruit et reflétait l'éclat de la lune au milieu de tourbillons gras et argentés. Que faire à présent ?

Il était obligé de les suivre, mais il n'avait aucune embarcation à sa disposition, bon sang ! Il suivit donc le chemin envahi de mauvaises herbes et pénétra dans la grotte. Grâce au clair de lune, on distinguait faiblement la première salle, mais dès qu'il passa sous la voûte, une obscurité d'un noir d'encre se referma sur le détective. A l'intérieur, le souffle du vent était atténué, mais les clapotis de l'eau résonnaient contre les parois rocailleuses. Sous les pieds de Jim, le sol de la corniche était humide et irrégulier, boueux et certainement dangereux, car la surface de l'eau ne s'en trouvait qu'à quelques centimètres.

Jim n'osait pas gratter une allumette, de peur de se faire repérer. De toutes les choses insensées que l'on pouvait imaginer, plonger à l'intérieur de ce trou détestable figurait certainement parmi les plus folles. S'il se perdait, si la galerie bifurquait sans qu'il s'en aperçoive…

« Garde ta main posée sur le mur », se dit-il. La paroi était visqueuse et froide et, tout à coup, elle *bougea* sous ses doigts : un crapaud ! Jim se rejeta en arrière en laissant échapper un petit hoquet de stupeur et faillit tomber à l'eau. Mais s'il gardait la main sur le mur, à l'aller comme au retour, il retrouverait la sortie à coup sûr…

Soudain, un filet d'eau glacée venu du plafond lui coula dans le dos. Au même moment, des ténèbres impénétrables qui s'ouvraient devant lui jaillit le hurlement déjà entendu.

C'était le cri d'une goule emprisonnée, celui d'une créature victime de tortures abominables, en proie à une souffrance et à un désespoir extrêmes. Mais il était déformé par l'écho de la grotte et Jim ne pouvait pas déterminer sa provenance, ce qui ne l'empêchait pas d'être terrorisé. Il pensa au Minotaure attendant dans l'obscurité épaisse que sa prochaine victime atteigne en tremblant le cœur du labyrinthe…

Combien de temps demeura-t-il là, le cœur battant à tout rompre ? Il n'aurait su le dire. Il avait la chair de poule. Petit à petit, il se ressaisit, et il était temps, car il vit une lueur se refléter sur les parois de pierre. La barque revenait.

Le jeune détective jeta des regards affolés autour de lui ; où se cacher ? Partout, ce n'était qu'ombres et obscurité, mais il avisa une ombre plus noire que les autres, là où une petite cavité avait été creusée dans la roche. Elle était si peu profonde qu'il ne l'avait même pas remarquée en avançant à tâtons, mais s'il se collait contre la paroi…

Le bruit des rames se rapprochait. Pas le temps de chercher une autre cachette. Il remonta son col et enfonça sa casquette sur ses yeux pour masquer la tache pâle de son visage, puis il referma la main sur la crosse de son pistolet.

Bientôt, la lueur de la lanterne éclaira la galerie. Elles allaient le voir, à coup sûr…

Retenant son souffle, il regarda passer la barque à travers ses paupières mi-closes, sous la visière de sa casquette. Aucune des deux femmes ne remarqua sa présence, car elles semblaient l'une et l'autre en proie à une vive émotion. Le visage de la vieille femme était marqué par la tristesse ; celui de l'actrice était dissimulé par un capuchon, mais tout son corps était secoué par de violents sanglots.

Quand elles furent passées, les ténèbres envahirent de nouveau la galerie et le bruit des rames s'atténua.

– Eh bien, que comptes-tu faire maintenant, pauvre idiot ? se demanda Jim à voix basse.

Il connaissait déjà la réponse, aussi inspira-t-il à fond et chercha-t-il ses allumettes. Il pouvait éclairer son chemin, les deux femmes ne reviendraient pas. Il gratta une allumette et avança de quelques pas en protégeant la flamme avec sa main jusqu'à ce qu'elle s'éteigne, puis il répéta l'opération une dizaine de fois. Soudain, il entendit un grand plouf ! dans l'eau, derrière lui, et faillit lâcher l'allumette sous l'effet de la peur mais, en se retournant, il vit un rat s'éloigner en nageant. Un peu plus tard, un râle de souffrance, qui semblait venir de toutes les directions à la fois, le fit frissonner.

Cela voulait dire qu'il approchait du but, et il savait désormais que cette voix était celle d'un être humain, et non d'un démon. Et, à chaque pas, il était de plus en plus convaincu de savoir à *qui* elle appartenait.

La galerie formait maintenant un coude. L'eau continuait à couler en tourbillonnant légèrement sur sa gauche et la corniche s'élargissait d'une cinquantaine de centimètres. Dans la paroi de droite, il découvrit une grille en fer. Les barreaux, aussi épais que le pouce de Jim, étaient scellés dans la roche, et la porte qui se découpait au centre était fermée par un gros cadenas.

Derrière la grille se trouvait une cellule d'à peine trois mètres sur deux. Allongé sur un matelas dans un coin, l'air horrifié, se trouvait un homme en haillons, version émaciée du prince Rudolf. Quand il se redressa et s'approcha des barreaux, comme attiré par la flamme de l'allumette, Jim constata qu'il avait deviné juste. Sous la barbe de plusieurs jours et la crasse, aussi reconnaissables que sur le portrait accroché au palais, il devina les paupières lourdes et la fossette au menton du frère aîné de Rudolf, le prince Leopold. Vivant.

– Votre Majesté, murmura Jim en allemand, après avoir gratté une autre allumette.

L'homme ne réagit pas. Aucune étincelle de compréhension ne brilla dans ses yeux fiévreux ; Jim avait l'impression de regarder un animal.

– Prince Leopold ? C'est bien vous, n'est-ce pas ? Écoutez-moi. Je m'appelle Taylor. Je vais vous sortir d'ici. Voyons un peu ce cadenas...

L'allumette s'éteignit et le prince retourna se blottir dans le noir en gémissant. Il ne restait que trois allumettes. Jim étouffa un juron. Il s'apprêtait à en gratter une autre quand un bruit lui parvint du fond de la galerie : l'écho d'une lourde porte en fer qu'on tire, suivi d'un martèlement de bottes. Quelqu'un venait.

Le prisonnier avait entendu lui aussi et poussait de petits cris inarticulés.

– Écoutez-moi, Votre Majesté, murmura Jim. Je vais vous laisser, mais je reviendrai. Je vous libérerai, c'est juré. Vous comprenez ?

Laissant sa main gauche appuyée contre la paroi visqueuse de la grotte, Jim s'enfuit le plus silencieusement possible. Après avoir franchi le premier coude, il s'arrêta et jeta un coup d'œil en arrière. Une faible lueur miroitait sur la pierre humide, mais elle était immobile et les pas s'étaient arrêtés.

Soudain, une voix masculine jeta avec brutalité :

– Arrêtez de pleurer, mon vieux. Ce brave Lutz est revenu. Vous voyez ? Je suis allé me dégourdir les pattes et prendre un peu l'air. Hein ? Qu'est-ce que vous racontez ? La flamme ? Le feu ? Non, non, c'est la lanterne, elle va pas vous brûler. Allez, baissez la tête et dormez. Vous avez pas intérêt à être réveillé quand Kraus viendra me remplacer...

Jim entendit un cri de terreur, suivi d'un rire gras.

Il tendit l'oreille encore quelques instants. Comme il ne percevait plus aucun bruit, il se retourna et se dirigea vers la sortie de la grotte.

Une demi-heure plus tard, alors que l'horloge du palais sonnait une heure du matin, Jim ouvrait la porte de sa chambre. Ses mains et son visage étaient sales, ses chaussures et son pantalon maculés de boue, sa chemise humide et froide lui collait à la peau. Avant de réveiller le comte, il voulait s'arranger un peu.

Alors qu'il refermait la porte sans bruit, il avisa sur le plancher un message plié en deux. Il le ramassa, le déplia et lut :

Cher Jim, je crois qu'il faut que je vous parle de ce que j'ai entendu cet après-midi. J'ignore ce que ça signifie, mais je suis inquiète. C'est plus le côté sournois de cette rencontre que leurs paroles...

Il s'agissait du message déposé par Becky la veille, dans lequel elle racontait comment, sans le vouloir, elle avait écouté aux portes dans la salle des Cartes. Le jeune homme s'assit sur son lit tout en continuant sa lecture. « Inutile de faire appel au comte, finalement », se dit-il. N'y avait-il donc rien ni personne sur qui s'appuyer ? Ce palais n'était que complots et rongé par les secrets. S'il finissait par s'écrouler sur leurs sales têtes de lâches, ça leur servirait de leçon, tiens ! Sauf à Adélaïde...

Elle, au moins, essayait de sauver cet endroit maudit !

Jim utilisa la dernière de ses allumettes pour brûler le message ; aucune cachette, désormais, n'était sûre. S'il ne pouvait pas aller trouver le comte, il rendrait visite à Frau Busch. Elle avait dû regagner sa chambre à cette heure-ci.

Il se débarbouilla, enfila rapidement des vêtements secs, choisit des chaussures à semelles de crêpe et quitta sa chambre. Le couloir était plongé dans l'obscurité, mais il connaissait le chemin : il fallait gagner l'escalier du fond, monter au grenier et compter les portes jusqu'à la chambre 14.

Jim s'immobilisa et tendit l'oreille. Un rai de lumière filtrait sous la porte, des bruits légers lui parvenaient de l'intérieur, comme si on dépliait des draps. Il frappa doucement.

– Qui est-ce ?

Jim tourna la poignée et entra, puis referma doucement la porte derrière lui.

– C’est Jakob, dit-il. Vous vous souvenez de moi ? Je vous ai monté votre malle.

– Que voulez-vous ? Vous n’êtes pas un domestique, je le vois bien. Qui êtes-vous ?

La vieille femme se tenait près du lit, enveloppée dans les plis de son ample chemise de nuit, les cheveux recouverts d’un bonnet. La bougie posée sur la table de chevet tremblotait dans le courant d’air.

Jim répondit :

– Je suis le secrétaire particulier du comte Thalgau. Et vous êtes dans de sales draps, Frau Busch. Je vous ai suivie dans la grotte ce soir et j’ai vu l’homme qui s’y trouve. Pourquoi le prince Leopold est-il prisonnier ? Et pourquoi aidez-vous son épouse ?

La vieille femme laissa échapper un petit hoquet de stupeur et s’assit au bord du lit. Elle ouvrit la bouche une ou deux fois, sans proférer le moindre mot, et se mit à trembler.

– Je vous conseille de parler, dit Jim. Vous savez que cette femme a tué le roi Rudolf. Vous voyez cette cicatrice sur ma main ? C’est elle qui me l’a faite, avec un couteau. Je ne serais pas surpris qu’elle soit également responsable de la mort du prince Wilhelm et de la princesse Anna. Votre mari était avec le prince Leopold quand on l’a déclaré mort, et voilà que vous êtes mêlée à cette histoire à votre tour. Vous êtes dans de sales draps, je vous le répète. Ouvrez les yeux, bon sang ! Que se passe-t-il ?

Frau Busch posa la main sur sa poitrine et ferma les yeux. Un frisson la parcourut et elle se mit à pleurer doucement.

– Je ne voulais rien faire de mal ! Tout ce que j'ai fait, c'est par amour ! Qu'allez-vous faire ? Vous allez me livrer au baron Gödel ? Il me fera tuer ! Est-ce que ça aidera qui que ce soit ?

– A vous de me le dire, répliqua Jim. Je vais m'asseoir et vous écouter. Nous sommes seuls, nous avons tout le temps. Racontez-moi tout.

La vieille femme se glissa dans son lit et remonta les draps sur elle en grelottant, comme si elle avait froid.

– J'étais la nourrice du prince Leopold, et celle des autres aussi, mais Leopold était mon préféré. Quand il a voulu se marier, c'est à moi qu'il l'a annoncé en premier. Il m'a présenté son épouse, en secret. Il voulait *mon* approbation, comprenez-vous ? Il était plus proche de moi que de n'importe qui. Cette femme ne correspondait pas à mon idéal, mais ce n'était pas à moi de lui choisir une épouse, et elle l'aimait, à sa façon. Elle était fougueuse et passionnée, je sentais qu'elle serait loyale envers lui et c'était ce dont il avait besoin. Il avait peur de son père, peur du baron Gödel, peur d'accomplir son devoir aussi.

J'ai gardé le secret mais, évidemment, il a vite été éventé. Quand ils l'ont appris, ils l'ont bannie et ont emmené Leopold à Ritterwald. Mon mari était le responsable des chasseurs. Ils lui ont expliqué ce qu'il devait faire : il devait conduire le prince dans la forêt, tuer un sanglier et faire croire que l'animal avait eu le temps de tuer le prince avant de mourir. Des hommes les ont rejoints dans la forêt et ont emmené le prince à Neustadt, à l'asile, où ils l'ont enfermé. Je le sais car le baron Gödel m'a payée pour que je m'occupe de lui.

– C'était donc une idée de Gödel ?

– Oui, évidemment.

– Le roi était-il au courant ?

– Ce n'était pas mon problème. Aux yeux du roi, le prince Leopold est mort le jour où il a épousé cette femme.

– C'est donc Gödel qui a décidé de le garder en vie... Mais le pauvre homme est devenu fou.

– Est-ce étonnant ? Enfermé sous terre, sans pouvoir parler à personne, alors que tout le monde vous croit mort ? Évidemment qu'il est devenu fou ! J'ai fait de mon mieux pour m'occuper de lui, mais j'ai vu la folie s'emparer de lui peu à peu... comme des toiles d'araignée qui se répandent dans une pièce. Oh, je me suis maudite si souvent ! J'ai prié pour qu'un pouvoir quelconque nous ramène dix ans en arrière, avant que tout cela arrive ! Mon mari, le pauvre homme, il savait lui aussi, et il n'a pas pu supporter ce qu'il avait fait ; il s'est suicidé peu de temps après. Je me suis occupée du prince Leopold durant toute sa vie : bébé, petit garçon, jeune homme, prisonnier et fou. Je me suis occupée de lui à Neustadt et quand ils l'ont installé ici, il y a peu de temps, ils m'ont demandé de venir ...

– Pourquoi Gödel l'a-t-il amené ici ?

– Je l'ignore. Et ça ne me regarde pas. Je suppose qu'il veut renverser cette Anglaise... Êtes-vous anglais, vous aussi ?

– Oui.

– Je m'en doutais. Vous êtes à son service ?

– Oui. Et vous aussi, Frau Busch. C'est la reine qui gouverne, pas Gödel. Son complot est un acte de trahison, et si vous l'aidez d'une manière ou d'une autre, vous devenez une traîtresse. Parlez-moi de cette actrice. Comment s'appelle-t-elle ?

– Son nom de scène est Carmen Ruiz. Mais elle utilise d'autres noms.

– Pourquoi l'avez-vous conduite dans la grotte ce soir ? Ça fait partie du plan de Gödel ?

– Grand Dieu, non ! Il n'en sait absolument rien. Je suis restée en contact avec elle pour lui, pour le prince. Le prince ! Le *roi*, devrais-je dire. Et c'est elle la reine. Cette Anglaise...

– Vous ne connaissez pas votre propre histoire ? La reine Adélaïde est l'*Adlerträger*, légitimement. Croyez-vous que ce pauvre Leopold serait capable de régner ? Il n'est plus bon à rien. Qu'espériez-vous en faisant intervenir son épouse ? Savez-vous qu'elle est responsable du meurtre des deux autres princes ?

– Ça ne me regarde pas.

La vieille femme adopta un air de défi, les lèvres pincées, les joues empourprées, les yeux brillants et durs. Jim soutint son regard. Finalement, elle baissa les yeux et ses larmes coulèrent sur le drap.

– Ça ne me regarde pas ! hoqueta-t-elle. J'ai écrit à cette femme car elle l'aimait ! Et je l'ai conduite dans la grotte ce soir, car elle voulait vérifier qu'il était toujours vivant ! Tout ce que je fais, c'est pour lui, mon pauvre petit Leo, mon petit prince...

– Voulez-vous qu'il sorte de ce cachot immonde ?

– Oui !

– Moi aussi. Il doit être libéré et soigné correctement. Écoutez-moi bien, Frau Busch.

– Je vous écoute...

Ses yeux étaient injectés de sang, sa respiration saccadée.

– Vous avez agi dans le dos de Gödel. S'il l'apprend, il vous punira, il vous chassera, vous ne reverrez jamais le prince Leopold. Et s'il ne vous punit pas, c'est moi qui le ferai. Si on vous chasse, le prince n'y survivra pas. Alors dites-moi où je peux trouver Carmen Ruiz.

– Qu'allez-vous faire ?

– Quelle est votre expression favorite, déjà ? Ça ne vous regarde pas. Si vous voulez que le prince reste en vie et si vous voulez continuer à pouvoir vous occuper de lui, dites-moi où est cette femme !

Elle déglutit avec peine. Sa poitrine se soulevait avec difficulté.

– Para... Para... Paracelse..., articula-t-elle.

Sa tête bascula vers l'avant. Un petit gémissement aigu s'échappa de sa gorge et un filet de bave coula sur son menton, puis sur le drap. Jim regarda autour de lui, à la recherche du cordon de la sonnette, avant de se rendre compte une seconde plus tard, qu'il n'y avait pas de sonnette dans une chambre de domestique. Frau Busch était victime d'une sorte de crise d'apoplexie : que devait-il faire ? Il l'allongea, vérifia qu'elle ne s'étouffait pas et courut frapper à la porte voisine.

Sans attendre de réponse, il l'ouvrit et dit à la soubrette mal réveillée qui le regardait avec de grands yeux effrayés :

– Frau Busch, dans la chambre d'à côté ! Elle est malade... Vous ne l'avez pas entendue crier ? Elle m'a réveillé. Dépêchez-vous d'aller l'aider, vite !

Laissant la jeune femme se lever, Jim regagna sa chambre en courant, glissa son revolver dans sa poche et ressortit.

12
Habileté politique

Trois quarts d'heure plus tard, Jim gravissait l'escalier poussiéreux conduisant au grenier où habitait Karl von Gaisberg. Il frappa à la porte, l'ouvrit sans attendre de réponse et, à la lumière d'une allumette, il constata que son ami dormait à poings fermés. Les reliefs d'un repas occupaient une partie de la table. Une souris bien grasse les abandonna à contrecœur, sans trop se presser, et observa Jim par le trou de la plinthe. A côté de l'assiette sale était posé un ouvrage de Schopenhauer, dont la page était marquée par la lame d'un fleuret ; une bougie s'était éteinte après s'être entièrement consumée entre les cornes d'un crâne de chèvre, dont les orbites vides s'ornaient d'une paire de lunettes cassées ; un bouchon de champagne fermait un encrier culotté ; une chaise démantibulée était disposée à côté du poêle en fonte, pour servir de combustible ; une photographie de l'actrice Sarah Bernhardt était punaisée au mur au-dessus de la tête de Karl, entourée de cœurs dessinés sur le plâtre qui s'effritait, et par terre étaient éparpillées au moins deux douzaines de feuilles de papier recouvertes de gribouillis, de taches, de rayures, de schémas et d'une fine écriture gothique. En plus gros, on pouvait lire le titre : « Étude des implications idéalistes du platonisme de Schopenhauer ». Le milieu de la dernière page était barré d'un mot triomphant : FIN.

Jim enjamba les feuilles, ouvrit grands les volets et agita le tisonnier dans le poêle pour raviver les braises.

Karl remua en grognant.

– Qu'est-ce que c'est ? Qui êtes-vous ?

– C'est moi, Jim. Où ranges-tu ton café ?

– Dans le pot de fleurs. Sur le rebord de la fenêtre. Quelle heure est-il ? Que fais-tu debout ?

Karl se redressa dans son lit en frissonnant et enfila la robe de chambre que lui lançait Jim. L'horloge de la cathédrale, située à un jet de pierre, mit en branle un tas de rouages, de ressorts et de poids, et le vieux mécanisme exécuta sa pantomime bourdonnante avant de sonner cinq heures. Karl se frotta le crâne et bâilla pendant que Jim faisait chauffer de l'eau sur le poêle.

– Écoute-moi bien, mon vieux, dit Jim. On est dans le pétrin…

Il fourra le dernier pied de la chaise dans le poêle et s'assit au bord du lit pour rapporter à Karl les événements de la nuit. Quand il eut terminé son récit, l'eau bouillait dans la petite casserole en cuivre et

Karl, sur la pointe des pieds car le sol était glacé, alla chercher deux tasses.

– Leopold ? dit-il. Tu es sûr ? C'est impossible.

– Je l'ai vu, et j'ai vu l'actrice espagnole. Et j'ai entendu toute l'histoire de la bouche de la vieille femme. C'est la vérité.

– Mais… Pourquoi ? *Cui bono ?* Qui a intérêt à le garder prisonnier depuis si longtemps ? Certainement pas la famille royale.

– Non. Je crois que le vieux roi n'était même pas au courant. C'est une idée de Gödel, du début à la fin. Il a gardé Leopold sous le coude de façon à pouvoir le remettre sur le trône un jour ou l'autre. Tu te souviens de la bagarre dans la taverne le soir où on s'est rencontrés ? Ce type, Glatz, en avait plein la bouche, de ce Leopold. Je crois qu'il existe dans ce pays un fort courant de loyauté, surtout dans les endroits les plus reculés. Gödel a l'intention de semer la pagaille, voilà pourquoi il a fait sortir le prince de l'asile de Neustadt pour l'enfermer dans cette grotte, prêt à le faire réapparaître…

– Tu en as parlé au comte Thalgau ?

– Non, surtout pas ! Je crois qu'il mijote quelque chose de son côté.

Jim parla à Karl du message de Becky, puis alla se planter devant la fenêtre pour contempler la ville. Le vent nocturne avait éparpillé les nuages et l'air était frais ; à l'est, les étoiles pâlissaient tandis que l'aube commençait à éclairer le ciel.

– On a donc deux choses à faire, ajouta Jim. On

doit libérer le prince Leopold, pour son bien et pour contrecarrer le plan de Gödel ; et on doit retrouver cette Espagnole. Et tout cela sans en parler au comte. Connais-tu dans la vieille ville un endroit nommé Paracelse ?

Adélaïde se réveilla tôt. Tendue et impatiente, elle resta couchée entre les draps de lin, caressant d'une main le chaton noir, songeant avec angoisse au moment où elle devrait exposer ses plans devant les émissaires allemands et autrichiens. Elle avait le sentiment de se trouver au centre d'une multitude de vies, alors que la ville s'éveillait autour d'elle. Elle pouvait presque voir tous ses sujets : les domestiques allumaient des feux en bâillant dans les cuisines froides, les boulangers qui sortaient de leurs fours chauds des miches de pain croustillantes et fumantes, les fermiers qui tapotaient les flancs des vaches avant de les traire, les moines de l'abbaye de Saint-Martin qui récitaient les matines en marmonnant. Tous les gens se réveillaient et seul le petit chat Casserole dormait.

Alors que le soleil se levait, que la circulation devenait plus dense dans les rues, que les serveurs des cafés se précipitaient d'une table à l'autre avec des tasses fumantes et des viennoiseries, le chef de la délégation autrichienne se tenait devant la fenêtre ouverte de l'ambassade et inspirait profondément en manipulant des haltères afin d'améliorer sa circulation sanguine, et celui de la délégation allemande, encore couché, se demandait s'il allait commander une brioche supplémentaire : il lui fallait prendre des forces pour affronter les épreuves de la journée.

Dans un appartement au troisième étage d'une vieille et robuste maison en bois située dans la Glockengasse, un des employés du ministère des Affaires étrangères de Razkavie tapota avec une serviette immaculée sa moustache parfaitement taillée, repoussa sa chaise, se leva de table et, après avoir lissé d'une main ses cheveux lustrés, se prépara à dire au revoir à sa famille.

Sa femme lui tendait son porte-documents et son chapeau alors que ses cinq filles étaient alignées dans le couloir, par ordre de taille, et attendaient le baiser paternel.

– Au revoir Gretl... Inge... Bertha... Anna.. Marlene. Soyez gentilles. Travaillez bien aujourd'hui, comme votre papa. Au revoir, ma chérie. Je rentrerai un peu tard ce soir, nous avons une formidable mission à accomplir. Une formidable mission !

Les cinq filles et la mère attendirent respectueusement qu'il ait tortillé une dernière fois sa moustache devant le miroir et posé son chapeau sur sa tête pommadée, de manière coquette, après quoi il descendit l'escalier en leur adressant un signe de la main.

– Au revoir, papa ! Au revoir, papa !...

Dans différents quartiers de la ville, les collègues de Herr Bangemann, les clercs, les secrétaires, les assistants, se dirigeaient vers le palais d'une démarche un peu plus énergique qu'à l'accoutumée, avec des chaussures un peu mieux cirées. Les huissiers et les valets de pied du palais s'affairaient pour préparer la salle du Conseil en vue des pourparlers.

La salle du Conseil était située du côté ensoleillé du palais ; la lumière d'automne nimbait d'or le décor, avec une splendeur méticuleuse. La longue table était recouverte d'une étoffe moirée verte et, devant chaque place (il y en avait seize en tout : cinq pour l'Allemagne, cinq pour l'Autriche et cinq pour la Razkavie, plus le fauteuil de la reine placé au milieu), se trouvait un buvard, un double encrier en cristal contenant de l'encre rouge et de l'encre noire, un petit plateau avec des crayons et des porte-plume, une carafe d'eau, un verre et un cendrier.

Derrière chacune de ces chaises, on en avait placé une autre, plus petite et moins confortable, destinée à un clerc ou à un secrétaire. Derrière le fauteuil d'Adélaïde, bien évidemment, se trouvait le siège de Becky, légèrement sur la droite.

Alors que les délégués se rassemblaient dans l'antichambre, que les secrétaires serraient dans leurs bras des liasses de papiers, des cartons renfermant des documents et d'épais ouvrages de droit, la reine Adélaïde, qui se trouvait encore dans son salon, à l'étage au-dessus, se regardait dans le miroir que tenait sa femme de chambre.

– Parfait, commenta-t-elle. Ça va leur en mettre plein la vue. Ah… cette mèche, là… arrangez-moi ça, vite. Becky ! Arrête de bâiller ! C'est la troisième fois en deux minutes. Ces gens ne sont pas venus ici pour admirer tes amygdales. Tu as passé une nuit blanche ? Tu as vraiment une sale tête ce matin. Tu ne devrais pas batifoler quand on a des affaires sérieuses à traiter. Il est quelle heure, d'ailleurs ? Ils attendent depuis combien de temps ? Laissons-les poireauter encore une minute. Cinq minutes de retard, c'est digne d'un roi, quatre, ça fait empressé, six, c'est un signe de nonchalance. Je ne veux pas être nonchalante aujourd'hui. Je vais les remuer, ces pauvres idiots, tu vas voir ça. Marie-Hélène, arrêtez de vous agiter comme ça et allez plutôt ouvrir la porte. Où est le comte ? Ah, le voici…

Le front plissé d'un air sévère pour s'empêcher de bâiller encore une fois, Becky suivit la reine. Elle avait mal dormi, en effet ; ses rêves avaient été envahis par une femme sans visage, brune, armée d'un couteau et enveloppée dans une grande cape, qui escaladait lentement le mur de pierre du palais pour accéder à une fenêtre, sans que Becky puisse dire s'il s'agissait de la sienne ou de celle de la reine. Résultat, elle avait une terrible migraine ce matin-là, et les yeux rouges. Elle allait devoir se concentrer comme jamais si elle voulait aider Adélaïde au cours de ces négociations. C'était la raison pour laquelle elle était devenue reine, avait-elle déclaré. Aujourd'hui était le jour le plus important de sa vie.

Sa Majesté était pâle, calme et magnifique. Seuls ses lèvres pincées et les mouvements discrets de son pouce qui frottait contre son index trahissaient sa tension au moment où les valets de pied s'inclinèrent et ouvrirent à deux battants la porte de la salle du Conseil.

« Si un jour elle n'est plus reine, elle pourra gagner sa vie sur scène », se dit Becky en voyant une trentaine de paires d'yeux s'écarquiller d'un air admiratif.

Adélaïde s'installa à sa place et prit la parole sans attendre. Elle avait rédigé elle-même son discours, lettre par lettre, laborieusement, puis Becky l'avait traduit et le lui avait fait répéter. Maintenant, le maître regardait l'élève avec fierté en écoutant sa voix claire scander chaque mot dans un allemand impeccable, d'un timbre parfaitement adapté à la solennité de l'occasion.

– Bonjour à vous tous. Bienvenue dans la salle du Conseil de mon palais. J'avais pensé tout d'abord que ces négociations se dérouleraient dans la Grande Salle du château, où Walter von Eschten signa en 1254 le traité qui garantissait la liberté de la Razkavie. Puis je me suis dit que les châteaux étaient destinés aux périodes de guerre, les palais sont faits pour les temps de paix. La Razkavie n'est plus menacée aujourd'hui comme elle l'était jadis. Notre petit pays est stable et protégé.

Elle marqua un temps d'arrêt, un léger sourire au coin des lèvres, comme si elle attendait une réaction. Celle-ci ne se fit pas attendre : il y eut des murmures d'approbation, des raclements de pied, quelques hochements de tête discrets. Comment ne pas être d'accord avec une affirmation prononcée de manière si innocente ? Cela suffit à instaurer une atmosphère de bonne volonté et introduisit même une légère note d'humour.

Dès qu'elle se mit au travail, Becky oublia sa migraine et ses épaules ankylosées, fascinée qu'elle était de voir l'histoire s'écrire devant ses yeux.

Au *Café Florestan*, les gars du Richterbund rassemblaient leurs connaissances. *Paracelse*... Qu'est-ce que ça voulait dire, nom d'un chien ?

– Paracelse Strasse ? suggéra quelqu'un.

– Ça existe, cet endroit ?

– Non ! Tu confonds avec Agrippa Strasse, près du château !

– Bah, c'est un alchimiste aussi... La vieille voulait sûrement parler de Paracelse Garten.

– Ce n'est pas Paracelse Garten, mais Parasol Garten ! Là où il y a le théâtre de marionnettes.

– Ah, oui. Exact. Il y a aussi un Paradies Garten. C'est peut-être ça.

– Restons-en à Paracelse, pour l'amour du ciel ! Y a-t-il une Paracelse Platz ?

– C'est un code, à mon avis. La vieille faisait allusion à l'or, à cause de l'alchimie. Je parie qu'elle voulait parler de Goldener Gasse.

– Il y a un tableau de Paracelse quelque part. Je suis sûr de l'avoir vu. Au musée...

Jim se tourna vers Karl, qui gonfla ses joues pour montrer sa perplexité.

– On ferait mieux de commencer les recherches, décida-t-il. On va prendre chacun un quartier de la ville et on le passera au peigne fin. Ensuite, tout le monde au rapport. Anton, tu resteras ici pour noter où sont allés les gars et ce qu'ils ont trouvé…

Ainsi débuta la quête de Paracelse.

Adélaïde joua au jeu de la diplomatie avec toute la duplicité et la passion qu'elle mettait dans les autres jeux, et Becky commença à se dire que, peut-être, elle avait préparé cet instant avec chaque lancer de dés, chaque déplacement de pièce sur l'échiquier. A mesure que la matinée avançait et que les positions de chacun apparaissaient de plus en plus clairement, Becky, assise à côté de la reine, au cœur de l'action, suivait sa tactique avec une admiration grandissante.

En milieu de matinée, le ministre allemand du Commerce insista pour obtenir un important rabais sur le prix du nickel razkavien – pour, disait-il, compenser le fait que son pays ne puisse pas acheter l'ensemble de la production. Adélaïde ordonna alors une suspension de séance et, pendant que les autres délégués se promenaient sur la terrasse en fumant le cigare, sans interrompre leurs discussions, elle fit peser sur le ministre allemand le regard séducteur de ses grands yeux sombres et l'invita à venir voir les dernières roses de la saison. Impuissant, il la suivit ; Becky, qui devait assurer la traduction, leur emboîta le pas comme une ombre, pendant qu'ils se promenaient au milieu des rosiers. Adélaïde leva les yeux vers le ministre et évoqua avec ferveur la profonde affection et l'admiration que la Razkavie vouait à l'Allemagne, et le lien de parenté quasi mystique qui rassemblait les deux peuples dans une union spirituelle qui allait bien au-delà des exigences du commerce. Moins de cinq minutes plus tard, le pauvre homme était presque convaincu que premièrement, Adélaïde était amoureuse de lui que, deuxièmement, il avait trop de noblesse pour en tirer avantage, et que, troisièmement, une proposition d'aide de sa part resterait gravée à tout jamais dans le cœur de la reine. Et, lorsque les discussions reprirent, on tomba d'accord sur un rabais largement inférieur à celui exigé initialement par les Allemands.

Puis ce fut au tour des Autrichiens de créer des difficultés. Leur négociateur en chef exigea que la quantité de nickel que la Razkavie vendait à son pays passe de deux cents à trois cent cinquante tonnes par an. Becky vit les Allemands se hérisser. Fort heureusement, c'était l'heure du déjeuner. Adélaïde glissa un ordre discret au comte Thalgau transmit un mot à un valet de pied et, quand ils passèrent dans la salle de Banquet, qui se trouva assis à côté de Sa Majesté ? Le ministre autrichien des Finances. Il était très différent de son collègue allemand, et Adélaïde eut du mal à le manipuler. Placés comme ils l'étaient en bout de table, face à tous les convives, elle ne pouvait user ouvertement de son charme.

Mais au moment de la charlotte à la Parisienne, une ouverture se présenta. Adélaïde avait orienté la conversation vers la vie privée du ministre. Aimait-il la musique, par exemple ? Vienne était un important centre musical... D'un ton assez brusque, il répondit qu'il préférait la chasse. Becky vit alors Adélaïde se pencher vers lui, légèrement et délibérément. La chasse ? Oh, elle mourait d'envie de découvrir la chasse. Par quel gibier devrait-elle commencer ? Moins d'une minute plus tard, le ministre avait oublié son dessert pour se lancer dans une évocation des plaisirs de la chasse, avec un tel lyrisme que Becky regrettait de ne pas pouvoir traduire ses paroles sur une partition musicale avec un orchestre de cuivres. Adélaïde l'écoutait attentivement, l'interrompant parfois pour poser une question ou faire un commentaire, et Becky constata qu'elle l'avait mis dans sa poche.

Effectivement, au cours des discussions de l'après-midi, il apparut que les forêts entourant les mines de nickel abritaient une quantité exceptionnelle de gibier en tout genre et qu'une augmentation du rendement impliquerait la construction d'une nouvelle route dans la montagne, ce qui mettrait fin à jamais aux activités cynégétiques.

Voilà qui éclairait d'un jour nouveau les projets d'expansion de la mine. Il restait d'importantes quantités de minerai, mais il faudrait mettre au point de nouvelles méthodes d'extraction, peut-être en collaboration avec l'Institut impérial de l'exploitation minière à Vienne... Le ministre autrichien s'empressa de proposer son aide.

Becky était émerveillée par le changement survenu chez la jeune fille illettrée, boudeuse, impulsive et mal habillée qu'elle avait rencontrée quelques mois plus tôt. Cette Adélaïde-*là* aurait ricané avec mépris et montré sa mauvaise humeur ; celle-ci était patiente, gracieuse, pleine d'esprit et implacable. D'une totale et sincère modestie, Becky ne songeait pas un seul instant à s'attribuer le mérite de cette métamorphose.

A la fin de la journée, elle sentit qu'un profond changement venait d'avoir lieu, non seulement dans sa façon de voir Adélaïde, mais aussi dans l'histoire de la Razkavie, car les grandes puissances discutaient cordialement d'un sujet qui, peu de temps auparavant, aurait pu déclencher une guerre, et tout indiquait qu'un avenir serein attendait le pays.

Toutefois, il fallait encore établir le moyen de garantir cette sécurité, et ce fut le sujet de la deuxième journée de négociations. Becky tombait de fatigue et monta se coucher directement, la gorge irritée, la tête bourdonnante, et dormit comme une masse. Elle devait s'acquitter d'une tâche délicate et importante ; on avait besoin d'elle et cela la comblait de bonheur.

Des rues sans plaques, des ruelles sans fin, des petites places en cul-de-sac… Les étudiants du Richterbund étaient capables de suivre une théorie complexe à travers les pages denses de la philosophie hégélienne, mais l'enquête sur le terrain exigeait une autre forme de perspicacité. Les recherches se poursuivirent durant toute la première journée des négociations, en vain. Le poste de commandement installé au *Café Florestan* fut relevé trois fois, le plan de la ville occupait de plus en plus de place sur la table à mesure que les bouts de papier symbolisant les quartiers visités s'ajoutaient aux autres. Ils envisagèrent toutes les variations possibles autour de Paradis, Paris, Parallèle, Paraguay, Parasol, Paralysie, mais aussi de Cornelius Agrippa, Albertus Magnus, et toute autre personne vaguement liée à l'alchimie, autour de l'or aussi, et des noms possédant la syllabe «*gold*»; et autour de Theophrastus Bombastus von Hohenheim, le véritable nom du grand Paracelse... Sans arriver nulle part.

Alors que l'obscurité tombait, Jim et Karl marchèrent jusqu'au vieux pont et s'accoudèrent à la balustrade en pierre qui surplombait la rivière.

– Que fera-t-on quand on la retrouvera, Jim? On va l'arrêter?

– Non. La police ficherait tout en l'air, et je me méfie du comte Thalgau. Je pensais qu'on pourrait proposer à cette femme de l'aider.

– *Hein?*

– Ou faire semblant. On lui dira: «Écoutez, vous voulez libérer Leopold, on vous aidera à le sauver.» Il est totalement impuissant, il a besoin de quelqu'un pour veiller sur lui et Frau Busch a été victime d'une attaque d'apoplexie: elle ne peut plus bouger ni parler. Il faudra donc que ce soit Carmen Ruiz qui s'en occupe. Elle sait dans quel état il se trouve. Elle sait où il est et comment il est surveillé. Seule, elle ne peut rien faire pour lui. Elle a peut-être un complice, ce type que Herr Egger a pris pour un photographe mais, pour ce genre de mission, il lui faut une vraie équipe. Elle a besoin de nous.

– On se servira de Leopold pour attraper cette femme, c'est ça ?

– Exactement. Et, une fois qu'on les aura tous les deux, on pourra s'occuper de cette crapule de Gödel. On enverra cette femme derrière les barreaux, on fera soigner Leopold et on pourra régler cette affaire. Voilà ce que je propose. Tu as un meilleur plan ?

– Non. Au fait, tu as dormi la nuit dernière ?

– Maintenant que j'y pense : non.

Jim bâilla à s'en décrocher la mâchoire.

– Tu ne crois pas que tu devrais aller te reposer ? Tu ne seras bon à rien dans cet état, surtout s'il faut se battre dans une galerie souterraine. On va continuer les recherches pendant ce temps-là. Si on la retrouve avant l'aube, je t'enverrai un message.

Jim posa sa main sur l'épaule de Karl.

– Tu es un chic type, murmura-t-il. Je dirai bonjour de ta part à Fräulein Winter, d'accord ? Tu lui as tapé dans l'œil l'autre jour. Je te rejoins au café à la première heure.

13
Le petit globe de verre

Le temps commençait à changer. Une dépression installée sur l'Europe centrale apportait des vents glacés de Russie, en même temps que les premières chutes de neige de l'hiver. Aucun rayon de soleil n'entrait par les fenêtres de la salle du Conseil le deuxième jour des négociations.

Becky s'était réveillée d'un rêve étrange, dans lequel elle était retenue prisonnière par trois femmes espagnoles identiques. Jim faisait irruption, déguisé en d'Artagnan, avec une épée, un chapeau à plumes et une fausse barbe ridicule qui lui servait, affirmait-il, à chasser les moustiques. Becky lui répondit d'un ton sévère qu'il confondait « mousquetaire » et « moustiquaire », mais il refusait de l'écouter, alors elle le secouait comme un prunier, pour finalement se réveiller et s'apercevoir qu'elle était en train de batailler avec la femme de chambre. Elle avait l'impression que quelques minutes seulement s'étaient écoulées depuis qu'elle s'était couchée.

Un bain, un petit déjeuner, un gargarisme et retour dans la salle du Conseil. Malgré la grisaille du ciel, la bonne humeur de la veille était intacte, comme si, par enchantement, on avait rendu les participants joviaux et tolérants , disposés à s'entraider et à chercher activement des moyens de surmonter les obstacles. Placée aux premières loges, Becky voyait bien que cet enchantement émanait en grande partie d'Adélaïde, comme cette bonne humeur qui flottait dans la pièce et l'esprit chevaleresque, sollicité et récompensé par sa grâce subtile. Au cours du déjeuner, Becky se demanda si un homme aurait pu en faire autant, et elle répondit elle-même à sa question : non. Mais cela voulait-il dire que la réussite d'Adélaïde était uniquement due à son charme ? N'importe quelle jolie femme pouvait-elle faire adopter un traité de cette importance simplement en usant de son pouvoir de séduction ? Bien sûr que non. Ce n'était pas le charme d'Adélaïde qui avait été l'atout décisif, c'était son intelligence de joueuse, son obstination et sa vivacité d'esprit innées. Sa beauté n'était qu'une carte dans son jeu et il était normal qu'elle l'utilise. Becky, qui n'était pas très belle, n'éprouvait aucune jalousie, uniquement de l'admiration.

En fin d'après-midi, un étudiant entra au *Café Florestan* et se dirigea vers les trois tables sur lesquelles était étalé le plan de la ville. Froissé, taché et déchiré, il se déployait devant Anton et deux autres étudiants dépités, telle la nappe la plus sale au monde.

– Je ne suis pas trop sûr…, commença l'étudiant d'un ton hésitant. J'ai trouvé une petite place avec une fontaine pleine de feuilles mortes et une statue en marbre, et je *crois* que cette statue pourrait représenter Paracelse. Elle ressemble au portrait qui est au musée. Il n'y a rien dessus.

– Où est-elle ? demanda Anton en prenant son crayon d'un air las.

– Euh… c'est par là…, dit l'étudiant en se penchant au-dessus de la carte pour essayer de se repérer. *Ici* ! Plus ou moins. Au bout d'une ruelle. Hohenheim Platz. Je peux vous y emmener si…

– *Hohenheim Platz ?*

– C'est le…, balbutia l'un des étudiants.

– C'est lui ! s'exclama un autre.

– Je crois que tu as décroché la timbale ! Bois donc un rhum ! Non, bois-en deux ! Karl et Jim seront de retour dans cinq minutes. Tu es capable de boire deux rhums en cinq minutes, hein ?

Une demi-heure plus tard, l'étudiant, légèrement éméché, conduisit les deux amis sur la petite place. Elle était si petite qu'on aurait presque dit une cour. Un grand platane la couvrait presque entièrement, y compris la petite fontaine obstruée par les feuilles mortes et la statue de marbre représentant un homme à la mine sombre, enveloppé dans une sorte de houppelande, qui fronçait les sourcils devant un livre ouvert.

Il n'y avait qu'une seule maison sur cette place, les autres côtés étant délimités par le mur du cimetière, le flanc d'une église et l'arrière d'un entrepôt. Jim se tapota les dents avec son ongle tout en réfléchissant.

– Mieux vaut s'assurer qu'il n'y a pas une sortie derrière, dit-il. Ne regardez pas fixement la maison, asseyez-vous au bord de la fontaine et faites semblant de dessiner la statue ou je ne sais quoi. Je reviens dans cinq minutes.

Il revint cinq minutes plus tard, portant un énorme bouquet de roses. Karl haussa les sourcils d'un air interrogateur.

– C'est une actrice, expliqua Jim. Je connais les actrices, elles aiment être admirées et flattées. Comme les acteurs, d'ailleurs. C'est un véritable *besoin*, comme on a besoin de respirer, toi et moi. Ces fleurs vont nous servir de sésame, tu vas voir.

Il griffonna un petit mot qu'il glissa dans le bouquet et sonna à la porte de la maison sombre et étroite. Après quelques instants, une domestique à l'aspect misérable vint ouvrir.

Jim lui tendit les fleurs en disant :

– C'est pour la dame espagnole qui habite ici. Apportez-lui ce bouquet, il y a un mot aussi.

Elle ouvrit la bouche, puis se ravisa et se contenta de hausser les épaules.

– J'attends, fit Jim.

Elle hocha la tête et referma la porte. Dix minutes s'écoulèrent, pendant lesquelles Jim s'amusa à lancer des cailloux dans la fontaine et à les récupérer ensuite pour bâtir une petite pyramide sur le bord, puis il s'entraîna au golf avec sa canne, sur les pavés.

La porte se rouvrit enfin. La domestique dit :

– Entrez. Fräulein Gonzalez va vous recevoir.

– Elle s'appelle Gonzalez maintenant, murmura Jim à Karl.

Laissant l'étudiant monter la garde, ils suivirent la domestique dans un escalier qui sentait le chou, jusqu'à une porte située sur le palier du deuxième étage. Jim avait la main sur la crosse de son pistolet, dans sa poche.

La domestique frappa à la porte, ouvrit et annonça :

– Vos visiteurs, Fräulein.

Elle s'écarta pour les laisser entrer.

Carmen Ruiz se tenait debout près de l'unique fauteuil, le bouquet de roses dans les bras.

Même s'il n'avait pas su qu'elle était actrice, Jim l'aurait deviné à son apparence, à son port de tête, à la force qui se dégageait de ses yeux sombres si expressifs. Ses cheveux noirs étaient tirés en arrière, plaqués sur son crâne et noués en un chignon sophistiqué, ses yeux étaient soulignés d'un trait de khôl et ses lèvres méticuleusement dessinées. Sur une scène, l'effet aurait été saisissant mais, dans cette pièce exiguë, dans la lumière grise de la fin de journée, avec la cheminée éteinte et une tasse sale posée à côté d'un petit sac à main sur la table, à côté du fauteuil, l'impression générale était pathétique. Carmen Ruiz portait une robe froissée et élimée, et ses chaussures étaient crottées.

Elle tremblait. Jim crut tout d'abord que c'était à cause du froid.

– Qui êtes-vous ? demanda-t-elle dans un allemand beaucoup plus approximatif que celui de Jim. Votre nom ne me dit rien. Que voulez-vous ?

– Vous aider à faire sortir le prince Leopold de la grotte, répondit Jim.

La femme resta muette un court instant puis, soudain, elle lança le bouquet de roses à travers la pièce et se jeta sur Jim comme une tigresse. En montrant les dents, les griffes pointées vers les yeux de sa proie ; elle n'était que haine et instincts sauvages. S'il n'avait pas réagi, elle l'aurait déchiqueté et aurait bu son sang. Heureusement, Jim qui était un bagarreur dans l'âme esquiva la charge et lança son pied sur le côté : la femme fut jetée à terre.

Elle se releva et fit aussitôt volte-face, mais Jim se tenait sur ses gardes et, avant qu'elle puisse à nouveau lui sauter à la figure, il avait sorti son pistolet. La señora qui n'était pas totalement aveuglée par sa fureur, se recroquevilla, le regard enflammé, tremblant de tous ses membres. Karl la regardait, bouche bée.

– Asseyez-vous, ordonna Jim. Faisons comme si nous étions des gens civilisés. Je veux en savoir plus sur vous, señora Ruiz. Ou Menendez. A moins que ce soit Gonzalez. Pour le moment, c'est moi qui suis en position de force. Faites ce que je vous dis : asseyez-vous.

– Vous êtes anglais, dit-elle.

– Exact.

Elle n'avait toujours pas bougé. Jim lui montra la chaise et, à contrecœur, elle se redressa et s'assit avec dignité. Elle respirait profondément, sa poitrine se soulevait sous sa robe en soie rouge, sa bouche écarlate dessinait une moue méprisante.

– Elle aussi est anglaise, reprit-elle d'une voix débordante de venin. Cette moins que rien, cette vermine des bas-fonds de Londres. C'est *moi* qui devrais être à sa place ! Une enfant ! Un petit chaton qui n'a pas encore ouvert les yeux, avec le visage barbouillé de lait ! Elle n'y connaît rien ! Et son mari, ce pauvre clown ! L'éternel bébé qui n'a jamais grandi. Regardez-la et regardez-moi, croyez-vous qu'on puisse nous comparer ? C'est une gamine insignifiante à côté de moi. Vulgaire, banale, ignorante, mal dégrossie, idiote !

– Quand avez-vous découvert que votre mari était vivant ? demanda Jim.

Elle tressaillit et sembla faire un effort pour se concentrer sur la question.

– Il y a un an. Sa vieille nourrice m'a écrit. Elle se croyait mourante et se sentait coupable. Elle avait gardé des coupures de presse concernant tous mes spectacles, dans toute l'Europe ! Imaginez un peu ! Elle s'occupait de Leopold à l'asile, et c'était pour lui qu'elle les gardait. Mais elle était rongée par les remords, elle voulait faire la paix avec sa conscience. Alors elle m'a écrit. J'étais abasourdie... Mais je *savais.* J'avais toujours su qu'il n'était pas mort. Mon cœur était en prison, mais pas dans la tombe. J'étais encore capable de sentir les choses. Et je *savais* qu'il était vivant.

Des larmes de colère jaillissaient de ses yeux. Ses émotions étaient peut-être théâtrales, mais elles étaient puissantes et sincères.

– Quelle cruauté ! s'exclama-t-elle. Le garder enfermé si longtemps, totalement isolé ! Il aurait mieux valu le tuer immédiatement ! Il aurait été plus charitable de lui trancher la gorge et de le laisser se vider de son sang ! Les infâmes ! Les...

Sa main avait glissé le long du fauteuil. Karl voyait ce que Jim ne pouvait pas voir : l'éclat d'une lame. Cette fois, ce fut lui qui bondit au moment où la señora se levait. Elle tomba en poussant un grognement et se contorsionna sauvagement ; Karl roula sur lui-même et donna un coup de pied dans la petite table, brisant la tasse de thé. Jim posa son pied sur le poignet de l'actrice, sans la moindre douceur, et se pencha pour lui arracher le couteau.

– Arrêtez, dit-il. Karl, sers un verre de brandy à cette dame, je crois en avoir vu sur le buffet. Maintenant, écoutez-moi bien, continua-t-il en se penchant de nouveau vers elle.

Il la saisit avec brutalité par les cheveux et l'obligea à lever les yeux vers lui.

– Je ne suis pas un *gentleman*, je n'hésiterai pas à vous frapper. Pour moi, vous n'êtes qu'une vulgaire meurtrière et, si je vous tuais, le monde ne s'en porterait que mieux. Mais je pense à ce pauvre diable enfermé dans l'obscurité et je me dis que je dois faire quelque chose pour lui maintenant que je l'ai vu. Et vous allez m'aider, c'est compris ?

Il la secoua violemment. Elle lui cracha au visage. Il la secoua de plus belle. Elle se retourna et essaya de le mordre ; il la gifla alors, avec une telle force qu'elle en eut le souffle coupé. Elle le regarda avec des yeux écarquillés. Prudemment, il lâcha ses cheveux et l'aida à se rasseoir dans le fauteuil.

Karl lui apporta un verre de brandy qu'elle prit entre ses mains tremblantes.

– Buvez, ordonna Jim.

Elle sirota une gorgée. Le détective ramassa le sac à main qui était tombé dans l'âtre durant la bagarre et constata qu'il était vide.

La señora s'essuya le visage du plat de la main : ce n'était pas le geste précieux d'une dame qui se tamponne le visage avec un mouchoir, c'était un geste animal. La main de Jim avait laissé une marque enflammée sur sa joue et, avec ses cheveux en bataille et ses yeux mouillés de larmes, elle paraissait plus vieille tout à coup, mais aussi plus vraie, plus accessible.

Il s'accroupit devant elle.

– Il faut tout me raconter. Commencez par me parler du prince Leopold.

Elle inspira en frissonnant.

– Il est tombé amoureux de moi à Paris. Nous nous sommes mariés presque immédiatement. Pourquoi n'aurais-je pas pu épouser un prince ? J'étais digne de devenir reine. Mais ils m'en ont empêchée. Ils ont essayé de faire annuler le mariage, ils ont tenté de me soudoyer afin d'avoir un motif de divorce, ils ont essayé le chantage, les menaces. Rien à faire. Alors ils m'ont enlevée et m'ont emmenée au Mexique, dans une petite ville miteuse de la côte pacifique, à des milliers de kilomètres de tout. Ils avaient le pouvoir de faire ce qu'ils voulaient ! Plus tard, j'ai entendu dire que mon mari était mort. Mais je *savais* que ce n'était pas vrai. Je savais qu'ils étaient prêts à tout, ils n'avaient aucun scrupule, aucune conscience. Tous sans exception ! Ils étaient tous dans le coup, toute cette pourriture puante et consanguine de la cour, ce bourbier fétide de peur et de décomposition...

– Y compris le comte Thalgau ?

– Je ne connais pas ce nom. Qui est-ce ? Il n'est pas important.

– Et Otto von Schwartzberg ?

– C'est un cousin. Il ne compte pas. Ils le méprisent, car ils le considèrent comme un sauvage inculte. Je vous parle de la corruption qui est au cœur de toute cette histoire, de la cour elle-même. Le vieux roi savait ce qu'ils avaient fait à Leopold. Il n'avait pas besoin de dire quoi que ce soit à Gödel ou à un autre, un hochement de tête, un claquement de doigts... (elle mima ces gestes) ils comprenaient et ils exécutaient. Ils l'ont enfermé et ont fait croire qu'il était mort. Tout ce que j'ai fait, clama-t-elle en posant sa main sur son cœur et en se redressant avec une lueur de fierté et de défi dans les yeux, c'était *propre*. La dynamite et les balles, c'est *propre* ; rien à voir avec cette lâcheté immonde qui consiste à enfermer un homme jusqu'à ce qu'il devienne fou. Je les ai tués ! Oui ! Et je continuerai jusqu'à ce qu'ils soient tous morts et en enfer !

– Vous n'avez pas agi seule. Vous aviez des complices.

– Non, je n'avais pas de complices. J'avais de l'argent. Les hommes sont prêts à tout pour de l'argent.

– Mais vous n'en avez plus…

Il tendit le sac à main vide.

– J'ai de quoi payer la logeuse.

– Et ensuite ?

Elle regarda Jim droit dans les yeux et, cette fois, c'était une âme humaine véritable, désorientée et malheureuse, qui transparaissait dans ses yeux, et non plus une flambée de passion fabriquée pour les feux de la rampe, pour éblouir les spectateurs de l'orchestre.

– Je ne sais pas, murmura-t-elle. Je veux aider Leopold. La nourrice, Frau Busch, ne peut pas le libérer ; elle a soudoyé le garde pour qu'il nous laisse seuls cinq minutes, mais elle a peur de Gödel. Pas moi. Hélas, je n'ai aucun pouvoir.

« Pas beaucoup en tout cas », songea Jim. Il se tourna vers Karl, puis fixa à nouveau ses yeux sur la femme.

– Bon, fit-il. Écoutez-moi. Leopold doit quitter cette horrible grotte. On le fera sortir cette nuit même. Mais si vous pensez que la bande de parasites qui entoure Gödel vous laissera approcher du trône, vous êtes folle. Dès que Leopold sera rétabli, ils vous abattront comme un animal. Non, ne m'interrompez pas ! Leopold ne sera jamais roi, mais il a une chance de mener une vie normale si vous l'aidez. Ça veut dire si vous *nous* aidez. En vérité, vous n'avez pas le choix. C'est la seule voie qui s'offre à vous.

Elle cligna des yeux. On lisait dans son regard le refus d'admettre la vérité, comme un oiseau blessé qui essaie d'échapper à un chat, mais ne parvient pas à s'envoler et ne peut que tourner en rond dans l'herbe. Et Jim – le chat – ne s'était jamais senti aussi cruel.

Elle baissa la tête.

– Que dois-je faire ? demanda-t-elle.

Jim commença ses explications. L'angoisse dans les yeux de la señora s'atténua, comme si une présence invisible s'était tue et retirée dans une partie cachée de sa personne et, pendant un moment, Carmen Ruiz se montra contrite et désireuse de coopérer, avec un tel enthousiasme que Jim devait sans cesse se rappeler qui elle était et ce qu'elle avait fait. Il avait du mal à y croire.

Dans la salle du Conseil, la deuxième journée des négociations touchait à sa fin et les grandes lignes d'un traité avaient été tracées. C'était une prouesse. Adélaïde avait convaincu l'Allemagne et l'Autriche de garantir, conjointement, l'indépendance de la Razkavie, de lui venir en aide si elle était menacée, de respecter ses frontières, d'extrader les criminels et de constituer une union douanière assurant la libre circulation des marchandises; autrement dit, ces deux puissances renonçaient à toutes les prétentions qu'elles auraient pu avoir sur ce petit royaume coincé entre elles.

Les clercs et les secrétaires des trois délégations se retirèrent pour rédiger l'ultime mouture du traité, en vue d'une cérémonie de signature qui aurait lieu le lendemain matin. La reine et les délégués, ainsi que les représentants des autres grands pouvoirs, assistèrent à une représentation de gala à l'opéra. Becky alla se coucher.

A vingt heures, notre cher Herr Bangemann (dont les cinq filles avaient appris à s'aligner par ordre de taille) sécha avec un buvard la feuille qu'il venait de remplir, la tendit au ministre délégué, et mit son chapeau et son manteau pour partir.

Le ministre délégué examina le travail de Herr Bangemann. C'était impeccable: chaque mot, chaque virgule était à sa place, tracés d'une belle écriture moulée sur le vélin le plus doux. Il rangea le document avec les deux autres copies dans le coffre-fort, le ferma soigneusement et s'empressa de se changer pour se rendre à l'opéra.

Pendant ce temps, Herr Bangemann montait dans un fiacre qui le conduisit vers une grande maison située non loin du casino, sur les collines boisées à la périphérie ouest de la ville. Son épouse grassouillette l'attendait placidement dans leur appartement, de la soupe et des boulettes de pommes de terre étaient maintenues au chaud sur la cuisinière et ses cinq filles étaient alignées, prêtes à lui raconter leur journée à l'école.

Mais le salaire de clerc de Herr Bangemann n'aurait pas suffi à payer les leçons de piano de Gretl, les cours de danse de Marlene, à acheter la nouvelle robe en calicot d'Inge, le chapeau de Bertha, les pantoufles en satin d'Anna, sans parler des chocolats dont raffolait Frau Bangemann. Mère et filles se disaient que leur homme occupait des fonctions importantes et qu'il travaillait tard pour pouvoir leur offrir ces petits plaisirs. Et, d'une certaine façon, elles avaient raison.

Herr Bangemann paya le cocher, sonna à la porte, confia son chapeau et son manteau à un domestique qui le fit entrer dans un bureau où flambait un bon feu. Deux hommes étaient assis là : l'un dans un fauteuil, l'autre devant une table sur laquelle était disposée une curieuse sélection d'appareils – des boîtes en acajou munies de bornes électriques en laiton, des bobines d'induction en cuivre et un instrument ressemblant à un clavier de piano dont chaque touche portait une lettre de l'alphabet. Des fils enveloppés de gutta-percha et branchés sur les bornes électriques remontaient vers un coin du plafond et disparaissaient par un trou sombre. Un puissant bourdonnement s'échappait de l'ensemble.

Herr Bangemann regarda cet appareillage avec une curiosité polie avant de saluer l'homme assis dans le fauteuil.

– Bonsoir, Herr Bangemann, répondit son hôte.

Veuillez vous asseoir à l'autre table et commencer quand vous voulez.

Sur une table plus petite, on avait posé une carafe d'eau et un verre. Le pupitreur assouplissait ses doigts. Herr Bangemann s'assit, se racla la gorge, ferma les yeux et fit apparaître sur l'écran de sa mémoire photographique l'ensemble du texte du traité tripartie.

– Considérant que…, récita-t-il.

Un paysage hivernal : à l'arrière-plan, un château perché sur une montagne couverte de sapins ; au premier plan, une rangée de vieilles maisons, la neige qui tourbillonne dans un ciel bas se dépose timidement sur les pavés, puis s'envole de nouveau pour se remettre à tourbillonner.

Ce pourrait être la Razkavie. En fait, ce décor ne mesure que six centimètres et il est enfermé dans une de ces boules en verre remplies d'un liquide qui se transforme en tempête de neige quand on l'agite. Cette boule se trouve dans la main d'une de nos vieilles connaissances : le banquier de Berlin, Herr Gerson von Bleichröder.

Il l'approche de ses yeux pour l'observer de très près, puis la repose doucement sur son bureau. C'est la seule neige qui tombe sur Berlin à cet instant ; il fait froid, mais les rues sont sèches. Bleichröder se dirige vers la fenêtre et regarde la Behrenstrasse bien éclairée, en contrebas, il croise les mains dans son dos et attend.

Il attend que les cliquetis frénétiques du téléimprimeur installé dans un coin du bureau s'arrêtent. Ce qui se produit enfin. Julius, le secrétaire, qui a patiemment recueilli les mètres de papier dans une corbeille, coupe l'extrémité de la bande et annonce :

– Voilà, monsieur. Tout est là.

– Parfait. Lisez, Julius.

Le secrétaire hausse les sourcils mais, obéissant, il s'assoit et fourrage parmi les mètres de bande pour en trouver le début. Pendant qu'il lit, le banquier regagne son fauteuil et s'installe dans sa position habituelle : renversé contre le dossier, les mains derrière la tête. Son nez et son menton proéminents sont immobiles, mais ses yeux aux paupières fines vont et viennent comme pour essayer de distinguer toutes les implications des informations lues à voix haute par Julius.

Finalement, celui-ci arrive au bout de la bande et la laisse retomber dans la corbeille à papier.

– C'est tout, monsieur.

– Bien, bien. Le messager attend ?

– Oui, monsieur.

– Parfait. Faites porter la bande chez le chef, alors.

Julius tire sur un cordon et ordonne au clerc qui se présente aussitôt de rouler soigneusement la bande, de la mettre dans une enveloppe et de la donner au messager qui attend dans le hall. Bleichröder se redresse dans son fauteuil en se frottant les mains.

– Veuillez prendre une lettre, Julius. Voyez-vous suffisamment clair ? Voulez-vous un peu plus de lumière ?

– Je vois parfaitement bien, merci monsieur.

– A Son Excellence le comte Emil Thalgau… Par messager spécial, Julius. Adressez-la au palais d'Eschtenburg.

Assis à son bureau, plus petit, le secrétaire remplit de son écriture soignée une feuille de papier épais.

– « Mon cher comte Thalgau, dicte le banquier. C'est avec un immense plaisir que j'apprends l'imminente accession au trône de Son Altesse royale le prince héritier Leopold. Je suis certain que son état de santé a bénéficié de toute l'attention médicale qu'il n'a pas manqué de recevoir. Les divers… » Julius, trouvez-moi un synonyme pour « obstacles ».

– Barrières ?

– Oui, ça ira. « Les diverses barrières constitutionnelles qui pourraient empêcher le rétablissement immédiat de sa souveraineté n'ont évidemment pas la moindre importance aux yeux de la maison Bleichröder ni, surtout, aux yeux du prince Bismarck. »

Le banquier s'interrompt et caresse la boule de verre pendant quelques secondes. Le secrétaire attend, plume levée.

Bleichröder reprend :

– Voici un petit test pour vous, Julius. J'ai appris par l'ambassadeur britannique que Londres ne lèverait pas le petit doigt pour défendre cette jeune Anglaise qui s'est retrouvée reine, car elle leur est une cause de gêne ; autrement dit, si elle devait succomber à un accident fatal, le Lion britannique ne remuerait même pas sa queue impériale. A vous de traduire ça de manière plus diplomatique, Julius.

Le secrétaire plisse le front, il ordonne ses pensées et continue la lettre :

– « Pas plus qu'aux yeux du gouvernement britannique, d'ailleurs. Des sources confidentielles au plus haut niveau ont fait état d'une préférence marquée de la part de Londres pour un rétablissement des dispositions dynastiques normales. »

– Excellent, mon garçon ! Écrivez ça.

La plume du secrétaire court sur le papier et Bleichröder continue :

– « Quant au traité tripartite, nul doute que Son Excellence le prince chancelier von Bismarck fera connaître ses positions dans un avenir proche. Conformément à nos accords, je vous confirme l'envoi de la première moitié de la somme convenue, soit huit mille marks, tirés sur la maison Rothschild. Le reste sera intégralement versé le lendemain du couronnement du prince héritier Leopold. Recevez mes salutations les plus cordiales, Gerson von Bleichröder, etc. » Voilà, Julius. Envoyez un messager spécial. Cette lettre sera à Eschtenburg demain matin.

– Très bien, monsieur.

Bleichröder se renverse dans son fauteuil, les mains derrière la tête. Julius attend avec déférence.

– Eh bien, mon ami, dites-moi un peu ce que vous lisez dans cette lettre.

– Tout d'abord, je suppose que le comte Thalgau est en proie à des difficultés financières, dont il espère être sauvé par la maison Bleichröder.

– Exact. Une hypothèque sur l'ensemble de sa propriété, qu'il ne pouvait pas lever. Il aurait été ruiné. C'est un vrai patriote mais, grâce à nous, sa propriété et son château lui appartiennent désormais, quoi qu'il advienne de la Razkavie. Vous avez vu juste jusqu'à présent, mais c'était facile, vous avez consulté le dossier. Continuez

– Il existe un complot destiné à détrôner cette jeune Anglaise pour la remplacer par le prince Leopold… S'agit-il du véritable prince, monsieur ? Je le croyais mort. Par ailleurs, les prétentions au trône de cette jeune femme sont légitimes, me semble-t-il.

– Oui, c'est bien le véritable prince, mais sans doute est-il devenu fou. Quant aux prétentions de cette fille, elles sont on ne peut plus légitimes, en effet. Avez-vous entendu parler de ce rituel pittoresque, avec le drapeau et ainsi de suite ? Charmant. J'aimerais bien y assister… Mais pourquoi doit-elle céder la place ? Allez, Julius, trouvez le mobile caché. Cherchez *derrière*.

– Le traité…

– Exact. Que pensera le chef de ce traité ?

Le secrétaire essaie de réfléchir : si le traité semble bénéfique pour toutes les parties, cela signifie qu'il y a un problème quelque part. La politique officielle de l'Allemagne étant de négocier et de trouver un arrangement, la politique secrète de Bismarck est certainement de perturber et de corrompre. A moins, bien sûr, qu'il fasse réellement ce qu'il prétend faire, auquel cas…

– Le chef veut empêcher la signature de ce traité pour... obtenir un meilleur accord ?

– Pas exactement, Julius. Le véritable objectif est le suivant : le chef veut restreindre les pouvoirs du parlement allemand. Le Reichstag devient trop puissant, or ce traité est du ressort du Reichstag, pas de la Chancellerie. S'il échoue, on donnera raison au jugement du chef. Et les conséquences annexes seront elles aussi favorables : le chef veut tout le nickel produit par ce drôle de petit pays. Les usines Krupp en ont besoin. Donc, elles doivent l'avoir. Le traité les en empêcherait, voilà pourquoi il ne doit pas être signé. Vous comprenez ?

– Très bien, monsieur.

– De plus, des troubles éclateront dans la capitale razkavienne dès demain. En signe d'amitié, le chef enverra un régiment de grenadiers pour aider à rétablir l'ordre. A l'heure où je vous parle, les soldats montent dans les trains.

Julius jubile. Être assis dans ce bureau feutré, au cœur de l'Europe, et découvrir toutes ces manœuvres complexes et secrètes, c'est un privilège immense et rare.

– Je comprends, monsieur. Mais... le comte Thalgau et le mystérieux prince Leopold... Quels sont leurs liens ?

Bleichröder éclate de rire. Un rire joyeux, comme celui d'un grand-père affectueux un soir de Noël.

– Ils n'ont aucun lien, Julius ! Quand le pauvre Thalgau lira le premier paragraphe de cette lettre, il sera estomaqué. Et en lisant la dernière phrase également ! J'ai appris, voyez-vous, que les éléments conservateurs du royaume gardaient le prince Leopold dans leur manche depuis longtemps, comme une sorte d'atout de la dernière chance. Ils s'apprêtaient à l'utiliser le jour où cette jeune Anglaise a été couronnée, mais elle a été plus forte qu'eux.

Julius n'en revient pas.

– Vous voulez dire que… l'assassinat…

– Était planifié ? Oui. Vous vous souvenez de cette actrice espagnole dont je vous ai parlé ? Elle était mariée au prince Leopold. Une femme impétueuse, passionnée, au sang chaud. Vous connaissez les femmes, Julius. Celle-ci est une torpille. Vous l'amorcez, vous la chargez, vous la pointez dans la bonne direction, vous appuyez sur le bouton et boum ! Cette pauvre femme s'imagine qu'elle a tout échafaudé toute seule. Alors que tout était déjà planifié, Julius, tout a été orchestré. La seule chose qui n'était pas prévue, c'est cette Anglaise. Elle est très forte et très appréciée parmi les gens du peuple. Mais cette popularité va bientôt s'écrouler. Et ce pauvre comte Thalgau qui s'imagine que cela se traduira seulement par un retard de six mois dans la signature du traité…

– C'est ce qu'on lui a dit ?

– Oui. Il ne voudrait surtout pas faire de mal à cette jeune Anglaise. Nous lui avons expliqué que nous voulions juste un petit délai et que tout rentrerait dans l'ordre ensuite. Quand il va découvrir que le sol se dérobe sous ses pieds… Oh, bon sang ! Et quand il comprendra que nous voulons donner l'impression *qu'il est au courant et qu'il fait partie du complot...*

Julius ne dit rien. Bleichröder sourit intérieurement, les yeux levés vers le plafond. Mais une quinte de toux l'oblige à se redresser.

– Allons, mon garçon, ce sont des choses qui arrivent tout le temps. Dans un an ou deux, je toucherai un mot au chef à son sujet. Nous créerons un poste quelconque pour le comte Thalgau, gouverneur provincial ou quelque chose de ce genre. Je crois qu'il est préférable de se faire des amis plutôt que des ennemis, Julius. Les affaires ont besoin de paix, vous le savez. Voilà une leçon capitale. Relisez-moi cette lettre, je vous prie.

Le secrétaire s'exécute. Bleichröder se renverse dans son fauteuil pour écouter, il suggère un ou deux changements et ordonne au jeune homme de faire transcrire la lettre et de l'envoyer par télégraphe à la maison située dans les bois, près du casino.

Puis il reprend la boule de verre et la secoue de nouveau. La tenant à quelques centimètres de son œil droit, il tente d'apercevoir les tourbillons de flocons blancs, sans y parvenir : il ne voit qu'une tache floue. Il a perdu l'usage de son œil gauche il y a quelque temps déjà et le droit ne lui permet plus que de distinguer l'obscurité de la lumière. A l'intérieur de la boule, la neige tourbillonne, danse et se pose sur le joli décor, si semblable à la Razkavie, mais Bleichröder ne voit rien.

14
Trahison

Profondément endormie, Becky entendit des coups frappés à sa porte et murmura :

– Allez-vous-en. *Hau ab ! Leine Ziehe !*

Mais l'importun insista. On frappa de nouveau et la porte s'entrouvrit.

– C'est moi, dit Jim à voix basse. Il faut que je vous parle. Vous dormez ? Pas de chance. Je vais rallumer le feu et vous servir un verre de quelque chose.

Becky grogna. Pendant que Jim refermait la porte, elle chercha son peignoir à tâtons. Quand elle émergea dans son minuscule salon en traînant les pieds, les cheveux en bataille, les yeux gros de sommeil, pieds nus, elle trouva Jim devant le feu, tenant une bouteille de vin et deux verres. Il ressemblait à un marin avec son pantalon en toile épaisse, ses chaussures à semelles de crêpe et le pull bleu marine que lui avait tricoté Mme Goldberg. Un caban était posé sur le dossier d'une chaise.

– Vous croyez ressembler à quoi comme ça ? demanda-t-elle d'un ton sévère. « Une fois à bord du navire, la fille sera à moi », c'est ça ? Je ne veux pas de vin. Je veux du chocolat chaud. *Schokolade*. Savez-vous à quel point je suis fatiguée ? Je n'ai pas besoin de boire du vin. Et vous non plus, vous avez déjà le ventre rempli de bière, je le sens. Ah, c'est répugnant. Si vous étiez un *gentleman*, jamais vous n'auriez eu l'idée de faire irruption chez quelqu'un sans apporter du *Schokolade*. Allez en chercher immédiatement. Ou plutôt non. N'y allez pas. Les domestiques dorment, vous allez mettre le feu aux cuisines. Que voulez-vous ?

– Je peux vous faire une tasse de thé, proposa-t-il. J'ai tous les…

– Du thé ? Pouah ! Cette cochonnerie anglaise ! Que voulez-vous ?

– Je veux que vous m'écoutiez. Asseyez-vous et plongez le tisonnier dans le feu.

– Oh… du vin chaud. C'est différent…

Jim sortit de sa poche une feuille de papier pliée et fit tomber quelques grammes de sucre et d'épices dans chaque verre, avant d'ajouter le vin rouge. Quand le tisonnier fut chaud, il le plongea dans le mélange en prenant bien soin de ne pas toucher le verre. Le liquide se mit à fumer et à bouillonner.

– Il y a un peu de cendre en plus, mais tant pis, dit-il en tendant un verre à Becky.

Celle-ci s'assit devant la cheminée en posant ses pieds nus sur le garde-feu, les genoux serrés contre la poitrine, et elle but à petites gorgées le vin fumant, pendant que Jim parlait.

Il lui raconta tout ce qui s'était passé depuis qu'ils s'étaient quittés sur la terrasse, deux soirs plus tôt. La jeune fille l'écouta avec effroi. Après le travail de ces deux derniers jours, elle croyait tout savoir de la politique : il s'agissait d'une chose complexe, mais franche, qui exigeait des négociations douloureuses et des compromis. Quelle erreur ! Pendant tout ce temps, dans les coulisses, d'autres manœuvres se déroulaient. Cette politique-*là* était simple, mais secrète, et elle reposait sur la cruauté et la violence.

– Je… Je reste sans voix, dit-elle. Le baron Gödel a caché ce pauvre homme dans un asile pendant tout ce temps ? Je n'arrive pas à y croire… Et cette femme ? Vous dites que c'est elle qui a tué le roi Rudolf ? Où est-elle maintenant ?

– Avec Karl et les autres, sous bonne garde. On a besoin d'elle pour libérer Leopold. Ils sont en chemin. Une fois qu'on aura récupéré le prince, on pourra faire arrêter Gödel et se débarrasser de lui. On va faire le ménage !

– Que va-t-elle devenir ?

– C'est une meurtrière, Becky.

– Oui, mais que va-t-elle devenir ?

– Nous la livrerons à la police.

– Et que deviendra-t-elle ensuite ?

– Elle sera jugée. La peine encourue est la pendaison. Mais je suis sûr qu'elle plaidera la folie, et c'est elle qui se retrouvera enfermée dans un asile. Ironie du sort, hein ?

– C'est injuste. Elle a agi ainsi parce qu'elle aimait

son mari. Vous la manipulez pour qu'elle vous aide, et ensuite vous la trahirez !

Jim passa sa main dans ses cheveux en regardant fixement le plancher, les coudes appuyés sur les genoux, les épaules raidies.

– Oui, en gros c'est ça, admit-il. Mais aimer son mari n'est pas une raison suffisante pour tuer quelqu'un. Cette femme n'a pas les pieds sur terre, Becky. Si vous la voyiez, vous comprendriez immédiatement qu'elle est bizarre. Ça se devine à des petits détails. Ses cheveux, par exemple. Je parie qu'elle passe des heures à les peigner et à les tirer en arrière, à tel point qu'elle a la peau du front toute tendue, et ils forment comme une boule sur sa nuque, si dense qu'on dirait du bois. Je m'en suis aperçu quand nous nous sommes battus. Mais, alors qu'elle porte une grande attention à ses cheveux, elle néglige complètement ses chaussures qui sont éraflées et boueuses, les semelles sont décousues. Une douzaine de petites choses comme ça montrent qu'elle est à la dérive. Et pas seulement ça, il y a une lueur particulière dans ses yeux, dans l'intensité de son regard. Mais, folle ou pas, elle est trop dangereuse pour rester en liberté. D'ailleurs, réfléchissez : même si elle obtenait ce qu'elle veut, serait-elle heureuse ? Pourrait-elle installer son mari sur le trône et régner à ses côtés ? Ce pauvre homme est *détruit*. Il ne pourrait même pas soulever le drapeau et, surtout, il ne saurait pas quoi en faire. Et il serait bien incapable de traiter avec les diplomates, comme le fait Adélaïde. Si Carmen Ruiz est une femme sensée, cette vie ne peut pas la rendre heureuse, et si elle n'a plus toute sa tête, elle ne se rendra compte de rien, de toute façon. C'est tragique… pour elle, pour lui, pour eux deux. Et nous sommes des instruments de cette tragédie. Mais nous n'avons pas le choix. On ne peut pas sacrifier tout ce qu'a fait Adélaïde, tout ce que vous avez fait, et l'avenir de ce pays, pour offrir à cette femme une illusion de bonheur. Je suis d'accord avec vous : nous nous sommes servis du prince comme appât pour mettre la main sur elle, nous nous servirons d'elle comme appât pour le libérer et nous la trahirons ensuite, mais j'irai devant n'importe quel tribunal pour jurer mes grands dieux qu'elle est folle. Et si j'ai mon mot à dire, je vous promets qu'elle ne sera pas pendue.

Becky avait une boule dans la gorge.

– Et le comte ? demanda-t-elle. Il est au courant ?

Jim secoua la tête.

– Il était très pâle aujourd'hui, dit Becky. Il semblait souffrant. Même Adélaïde l'a remarqué. Je suis sûre qu'il se sent coupable.

Jim se mordilla la lèvre.

– Le pauvre idiot. Je croyais qu'on pouvait au moins compter sur lui. Écoutez-moi, Becky. Je… Ce matin-là à Saint John's Wood, quand la bombe a explosé… Je suis sacrément content que le destin vous ait placée là. Vous avez fait un boulot formidable. Mais maintenant, j'aimerais mieux que vous soyez à des milliers de kilomètres d'ici.

– Pourquoi ?

– Parce que la situation devient dangereuse. Je pense à votre mère. S'il vous arrivait malheur, je ne me le pardonnerais pas. Comment va-t-elle, au fait ? Elle vous écrit ?

– Oui, évidemment. Et je lui écris aussi, deux fois par semaine, de longues lettres. Vous n'en feriez pas autant ?

– Ma mère n'aurait pas pu les lire, répondit Jim. De toute façon, elle est morte quand j'avais dix ans. De phtisie. Elle était lavandière, à Clerkenwell. C'est mon paternel qui m'a appris à lire... Du Dickens, surtout. Je me souviens du jour où il m'a emmené à une lecture de Dickens, le grand homme lui-même lisant la scène où Sikes assassine Nancy ; on en avait des frissons partout... Mais pourquoi je vous raconte ça ? Ah oui, votre mère. C'est à cause d'elle que j'aimerais que vous soyez loin d'ici. Accepteriez-vous de dormir dans la chambre d'Adélaïde cette nuit ?

– Euh... d'accord.

– Juste au cas où.

Il se leva, se dirigea vers la fenêtre et souleva un coin du rideau.

– Comment est-ce que tout ça va se terminer, Becky ? murmura-t-il en lui tournant le dos. Que ferez-vous une fois que le traité sera signé ?

– Moi ? Je voudrais... Je voudrais aller à l'université pour étudier pour de bon les langues étrangères. Mais pour le moment, je veux juste que ce traité soit signé demain matin. C'est la chose la plus excitante qui me soit arrivée, Jim, vous ne pouvez pas imaginer ce que ça représente. Ce pays est le mien ! Et je suis au cœur des choses, au cœur de discussions capitales... Je ne pourrais pas rêver mieux !

Jim secoua la tête. Il continuait à regarder dehors.

– Et vous ? demanda-t-elle. Que voulez-vous faire ?

– Je veux me battre, Becky. Pouvez-vous comprendre ça ? Je veux lutter, je veux affronter le danger. Vous savez, Sally m'a dit une chose une fois ; on parlait du bonheur et de ce que ça signifie. Elle m'a dit qu'elle ne voulait pas connaître le bonheur, car c'est un sentiment passif, elle préférait être vivante et active. Elle voulait *agir*. Voilà l'état d'esprit qui me plaît. Voilà ce que je veux, et j'exerce une activité brutale, sale et dangereuse. Mais je veux un tas d'autres choses également. Je veux écrire une pièce et la voir jouer par Henry Irving. Je veux déambuler en ville en fumant des havanes et dîner avec les plus jolies filles au *Café Royal*. Je veux jouer au poker à bord d'un bateau à vapeur sur le Mississippi. Je veux voir Dan Goldberg siéger au Parlement. Je veux vous voir aller à l'université et obtenir votre diplôme. Quant à Sally... Sally est capable de faire tout ce qu'elle veut. Les choses que je désire sont innombrables, Becky.

– Vous n'avez pas parlé d'Adélaïde.

– Non.

Il se retourna. Ses yeux verts flamboyants et ses cheveux couleur paille ébouriffés lui donnaient l'apparence d'un fantôme électrique chargé de forces incontrôlables. Puis Becky s'aperçut que l'attention du jeune homme était fixée sur une chose située à l'extérieur de la pièce. Tendant l'oreille à son tour, elle entendit des bruits de pas précipités dans le couloir, suivis de petits coups frappés à la porte.

– Entrez, dit-elle en se redressant.

Une domestique à l'air inquiet poussa la porte.

– Pardonnez-moi, Fräulein. J'ai un message pour...

Gênée par la tenue légère de Becky, la servante se tourna vers Jim et lui tendit un papier.

– Merci, dit-il.

Elle hocha la tête et ressortit aussitôt.

Jim déplia la feuille, lut rapidement le message et le jeta dans le feu.

– Je dois y aller.

– Qu'allez-vous faire ?

– Me battre, évidemment !

Il se pencha pour déposer un baiser furtif sur la joue de Becky. Celle-ci fut assaillie par un mélange complexe d'émotions. *« Comment ose-t-il ? »* pensa-t-elle, tout en enviant la simplicité de la mission qu'il avait choisie, la magnifique et instinctive énergie avec laquelle il s'y consacrait, le tout mêlé d'un frisson de peur. Soudain, tous ses rêves de piraterie et de brigandage lui parurent puérils et ridicules. Jim, lui, vivait ces choses pour de vrai.

Elle se leva pour l'accompagner à la porte. Il lui glissa quelque chose dans la main. Un pistolet.

– Allez dormir dans la chambre d'Adélaïde, répéta-t-il. Et cachez ça. Si vous devez vous en servir, tenez-le à deux mains et faites attention au recul. A plus tard.

Sur ce, il s'enfuit en courant. La domestique était encore dans le couloir. Becky cacha prestement le pistolet sous son peignoir et demanda à la jeune femme :

– Sa Majesté est rentrée de l'opéra ?

– Oui, Fräulein. Ils sont tous là, sauf le comte Thalgau.

– Sauf le… Pourquoi ? Où est-il ?

– Je l'ignore, Fräulein. Il n'est pas rentré avec les autres. Je n'en sais pas plus. Ce sera tout, Fräulein ?

– Oui, Ilse. Ce sera tout. Merci.

Becky regarda la domestique s'éloigner, puis elle retourna dans sa chambre, le cœur battant à tout rompre, et rassembla quelques affaires pour la nuit.

Karl et une douzaine d'autres étudiants, ainsi que Carmen Ruiz, attendaient dans la chapelle en ruine au-dessus de l'entrée de la grotte. Tous avaient mis des vêtements sombres, ainsi que le leur avait demandé Jim et, comme le ciel couvert ne laissait filtrer aucun éclat de lune, il ne distinguait que les taches pâles de leurs visages dans l'obscurité. Anton avait reçu l'ordre d'avoir Carmen Ruiz à l'œil et Jim constata qu'il se tenait juste derrière elle, sur ses gardes.

– Bonsoir, señora, dit-il.

Elle répondit en inclinant la tête.

– Rien à signaler ? demanda-t-il à Karl.

– Tout est calme, pas un bruit. Enfin, pas exactement, on l'entend pleurnicher au fond de la grotte. Hans surveille la trappe en haut, avec son groupe.

Jim avait découvert l'escalier de pierre qui descendait au cœur de la grotte, dissimulé au milieu des buissons, dans le bosquet où il avait entendu le cri pour la première fois.

– Tout est prêt ?

– On est parés. On laissera Jan à l'entrée de la grotte avec trois autres gars pour surveiller nos arrières.

Jim hocha la tête.

– Parfait. Il y a une barque cachée au milieu des joncs là-bas, on va la prendre et on l'utilisera pour emmener le prince. Il est sûrement trop faible pour marcher jusqu'à la sortie. Ensuite, on foncera vers la forêt et on disparaîtra.

Il serra des mains autour de lui, tous se souhaitèrent bonne chance et la douzaine de silhouettes sombres descendit en direction de la grotte. Il n'y avait pas un souffle de vent pour agiter les branches des arbres et, lorsqu'ils atteignirent le bas de la pente, Jim entendit les clapotis de la rivière. Un oiseau poussa un cri aigu au loin dans la forêt et un petit animal fit un plouf ! en sautant dans l'eau.

Les conjurés s'arrêtèrent le temps que Jan et ses trois compères pénètrent en premier à l'intérieur de la grotte, puis Jim tâtonna parmi les roseaux à la recherche de l'amarre de la barque. Karl, Anton et la señora embarquèrent et le jeune Anglais conduisit le reste de la bande sur l'étroite corniche qui s'enfonçait dans les profondeurs obscures de la grotte. Il avait bien recommandé à chacun de rester plaqué contre la paroi de droite car, bien qu'ils se fussent munis de lanternes, ils ne s'en serviraient qu'au retour.

– Bonne chance, mon vieux, murmura Jim dans le noir. En cas de besoin, crie de toutes tes forces.

– Avec plaisir, lui répondit Jan.

Le long chemin dans l'obscurité totale, le froid et le silence n'étaient pas moins désagréables maintenant que le jeune Anglais avait des compagnons et un objectif. Le ruissellement permanent, l'humidité ambiante, la surface visqueuse des parois sous leurs doigts, la peur constante de se cogner la tête contre une saillie rocheuse, tout cela demeurait oppressant. Parfois, un petit choc sourd sur sa gauche lui indiquait que Karl n'avait pas réussi à maintenir la barque à l'écart de la paroi, mais le bruit n'était pas assez fort pour résonner sous la voûte et Jim se sentait rassuré de savoir Karl près de lui.

Soudain, le détective s'immobilisa. Une faible lueur tremblotait sur la roche humide devant eux. Il tendit la main pour arrêter le garçon qui marchait derrière lui.

– Attention, chuchota-t-il. On y est presque.

Comme ils ignoraient combien de gardes étaient postés devant la cellule, ils allaient devoir improviser. Ils savaient qu'ils devaient offrir suffisamment de temps et d'espace à Jim pour qu'il puisse s'attaquer au cadenas. Mais l'élément capital, évidemment, était l'effet de surprise.

Jim sortit son pistolet. Sans quitter des yeux les reflets sur les pierres, il se remit à avancer à pas lents en faisant signe aux autres de le suivre.

Comme ils émergeaient de l'obscurité, ils avaient l'avantage et la scène qu'ils découvrirent en tournant au coin leur parut bien éclairée. Le détective, qui marchait en tête, repéra d'un seul coup d'œil la lanterne qui flamboyait, suspendue à un crochet, la petite table, les deux soldats, les cartes à jouer graisseuses et la silhouette recroquevillée sur le sol, derrière les barreaux.

Tout à coup, il cria :

– Restez tranquilles et posez les mains à plat sur la table !

Les deux soldats sursautèrent, poussant des exclamations de stupeur qui réveillèrent le prisonnier. Celui-ci se redressa en hurlant de terreur. Les autres étudiants accoururent. Karl aida Carmen à débarquer, pendant qu'Anton arrimait l'embarcation. L'Espagnole se jeta sur les barreaux en criant le nom du prince avec passion. Affolé, Leopold recula vers le fond de sa cellule.

– Ne bougez pas ! ordonna Jim aux soldats. Pas un bruit. Pas un geste. Karl, prends mon pistolet et tiens-les en respect.

Un autre étudiant s'empara des fusils, les soldats restaient assis, livides et stupéfaits. L'un des deux se dévissait le cou pour tenter d'apercevoir, par-dessus son épaule, le détective qui s'attaquait au cadenas.

– S'il vous plaît, señora, pria Anton, écartez-vous, laissez-le travailler…

– Que lui avez-vous fait ? cria-t-elle en se tournant brusquement, comme une tigresse, vers les soldats qui tressaillirent.

Les étudiants voyaient bien que le visage du prince était tuméfié.

– Qui lui a fait du mal ? Qui a osé faire ça ?

– Señora ! s'exclama Anton. On va le libérer. Et ils seront punis, ne vous en faites pas pour ça.

– J'y suis presque, marmonna Jim en tortillant son fil de fer à l'intérieur du cadenas. C'est un joli cadenas tout neuf. Bien huilé. Comme je les aime…

C'est alors qu'un coup de feu retentit dans leur dos.

La détonation était à la fois assourdie et amplifiée par le tunnel, mais reconnaissable et fut suivie d'une deuxième, puis d'un cri. C'était la voix de Jan. Les têtes se tournèrent brusquement, les yeux s'écarquillèrent. La femme se figea.

Karl fut le premier à réagir :

– Heini, choisis trois hommes et cours prêter main-forte à Jan. Peter, prends une lanterne et fonce dans la direction opposée jusqu'à ce que tu tombes sur l'escalier. Et attends-nous là.

Jim n'avait pas levé la tête une seule fois. Pendant que les autres obéissaient aux ordres, il ressortit calmement le fil de fer du cadenas, l'observa attentivement, le tordit un peu plus et le réintroduisit dans la serrure. De nouveaux coups de feu retentirent. Le prince Leopold, dans un coin de sa cellule, tremblait en serrant une couverture dans ses mains, il gémissait comme un chien battu.

Jim s'adressa à lui avec douceur :

– Calmez-vous, l'ami. Encore quelques petits mouvements de poignet et vous serez libre. Vous pourrez gravir les marches, n'est-ce pas ?

Rassuré par ces paroles et cette voix apaisante, le prince s'approcha peu à peu des barreaux. Pendant ce temps, les coups de feu continuaient, de plus en plus proches. Des cris résonnèrent dans la galerie.

Le cadenas s'ouvrit enfin. Jim dit :

– Prince, vous devez venir avec nous. C'est votre devoir. Venez !

Derrière lui, Carmen Ruiz tremblait comme une feuille.

– Viens, Leo ! murmura-t-elle. Viens, mon prince !

Le jeune homme approcha de la porte et jeta un regard craintif vers la galerie, où quelqu'un braillait des ordres et où le martèlement des pas résonnait de plus en plus bruyamment.

Jim agrippa le prince pour l'extraire de sa cellule, l'heure n'était pas à la délicatesse. L'entraînant par le bras, avec l'aide de Carmen, il bouscula les deux soldats terrorisés pour rejoindre Karl qui leur adressait de grands gestes affolés au pied de l'escalier. Un autre étudiant, muni d'une lanterne, se tenait à ses côtés et jetait des regards inquiets vers l'ouverture de la trappe.

– Ils y sont presque…, cria quelqu'un derrière.

Mais, au même moment, une autre détonation retentit en haut, assourdissante, suivie d'un cri et du bruit d'un corps qui tombe.

– Attention ! hurla Karl.

Hans jaillit des ténèbres et s'effondra au pied des marches, mort.

– Fuyez ! lança une voix paniquée. Fuyez ! On est pris au piège…

La barque dérivait sans que personne n'y prête attention. Du coin de l'œil, Jim vit la señora saisir la corde pour attirer l'embarcation vers la berge, puis sauter à l'intérieur en tirant le prince par son vêtement. Leopold s'effondra ; le tissu de sa chemise se déchira et il se retrouva à plat ventre, cherchant désespérément une prise pour se retenir à la roche humide. Anton se pencha pour l'agripper et le ramener et, la dernière image qu'ils eurent de Carmen, ce fut son visage blême, sa bouche déformée par un cri silencieux, et ses mains blanches tendues vers la berge… le courant, beaucoup plus violent à cet endroit, l'entraîna dans les ténèbres.

Jim poussa un juron.

– Amenez le prince ! cria-t-il en bondissant vers l'escalier.

S'il parvenait à ouvrir un chemin en bataillant, les autres réussiraient peut-être à emmener Leopold. Pistolet au poing, il gravit les marches étroites trois par trois et donna un grand coup de tête dans le ventre du premier homme qu'il rencontra sur sa route.

Le soldat s'écroula avec un grognement. Jim l'enjamba d'un bond et agrippa le bord de la trappe qui se détachait en ombre chinoise sur le fond du ciel légèrement plus clair. Un corps gisait en travers du trou, il le repoussa, juste avant de recevoir un coup violent sur la tête.

A demi assommé, il roula sur le côté dans l'herbe froide et humide. Il y eut des cris, la lueur des lanternes, des bruits de course. Jim se releva et ouvrit le feu, visant les lumières et les détonations qui éclataient autour de lui dans le noir ; il roula sur lui-même pour se relever quelques mètres plus loin et faire feu de nouveau. Dans l'angle de son champ de vision, il apercevait la silhouette pâle du prince, avec sa chemise blanche déchirée, hissé à l'air libre par deux autres personnes qui étaient peut-être Anton et Karl.

– Fuyez ! leur jeta-t-il. Fuyez !

Des cris furieux retentirent et des corps massifs le percutèrent de plein fouet, le clouant au sol, avant qu'un autre coup ne s'abatte sur sa tête.

La dernière pensée de Jim fut : « Qui nous a trahis ? Comte, si c'est vous… »

15
Casserole

Becky se réveilla, ankylosée et transie, sur le petit divan disposé au pied du lit d'Adélaïde. Sa Majesté dormait encore. En s'étirant et en bâillant, la jeune fille délogea malencontreusement le pistolet qu'elle avait glissé sous le coussin qui lui servait d'oreiller ; l'arme tomba par terre avec un petit bruit sourd. Adélaïde ouvrit aussitôt les yeux.

– Qui est là ?

– C'est moi, balbutia Becky en s'empressant de ramasser le pistolet pour le cacher.

– Qu'est-ce que tu fiches ici ?

– Je… C'est Jim qui m'a demandé de veiller sur vous, au cas où… Je ne sais pas, en fait. Savez-vous que vous ronflez, Votre Majesté ?

Le visage enfoui dans les oreillers moelleux, les yeux encore pleins de sommeil, Adélaïde lui jeta un regard hautain.

– Où sont mes gardes ? grommela-t-elle. Pourquoi ils ne veillent pas sur moi ? A quoi ça rime, tout ça ?

Becky était sur le point de répondre quand on frappa à la porte. La femme de chambre de la reine entra et fit une révérence, visiblement très étonnée de voir la jeune interprète. Elle apportait le plateau du petit déjeuner.

– Bonjour, Votre Majesté, dit-elle. Bonjour, Fräulein…

Adélaïde grogna lorsque la domestique ouvrit les rideaux, avant de s'accroupir devant la cheminée pour raviver le feu. Moins d'une minute plus tard, les flammes étaient ressuscitées. Le chaton noir d'Adélaïde se réveilla à son tour dans les replis de l'édredon et montra sa gueule toute rose bordée de dents minuscules dans un large bâillement.

– Viens ici, Casserole, dit Adélaïde en soulevant la petite chose toute douce pour l'embrasser, pendant que la femme de chambre arrangeait les oreillers.

– Le temps est nuageux, Votre Majesté, fit-elle remarquer. Je crois qu'il va neiger. Désirez-vous autre chose ?

– Non. Quelle heure est-il ? Peu importe. Fräulein Winter me le dira. En revanche, vous pouvez faire couler mon bain. Faut que je fasse bonne impression aujourd'hui, ajouta-t-elle en s'adressant à Becky. Et toi aussi, d'ailleurs. Tu vas attraper un torticolis à force de dormir sur un divan et tu te tiendras derrière moi, raide comme un parapluie. Et Jim, qu'est-ce qu'il fabrique ?

A travers la porte de la salle de bains leur parvenait le bruit de l'eau qui coulait dans la baignoire.

Becky déposa le plateau du petit déjeuner sur les genoux d'Adélaïde et s'assit au bord du lit pour pouvoir lui parler à voix basse.

– Je n'ai pas eu l'occasion de vous informer avant. Je ne voulais pas vous troubler. Mais la veille du début des négociations, j'étais dehors sur la terrasse avec Jim et nous avons vu une femme discuter avec une domestique…

Adélaïde avait déposé le chaton sur le plateau et soulevé le couvercle du beurrier pour qu'il puisse se régaler.

– Je t'écoute, dit-elle. Vous avez vu une femme discuter avec une des domestiques. C'était qui ?

– L'épouse du frère aîné du prince Rudolf, Leopold.

– Le *roi* Rudolf, rectifia Adélaïde.

Très à cheval sur la préséance et l'étiquette désormais, sauf avec Casserole, Sa Majesté essayait de beurrer un petit pain entre deux coups de patte du chaton.

– Et tu as dit « épouse ». Tu voulais dire « veuve », je suppose.

– Non. Son épouse. Jim a découvert que Leopold était toujours en vie.

Adélaïde, qui venait de plonger une cuillère en argent dans la confiture d'abricot, blêmit tout à coup. Pendant ce temps, Casserole lapait la crème dans le pot. Tandis que Becky lui rapportait les résultats de l'enquête de Jim, les gestes de la reine devenaient de plus en plus lents.

– Où est Jim ? demanda-t-elle quand Becky eut achevé son récit.

– Ils sont partis libérer Leopold. Les étudiants et lui ont…

Toutes les deux se figèrent : Becky au milieu de sa phrase et Adélaïde alors qu'elle portait le petit pain à sa bouche. Le chaton s'était mis à tousser, puis à crachoter comme s'il s'étouffait ; il tomba sur le nez de manière pataude. Incapables de réagir, elles le regardèrent se convulser, secoué par des spasmes de douleur. Puis, après un ultime et faible « miaou », il roula sur le dos et mourut.

Dans la salle de bains, l'eau s'arrêta de couler. La poignée de la porte tourna, la femme de chambre réapparut et annonça :

– Votre bain est prêt, Majesté. Dois-je sortir votre robe de… ?

Avant qu'elle ait pu achever sa phrase, la porte de la chambre s'ouvrit à la volée et la comtesse Thalgau fit son apparition. La domestique resta bouche bée. La comtesse, les yeux exorbités et le teint livide, la chassa d'un geste. La femme de chambre esquissa une révérence et s'enfuit. Une seconde plus tard, la dame d'honneur était au chevet de la reine.

Adélaïde et Becky n'avaient pas bougé d'un centimètre. La comtesse avait du mal à reprendre son souffle ; elle était encore en peignoir et ses cheveux gris étaient ébouriffés.

– Oh, Dieu soit loué… ! cria-t-elle en arrachant le petit pain des mains d'Adélaïde.

C'est alors qu'elle découvrit le chaton mort. Ses yeux se voilèrent et elle chancela. Becky bondit pour la soutenir et la conduire vers une chaise.

– Qu'est-ce qui se passe ici ? demanda Adélaïde d'une voix autoritaire.

Becky n'avait jamais vu la comtesse dans cet état. Son habituel regard de glace, chargé de réprobation, avait disparu ; elle pleurait à chaudes larmes sans chercher à se cacher et montrait la plus extrême agitation. Elle se leva d'un bond et prit le plateau du petit déjeuner sur les genoux d'Adélaïde pour l'emporter à l'autre bout de la chambre. Elle le déposa par terre, dans le coin le plus éloigné du lit, comme si sa seule présence était toxique.

Et pendant tout ce temps, elle ne cessa de sangloter. D'une voix brisée, elle articula :

– C'est un complot... Je l'ai découvert seulement... Mon mari... Oh, je ne peux vivre avec une telle honte... Votre Majesté est saine et sauve ? Vous n'avez rien avalé ? Que Dieu soit loué... Oh, c'est plus que je ne peux en supporter...

Becky se précipita vers la porte de la chambre pour la fermer à clé. Après quoi, elle aida la comtesse, qui pleurait de plus belle, à s'allonger sur le divan.

– Mon mari... Je savais que... il faisait quelque chose de mal... mais pas ça ! Non, il n'a pas pu faire ça ! C'est Gödel... Ils ne voulaient pas que vous réussissiez... ils pensaient que vous alliez vous effondrer et vous briser... mais vous avez trompé leur attente, vous avez *réussi*... Les négociations, le traité... Ils feront tout pour vous empêcher de le signer !

– Et le comte ? interrogea Becky. Il n'est quand même pas impliqué dans cette tentative d'empoisonnement ?

– Ce matin, il m'a avoué qu'il avait œuvré pour que la signature du traité soit retardée de six mois... mais jamais il n'aurait fait ça ! Il a su que Gödel préparait une chose bien plus terrible... mais il... je... nous avons découvert la vérité à l'instant, je vous le jure...

La main d'Adélaïde caressait machinalement le chaton mort. Pendant que la comtesse s'empêtrait dans ses explications, l'expression de la jeune femme s'était assombrie peu à peu, jusqu'à ce que son visage se transformât en un masque de fureur. Elle souleva le pauvre animal et le déposa sur la table de chevet, avant de repousser l'édredon et de poser ses pieds sur le sol. Le regard flamboyant et le visage empourpré, elle regarda la comtesse droit dans les yeux.

– Ils ont voulu m'empoisonner ? Moi, la *reine* ? Voilà donc l'explication du complot autour de Leopold ?

– Leopold ?

A voir la réaction abasourdie de la dame d'honneur, il était évident qu'elle n'était pas au courant.

En quelques mots, Becky lui raconta toute l'histoire. La comtesse se prit la tête à deux mains.

– Où est le comte ? demanda Adélaïde.

– Il est souffrant. Alors qu'il m'avouait ses manigances, son cœur… Je ne sais pas… Il s'est écroulé. Je suis venue ici directement…

– Et vous ? Êtes-vous de mon côté ?

– *Ja ! Ja, natürlich ! Auf alle Zeiten !*

Et la grande femme aux manières froides et au cœur chaud s'inclina avec maladresse.

– Je vais m'habiller, déclara Adélaïde. Tant pis pour le bain ! Je suis assez propre comme ça. Becky ! Sors ma robe de soie blanche. Aujourd'hui, je ne suis plus en deuil, je suis en colère ! Et pressée. Où est passé Jim, bon sang ? Pourquoi n'est-il toujours pas revenu ?

Ne pouvant répondre à cette question, Becky choisit de se taire. De toute façon, Adélaïde était déjà dans la salle de bains, en train de se brosser les dents. La jeune fille trouva la robe blanche, commandée avant la mort de Rudolf, mais jamais portée, et elle la déposa sur le lit, avec des bas et des dessous propres.

Dix minutes plus tard, Adélaïde était habillée et la comtesse essayait d'arranger sa coiffure pendant que Becky courait de la coiffeuse à l'armoire pour apporter successivement le coffret à bijoux, l'atomiseur de parfum, le tube de rouge à lèvres… Soudain, Adélaïde sursauta comme si quelque chose venait de lui revenir en mémoire.

– Becky… Écoute-moi. Dans le tiroir du bas de la commode, il y a un petit sac mauve. Va me le chercher, tu seras gentille.

Becky trouva ce qu'on lui demandait : un petit sac mauve pas plus grand que sa paume mais lourd, brodé de fil d'or, avec un fermoir et une serrure dorés. Elle l'apporta à Adélaïde, qui le glissa dans son décolleté, juste au moment où on frappait violemment à la porte.

Les trois femmes se regardèrent. Adélaïde se leva.

– Je suis bien coiffée ?

– Ça peut aller. Dois-je aller ouvrir ?

– Oui, vas-y. Restez là, comtesse. Vous serez ma garde d'honneur.

Becky ouvrit la porte et recula.

Le baron Gödel apparut sur le seuil, accompagné d'un capitaine et d'une escouade. La respiration du chambellan était saccadée ; dans son cou une veine cognait comme un petit poing contre son col blanc empesé. Son regard balaya la chambre : il cherchait quelque chose. Becky comprit qu'il s'agissait du plateau du petit déjeuner. Peut-être auraient-elles dû le cacher, comme pièce à conviction, mais il était trop tard à présent.

Avant que quiconque ait prononcé un mot, la comtesse s'avança.

– Baron Gödel ! J'exige une explication pour... cet infâme acte de trahison et cette tentative de meurtre !

Sans même lui adresser un regard, le baron se tourna vers le capitaine.

– Conduisez la comtesse auprès de son mari, dit-il. Le comte est souffrant. Sa place n'est pas ici.

La dame d'honneur se redressa et déclara, d'un ton impérieux :

– Je resterai auprès de la reine. C'est mon devoir et c'est mon choix. Je ne quitterai pas cette pièce.

Toujours sans la regarder, le baron fit un signe au jeune capitaine, qui murmura d'un air contrit :

– J'ai le pouvoir de vous obliger à me suivre, Votre Grâce.

– Et nul doute que vous devrez en user, jeune homme. Car je n'ai pas l'intention de vous faciliter la tâche.

Elle redressa le menton et le foudroya du regard. A cet instant, Adélaïde frappa dans ses mains, faisant sursauter les deux hommes

– Je vous déconseille de porter la main sur qui que ce soit, dit-elle en posant sur eux son regard qui exprimait une colère glacée. Comtesse, je ne veux pas qu'on vous fasse du mal. Je vous suis infiniment reconnaissante. Votre loyauté m'est précieuse. Mais je vous demande de suivre le capitaine sans protester. Allez vous occuper de votre mari, il a besoin de vous. Nous nous reverrons très prochainement, quand cette comédie sera terminée. Entre-temps, vous pouvez dire à qui veut l'entendre que je suis la reine et que jamais je ne me rendrai.

Elle s'était exprimée dans un allemand clair et précis et, bien que la comtesse continuât à afficher un air outré, elle s'inclina bien bas. Sur une impulsion, Adélaïde se pencha en avant pour l'embrasser. La dame d'honneur en eut les larmes aux yeux et sa main se tendit naturellement pour presser celle de la reine. Becky s'émerveillait du changement survenu chez ce monstre de dédain qui avait choisi d'assurer l'éducation de la princesse Adélaïde.

Le capitaine fit claquer ses talons lorsque la comtesse quitta la pièce et il désigna deux soldats pour l'escorter. Gödel alors se retourna. A cet instant, Becky aperçut le pistolet que Jim lui avait donné, bien en évidence sur la soie bleue du divan. Elle traversa la chambre, comme pour venir se placer à côté d'Adélaïde, mais son objectif était de cacher l'arme. Peut-être pourrait-elle la récupérer sans être vue…

Gödel s'adressa de nouveau au capitaine :

– Placez-les sous bonne garde. Toutes les deux. Emmenez-les au château.

Devinant l'intention de Becky, Adélaïde prit la parole.

– Peut-être êtes-vous étonné de me voir debout et en parfaite santé, baron, après le petit déjeuner empoisonné que vous m'avez fait servir. Car c'est bien vous, n'est-ce pas ?

Faisant mine de plier la chemise de nuit de la reine, Becky s'empara de l'arme et la cacha dans son peignoir. Elle se retourna juste à temps pour voir l'air décontenancé de Gödel, qui essayait de trouver une réponse.

Finalement, il lança d'un ton sec :

– Dépêchez-vous, capitaine !

Le jeune officier salua et avança d'un pas.

– Je dois vous demander de m'accompagner jusqu'à la voiture qui attend en bas. Si vous résistez, je me verrai dans l'obligation d'ordonner à mes hommes de vous emmener de force.

Sa voix tremblait. A ses yeux, Adélaïde restait la reine. Dans d'autres circonstances, elle lui aurait adressé un de ses fameux regards enjôleurs et il aurait été son esclave pour la vie, mais la honte empêchait le capitaine de la regarder en face. Les yeux dans le vide, il restait planté là, son pistolet à la main, la mine défaite.

– Je ne suis pas idiote, capitaine, et j'ose espérer que vous n'êtes pas un goujat, lâcha-t-elle. Donnez à Fräulein Winter le temps de s'habiller avant de partir. Vous n'allez quand même pas lui faire traverser la ville en peignoir.

Le capitaine rougit jusqu'aux oreilles.

Gödel dit d'un ton impatient :

– Accompagnez-la à sa chambre et attendez devant la porte pendant qu'elle s'habille. Puis conduisez-la à la voiture. Vous avez cinq minutes, Fräulein.

Becky sortit en resserrant les pans de son peignoir. Elle n'adressa pas un seul regard au soldat qui l'accompagnait et, une fois dans sa chambre, elle lui claqua la porte au nez.

Après s'être débarbouillée et brossé les dents, elle enfila des vêtements confortables : inutile de jouer les élégantes pour se rendre en prison, mieux valait se protéger du froid, se disait-elle. Elle jeta à la hâte quelques affaires dans le vieux sac en tapisserie de sa mère et glissa le pistolet dans sa ceinture.

Puis elle rouvrit la porte et sortit, enveloppée d'une cape et coiffée d'un bonnet. Le soldat lui fit signe de le suivre ; ils traversèrent d'un pas raide les couloirs étrangement déserts en direction d'une porte cachée derrière l'orangeraie, sur le côté du palais, où les attendait une voiture fermée, accompagnée d'une escorte à cheval.

Gödel se tenait à la porte.

– Donnez-moi ça, ordonna-t-il en lui arrachant le sac des mains.

Becky le regarda, d'un air outré, fourrager parmi ses bas, ses sous-vêtements et sa chemise de nuit, avant de lui rendre son sac. Elle le lui reprit d'un geste brusque et le foudroya du regard.

Un soldat ouvrit la portière. Elle grimpa à bord et la voiture démarra aussitôt. Déséquilibrée, Becky tomba sur la banquette. L'intérieur n'était éclairé que par le faible rayon de lumière qui filtrait sur les côtés des stores.

– Qui est là ? demanda-t-elle, affolée. Je ne vois...

– Il n'y a que moi, dit Adélaïde. Arrête de t'agiter comme ça, tu me donnes mal au cœur.

Becky se releva prudemment et glissa la main dans la ceinture de sa jupe. Avec un soupir de soulagement, elle en sortit le pistolet.

– Au moins, si le coup part tout seul, je n'aurai pas la peau trouée, dit-elle en rangeant l'arme dans son sac. Il n'y a que six balles ; il ne faudra pas les gaspiller.

Elle s'assit à côté de la reine qui, constata-t-elle dans la pénombre, avait un regard assassin. La voiture tangua lorsqu'elle franchit les grilles du palais, puis elle accéléra alors qu'ils roulaient vers le château.

Peu de temps après, des messagers se présentèrent dans les ambassades d'Allemagne et d'Autriche-Hongrie. Profonds regrets... Sa Majesté tombée malade subitement... incapable de présider la cérémonie de signature comme prévu... Obligation de la reporter d'au moins trois jours, ordres du médecin... les négociations suspendues jusqu'à ce que la reine soit rétablie, ce que tout le monde souhaitait ardemment, bien entendu, etc.

Un message similaire, rédigé en termes plus laconiques, fut remis aux représentants de la presse dans les bureaux qui avaient été mis à leur disposition. Une vingtaine de correspondants étaient rassemblés, dont deux tiers venus de l'étranger, parmi lesquels un *gentleman* du *Times* et trois reporters de la presse populaire londonienne, avides d'avoir des nouvelles de la « reine cockney », comme ils la surnommaient.

Le correspondant du *Wiener Beobachter* lut à voix haute le message que lui avait remis le fonctionnaire. Aussitôt, tous ses collègues l'assaillirent de questions mais l'homme leva les bras au ciel et dit d'un air impuissant :

– Pardonnez-moi, messieurs, mais je ne peux vous dire que ce que je sais, et je sais seulement que Sa Majesté est tombée malade au petit matin, que son médecin a été appelé immédiatement, qu'un bulletin complet sera publié à midi, et que, entre-temps, les négociations sont suspendues. Vous aurez d'autres nouvelles à midi. A midi, messieurs. Excusez-moi. A midi !

Il prit congé et tous les journalistes se mirent à griffonner dans leurs carnets. Les plus vifs, ceux qui pouvaient faire deux choses à la fois, attrapèrent chapeau et manteau et partirent en courant pour être sûrs d'avoir un fiacre, tout en rédigeant mentalement les premières phrases de leur article.

Les clercs et les scribes, parmi lesquels figurait notre vieille connaissance, Herr Bangemann, reçurent la nouvelle avec une inquiétude pleine de loyauté et, se trouvant désœuvrés, passèrent le temps en élaborant des hypothèses, en jouant aux cartes ou en composant des vers. L'un des collègues de Herr Bangemann lui apprit comment confectionner un mandarin chinois avec une feuille de papier et l'employé entreprit aussitôt de fabriquer cinq petits personnages, par ordre de taille décroissant.

Jim était loin d'imaginer à quel point il détesterait la captivité. Être enfermé était une chose profondément insupportable et détestable. Plongé dans le noir, comme l'avait été ce pauvre Leopold, il se sentait aussi impuissant qu'un nourrisson. Ses yeux s'emplissaient de larmes brûlantes quand il repensait à la scène près de la trappe, dans le bosquet. Il avait vu le prince s'accrocher désespérément à Anton et sangloter comme un enfant alors que les soldats l'arrachaient à son sauveur. Ou avait-il imaginé cet épisode après avoir reçu un deuxième coup sur la tête ?

Et il ne pouvait chasser de son esprit l'image de Carmen Ruiz tendant les bras vers la berge, dans la barque qui l'entraînait de plus en plus rapidement vers les profondeurs de la grotte. Il ignorait si la rivière souterraine conduisait vers les ténèbres ou au contraire vers la lumière du jour, et cette incertitude était une souffrance.

Jim se frotta le visage et essaya de reporter ses pensées sur Adélaïde, mais c'était encore pire : il avait envie de rugir de frustration. Mauvais. Le jeune homme se leva de son lit de planches, l'arracha des tasseaux rouillés qui le fixaient au mur et, après l'avoir mis en pièces, il cogna dans la porte avec un morceau de bois jusqu'à ce qu'une voix s'écrie :

– Arrête un peu ce boucan ! Si tu continues, je vais venir te filer une raclée !

Jim répondit par une volée de coups encore plus violents, accompagnée d'une bordée d'injures bien senties qui réduisirent le geôlier au silence.

Las de se démener en vain, le détective enjamba les vestiges du lit et tenta de sauter assez haut pour agripper les barreaux de la petite fenêtre située au-dessus de sa tête. Il parvenait à atteindre l'embrasure de pierre, mais la pente de celle-ci l'empêchait de s'accrocher. Il passa dix minutes à construire une sorte d'escalier avec des morceaux de lit, mais à peine fut-il monté dessus que le fragile échafaudage s'écroula. Il poussa un cri rageur et envoya valser les bouts de bois à travers la cellule.

La lumière qui entrait par la fenêtre était grise et triste. A en juger par le temps qu'il pensait avoir passé ici, il estima qu'il devait être dix heures du matin. Quant à savoir où il se trouvait, les épais murs de pierre indiquaient qu'on l'avait peut-être enfermé au château, mais n'importe quelle prison devait posséder des murs semblables.

Après un nouveau coup de pied dans la porte, il dégagea un espace sur le sol pour s'asseoir.

– Réfléchis, dit-il à voix haute. Sers-toi de ta tête.

S'il ne pouvait pas atteindre la fenêtre ni le plafond, s'il ne pouvait pas creuser un trou dans les murs, et si le sol était en pierre lui aussi, il ne restait que la porte. Après tout, ils l'avaient ouverte une fois pour l'enfermer ici ; ils seraient bien obligés de la rouvrir, tôt ou tard.

Il se leva pour l'examiner de plus près. C'était une vieille porte en chêne massif, et il n'y avait ni serrure ni poignée à l'intérieur. Une ouverture rectangulaire, un judas, se découpait à hauteur d'œil, à peu près de la taille de la main de Jim, fermée par un épais grillage à l'intérieur et par un panneau de bois coulissant à l'extérieur. « Six ou sept centimètres... une sacrée épaisseur de chêne », pensa Jim.

Le panneau coulissant était fermé. Il ne pouvait pas l'atteindre avec ses doigts mais, après s'être acharné pendant plusieurs minutes sur une planche du lit, il parvint à arracher un long éclat de bois.

En le glissant à travers le grillage et en donnant de petits coups, Jim réussit à faire coulisser légèrement le panneau du judas sur le côté. Dès que l'interstice fut suffisant, il y introduisit l'éclat de bois pour faire levier.

Cinq minutes plus tard, il avait ouvert le panneau. Ce qu'il découvrit alors n'avait rien d'enthousiasmant : un sinistre couloir de pierre, éclairé par la lumière grise provenant d'une fenêtre percée en hauteur et munie de barreaux, tout au bout. Il n'y avait aucun meuble, aucun gardien, mais le jeune homme apercevait d'autres portes de cellule, et elles étaient ouvertes.

Ainsi, il était l'unique prisonnier. Voilà qui pouvait se révéler intéressant. Il se concentra sur les serrures des autres portes : de gros machins en fer noir, fixés sur l'extérieur des battants par de simples crampons. « Des cochonneries moyenâgeuses », se dit-il avec mépris. Si la serrure de sa porte ressemblait à celles-là, il l'ouvrirait en quelques secondes avec un fil de fer, à condition de pouvoir l'atteindre. Et à condition d'avoir un fil de fer. Jim fit à nouveau glisser le panneau devant le judas pour qu'on ne sache pas qu'il pouvait l'ouvrir ; il devait s'accrocher au moindre avantage. Puis il regarda autour de lui, en tapotant ses dents avec l'éclat de bois : était-il passé à côté de quelque chose ?

Il commença par inspecter ses poches. Elles étaient vides, à l'exception d'un mouchoir ; ils lui avaient confisqué son canif et ses crochets de cambrioleur, évidemment. Aucune aide à attendre de ce côté-là, donc. Et sur lui ? Chaussures, pantalon, ceinture, chemise, veste, pull…

Le tricot de Sally ! Une idée lui traversa l'esprit et il ne put s'empêcher de sourire. Elle s'était donné tant de mal…

En sifflotant entre ses dents, il ôta son épais pull bleu marine et s'assit pour commencer à le défaire.

La porte des appartements du gouverneur se referma derrière Becky et Adélaïde, et une clé tourna dans la serrure.

– Et voilà, dit Becky. Nous sommes prisonnières. Il fait froid ici. Je trouve ça fâcheux. Saviez-vous que mon père a été enfermé ici… Je viens d'y penser. Il est mort…

Soudain, elle se surprit à pleurer, non pas sur son propre sort, mais en songeant à ce père qu'elle avait à peine connu, mort de la typhoïde dans ce sinistre lieu. Elle aurait pu reprendre le flambeau et mener le combat de la démocratie, mais tout s'écroulait autour d'elle ; c'était injuste, cruel…

Adélaïde, le front plissé, faisait les cent pas sur le tapis élimé devant la cheminée froide et sale. Le château n'avait pas accueilli de gouverneur depuis la construction du palais, un siècle auparavant, et cette pièce était sans doute restée inoccupée durant tout ce temps. La reine ignora les larmes de son interprète qui finit par se calmer ; elle se tamponna les yeux en reniflant.

– Bon, dit-elle. Fini de pleurer. Je ne recommencerai plus. Vous croyez qu'ils vont nous apporter un petit déjeuner ? Dois-je sonner un domestique ?

Car il y avait un cordon de sonnette près de la cheminée, un vieux ruban en velours décoloré. Adélaïde le saisit elle-même et tira dessus sauvagement. Le cordon céda sous une cascade de plâtre et de poussière, mais un tintement satisfaisant résonna dans le couloir.

– Voilà qui nous sera utile, commenta Adélaïde en regardant le cordon. On pourra se pendre. Moi d'abord. Toi, tu es trop grosse, il ne tiendra pas le coup.

La porte s'ouvrit et le capitaine apparut.

– Capitaine, dit Adélaïde, savez-vous que quelqu'un a tenté de nous empoisonner ce matin ?

Le jeune homme cligna des yeux et déglutit, puis il secoua la tête.

– Et que, par conséquent, nous n'avons rien eu à manger ni à boire ?

– Je… je vais demander qu'on vous fasse monter quelque chose.

– Dépêchez-vous.

Il commença à s'incliner, se ravisa et opta pour un hochement de tête ; puis il fit claquer ses talons et sortit. La clé tourna dans la serrure.

Adélaïde s'assit au bord d'un fauteuil moisi, après avoir brossé la poussière accumulée sur le siège.

– S'ils n'ont pas hésité à nous arrêter, dit-elle, c'est que le plan de Jim a échoué. J'espère qu'il va bien.

Becky sentit une décharge de peur glacée dans son ventre. Elle découvrait tout à coup que sa confiance reposait sur la conviction que Jim était libre.

– Évidemment qu'il va bien, hasarda-t-elle d'une voix mal assurée.

– Et ce pauvre Casserole... Je me demande ce qui nous attend. J'espère que ce sera une mort rapide. Une balle, ça ne me gênerait pas. Mais j'ai pas envie qu'on me coupe la tête...

– Taisez-vous donc ! s'exclama Becky. Ne soyez pas *idiote.* Une balle, ça ne vous gênerait pas ? Je peux vous dire que si ! Je vous interdis d'être résignée. Ils n'ont pas le *droit* de faire ça. Nous devons essayer de comprendre ce qui se passe et comment les empêcher d'agir.

Les yeux d'Adélaïde lancèrent des éclairs. Elle était reine depuis juste assez longtemps pour avoir oublié ce qu'on éprouvait quand on vous parlait sur ce ton, mais elle hocha la tête.

– Très bien, dit-elle. Ils ne peuvent rien faire sans un dirigeant. Il leur faut quelqu'un pour signer les documents, ratifier les lois et... porter le drapeau. Pour être le *Adlerträger.* C'est de là que vient l'autorité, non ?

Becky observa la reine et hocha la tête.

– Vous croyez qu'ils vont descendre le drapeau et demander à Leopold de le porter jusqu'au rocher... s'il est toujours entre leurs mains ?

– Oui. Ils espéraient que, après avoir avalé ce petit déjeuner, je me retrouverais les quatre fers en l'air, comme ce pauvre Casserole. Ensuite, ils auraient dit : « Oh, quel dommage. Regardez, la reine a cassé sa pipe. » Ils m'auraient organisé des funérailles somptueuses et tout le monde aurait pleuré à chaudes larmes. Ils auraient pu jouer les innocents et porter le deuil avec les autres. Et après, ils auraient ressorti le prince Leopold pour le manipuler comme un pantin…

– Nous ne sommes pas sûres qu'il soit toujours leur prisonnier. Si le plan de Jim…

La clé tourna de nouveau dans la serrure et un soldat tint la porte ouverte pendant qu'un deuxième entrait avec un plateau sur lequel se trouvaient une cafetière, deux tasses et une assiette de petits pains. Il le déposa sur la table, salua et s'apprêtait à ressortir quand Adélaïde se leva en s'exclamant :

– Attendez !

Elle prit un petit pain et le lui tendit. Le regard perplexe du soldat glissa vers le sergent resté sur le seuil.

– Mangez, ordonna la reine. *Essen Sie.*

Le sergent hocha la tête. Alors, le soldat mordit du bout des dents dans le petit pain, mâcha poliment et déglutit avec peine, avant d'esquisser un sourire hésitant. Adélaïde avait versé du café dans une des tasses.

– Maintenant, buvez, dit-elle.

Le café était brûlant et le soldat dut souffler dessus. Il en avala une gorgée, puis une deuxième, et fit claquer ses lèvres.

Adélaïde se tourna vers Becky.

– On lui donne combien de temps ? Casserole a tourné de l'œil immédiatement.

– Oui, mais il était minuscule. A mon avis, c'est plus long pour un homme.

– Surtout un grand costaud comme celui-ci. Encore ! ordonna-t-elle. *Trinken sie mehr !*

Tout en essayant de demeurer impassible, le soldat but une autre gorgée de café, sous le regard attentif d'Adélaïde. Quand il eut fini la tasse, elle la lui reprit et continua à l'observer en plissant les yeux. Finalement, elle hocha la tête.

– Très bien. Tu peux le renvoyer, dit-elle à son amie.

Le soldat fit claquer ses talons, salua et quitta la pièce, toujours aussi perplexe. Après son départ, la reine se jeta sur les petits pains, pendant que Becky servait le reste du café.

– On va devoir partager la deuxième tasse, fit-elle.

Adélaïde hocha la tête, car elle avait la bouche pleine. Mais son regard pétillait, elle venait d'avoir une idée. Becky mangea un petit pain (ils étaient secs et rances) aussi patiemment que possible, en attendant de pouvoir boire du café à son tour. Puis elle demanda :

– Eh bien ?

– Je pensais que… Tu sais, ce que je disais avant qu'ils entrent… au sujet du drapeau.

– L'autorité émane du drapeau. En effet. Il leur suffit de s'en emparer pour le faire porter à Leopold et le tour est joué.

– A condition qu'il y ait un drapeau à porter, dit Adélaïde.

– *Hein ?*

– Supposons qu'en se réveillant demain matin, ils découvrent qu'il a disparu.

Becky dévisagea la reine mais celle-ci paraissait tout à fait sérieuse.

– Que suggérez-vous, exactement ? Qu'on sorte d'ici sans se faire voir pour aller voler le drapeau au nez et à la barbe des gardes ? Et ensuite ?

– Je ne sais pas, dit Adélaïde. Je n'ai pas réfléchi plus loin. Mais c'est un bon départ, non ?

Elle prit le dernier petit pain. Becky s'approcha de la fenêtre qui donnait sur une cour étroite où patrouillait une unique sentinelle. En face, le mur du château se dressait très haut dans le ciel gris. Toutes les fenêtres étaient munies de barreaux. A l'exception de la sentinelle, rien ne bougeait, il n'y avait aucune trace de vie. La jeune fille poussa un soupir de découragement. Au moment où elle allait tourner le dos à la fenêtre, un mouvement dans l'air capta son attention, puis un autre, et encore un autre : les premiers flocons de neige commençaient à voltiger.

16
Laine

Neuf des étudiants, parmi lesquels figuraient Karl, Anton et Gustav, avaient survécu au combat dans la grotte, bien que Karl et Gustav eussent été légèrement blessés. Ne voulant pas ouvrir le feu de crainte de toucher le prince, les soldats avaient dû se résoudre à livrer un combat au corps à corps, en utilisant uniquement leurs poings et leurs épées, ce qui les avait ramenés sur un plan d'égalité avec leurs adversaires. Malgré cela, l'affrontement avait été bref, car les soldats n'avaient qu'un seul objectif : capturer le prince. Dès qu'ils l'eurent arraché aux bras d'Anton, ils l'entraînèrent précipitamment vers le palais en repoussant les jeunes gens qui voulaient leur donner la chasse.

Puis le gros de la troupe émergea du tunnel et les étudiants, en infériorité numérique et désarmés, durent battre en retraite. C'est alors qu'ils découvrirent que Jim avait été capturé lui aussi ; un sentiment accablant de culpabilité et d'échec s'abattit alors sur le groupe déguenillé et meurtri qui regagna en traînant la patte les ruelles et les cours du quartier de l'université.

En se réveillant le lendemain matin, ils découvrirent que la ville grouillait de rumeurs. De petits groupes se retrouvaient au coin des rues pour discuter de la situation et parcourir les rares journaux, avant d'être dispersés par la police. La reine était malade, disait-on ; on avait vu une voiture fermée pénétrer dans l'enceinte du château ; des troupes avaient quitté la garnison de Neustadt ; une bruyante manifestation menée par Glatz et ses amis avait été interrompue presque immédiatement ; la Bourse était fermée et on attendait d'un moment à l'autre un communiqué du palais concernant l'état de santé de la reine.

Karl et les autres, qui en savaient plus que la majorité des gens, étaient rongés par l'angoisse eux aussi : à cause de ce qu'ils ne savaient pas. La seule chose qu'ils pouvaient faire, c'était d'interroger les bateliers pour savoir si un affluent rejoignait la rivière quelque part, car tous ceux qui se trouvaient dans la grotte étaient hantés par l'image de Carmen Ruiz, impuissante, dérivant dans sa barque. Certes, c'était une meurtrière, mais nul ne méritait de mourir ainsi, comme un rat dans l'obscurité, car ils étaient tous convaincus que tel avait été son sort. Mais leur enquête demeura vaine et les étudiants du Richterbund regagnèrent le *Café Florestan* la tête basse, alors qu'autour d'eux la ville se fissurait sous l'effet de la peur et des conjectures.

Jim avait presque achevé ses préparatifs quand la lumière de l'après-midi commença à décliner. Un gardien était venu le voir à deux reprises : une première fois pour lui apporter à manger, une deuxième fois pour récupérer le plateau, et les deux fois, il avait trouvé le jeune Anglais affalé sur son matelas, apathique. Jim avait mangé le goulasch tiède et gras accompagné de pommes de terre afin d'entretenir ses forces, tout en continuant à donner une impression de léthargie et de désespoir. Mais, surtout, il avait observé la routine de son geôlier. Et, pendant tout ce temps, il avait patiemment défait les mailles de son pull marin.

C'était un ouvrage solide, fait avec de la laine fine, huilée, tricotée serré, et il ne voyait presque rien dans ce cachot lugubre. Quand il eut terminé, Jim se surprit à frissonner maintenant qu'il était privé de la chaleur de son pull, mais il possédait huit pelotes d'une laine résistante. Qu'allait-il en faire ?

En sifflotant, il choisit parmi les débris du lit un éclat de bois long, épais et effilé. Il s'assit par terre et enroula à l'autre extrémité du morceau de bois une longueur de laine suffisante pour fabriquer une garde pratique. Et voilà, il possédait un poignard !

Il s'attaqua ensuite au mur de la cellule, à l'endroit où il avait repéré quelques pierres branlantes. A l'aide d'un autre morceau de bois, il parvint à en desceller une de la grosseur de sa tête et plongea la main derrière pour atteindre ce qui l'intéressait : des gravats.

Il en sortit quelques poignées, jusqu'à ce qu'il tombe sur un caillou de la taille d'un œuf d'oie, plus ou moins rond. Il fit glisser le reste sous le matelas et replaça la grosse pierre dans le mur.

Après cela, tricotant de son mieux cette fichue laine qui n'arrêtait pas de s'entortiller, il fabriqua une sorte de petit filet adapté à la pierre et l'attacha solidement à une poignée confectionnée en tressant plusieurs brins de laine, puis en faisant une boucle pour y passer son poignet. Il se retrouva avec une sorte de fronde, au bout de laquelle pendait un poids suffisant pour assommer un cheval, s'il savait le manier. Il s'exerça longuement sur le matelas, jusqu'à ce que ses bras et ses muscles se familiarisent avec le geste et le poids.

Jim avait désormais deux armes. La nuit était tombée, il avait froid et soif. A priori, ils n'avaient pas l'intention de le laisser mourir de faim car, dans ce cas, ils ne lui auraient pas apporté à manger. On pouvait donc supposer que les gardiens allaient revenir tôt ou tard. Il envisagea de tambouriner à la porte et de crier pour attirer l'attention mais, en agissant ainsi, il risquait d'éveiller leur méfiance alors qu'il voulait au contraire que ses geôliers le croient abattu et relâchent leur vigilance. Mieux valait patienter. Après avoir donné un coup de pied dans le matelas pour en déloger la vermine, il glissa son poignard de fortune dans sa chaussette, se roula en boule et, tel un chat, s'endormit paisiblement.

Adélaïde acheva de régler la mèche de la petite lampe qu'on leur avait apportée et se tourna vers Becky en se rongeant l'ongle du pouce, le front plissé.

– Ça y est, tu as fabriqué les pièces ?

– Presque.

– Dépêche-toi.

N'ayant rien sous la main pour empêcher Sa Majesté de se rendre malade à force de se tracasser, Becky lui avait proposé une partie d'échecs. Elles avaient tracé un échiquier sur le sol, dans la poussière, et la jeune fille avait entrepris de fabriquer des pièces avec des bouts de papier et des brins de coton provenant des rideaux. Ce n'était pas facile, et elle s'était cassé un ongle en frottant la moitié des pièces dans la suie qui tapissait l'âtre, pour les noircir.

– Je n'ai plus de pompons, dit-elle. Il en faut quatre pour les rois et les reines, et je n'en ai que deux. Écoutez… on ne pourrait pas plutôt tuer le garde et filer ?

– S'il faut tirer sur quelqu'un, je le ferai. Mais pas sur le garde. Il ne fait qu'obéir aux ordres. Remarque, il refuse de faire ce que *je* lui demande. Alors peut-être que je vais le tuer, tout compte fait. Où sont les fous ?

– Les fous ?

– Tu as oublié de fabriquer les fous. Laisse-moi faire.

Après avoir repoussé ses cheveux derrière ses oreilles, Adélaïde s'agenouilla dans la poussière et se mit au travail avec les bouts de papier et les brins de coton. Becky marcha jusqu'à la fenêtre. Il faisait presque nuit mais, en bas dans la cour, un détachement de soldats venait d'apparaître avec une lanterne. Elle les regarda déblayer la neige près du mur le plus éloigné. Deux soldats commencèrent à creuser un petit trou carré, pendant que quatre autres apportaient un épais et lourd poteau qu'ils appuyèrent contre le mur. Becky eut un haut-le-cœur en comprenant le sens de la scène à laquelle elle était en train d'assister, et elle s'empressa de détourner l'attention d'Adélaïde.

– Alors, vous vous débrouillez, Majesté ?

– J'ai fabriqué les fous. On les reconnaît parce qu'ils ont un petit machin sur la tête. Où est le pistolet ? (Elle se leva pour aller le chercher dans le sac de Becky.) Bon sang, c'est lourd ! Il y a combien de balles ? Six ? Ah, dommage que Mlle Lockhart soit pas là. Elle saurait quoi faire.

– J'en suis sûre.

Becky déglutit avec peine ; elle pensait à sa mère et une image lui vint à l'esprit : leur petit salon miteux, douillet et familier, avec les tubes de peinture de sa mère disposés sur la table, dans le halo de la lampe, un muffin maintenu au chaud sur la cuisinière, sa grand-mère qui dodelinait de la tête dans le fauteuil et Tom-Tom qui ronronnait devant la cheminée… Cette vision était si vivante que la jeune fille dut ravaler ses larmes.

– Ça ne sert à rien de pleurnicher, Becky, dit

Adélaïde en rangeant le pistolet dans le sac en tapisserie. Ressaisis-toi. Moi, j'ai pas pleuré depuis... je sais pas quand. Ah si, je sais. La dernière fois que j'ai pleuré, c'était chez Mme Catlett, à Shepherd Market.

– Quand vous étiez... ?

Becky ne savait pas comment formuler sa question.

– Elle m'a trouvée dans la rue, affamée. Elle m'a recueillie, nourrie, lavée... Au début, je comprenais pas pourquoi. Mais j'ai vite découvert la vérité. C'est à ce moment-là que j'ai pleuré, quand j'ai compris que j'étais tombée aussi bas, même si je dormais dans des draps en soie. Mais j'aurais pu tomber *encore* plus bas. J'ai eu de la chance que ce soit cette vieille Bessie Catlett qui me recueille et pas quelqu'un d'autre. Elle avait été domestique, elle connaissait tous les ducs, les comtes et ainsi de suite ; elle savait séduire, satisfaire... Elle nous a tout appris. Elle nous a formées. Et elle veillait sur notre hygiène. Un médecin venait nous examiner une fois par mois. Mais un jour, une des filles, mon amie, a été contaminée. Elle a été renvoyée immédiatement. Bessie Catlett ne faisait jamais de dépenses médicales, et elle ne voulait pas garder une fille malade alors qu'il y en avait des dizaines, des centaines d'autres dans les rues. La pauvre Ethel s'est retrouvée dehors. Je me suis souvent demandé ce qu'elle était devenue. J'espère que sa santé s'est améliorée et qu'elle a trouvé un gars bien, mais ils sont pas nombreux...

– C'est là que vous avez rencontré le prince Rudolf ?

– Oui. Un jour, un aristo a débarqué avec des amis. Mais Rudi, lui, il voulait pas... participer. Alors, on s'est assis et on a bavardé. Il était adorable... La suite, tu la connais.

– Combien de temps êtes-vous restée là-bas ?

– Presque deux ans.

– Et que faisiez-vous avant cela ?

– J'ai oublié. (Elle baissa la tête brusquement.) Alors, on la fait, cette partie d'échecs ?

Becky s'agenouilla en face de la jeune femme, de l'autre côté de l'échiquier. Il était à peine visible dans la poussière et elle prit la lampe pour la poser juste à côté.

– Je te laisse les blancs, dit Adélaïde. Vas-y, commence.

Becky entendait les coups de marteau, distants et réguliers, dans la cour. Tout en débitant des banalités pour couvrir le bruit, elle avança le roi de deux cases. Adélaïde se concentra sur la partie en poussant un petit soupir de contentement.

Jim se réveilla. Il avait entendu un bruit de clés derrière la porte et une faible lueur indiquait que le judas avait été ouvert. Il retrouva ses esprits en une seconde et sa main droite chercha aussitôt sa fronde improvisée. La porte de la cellule s'ouvrit en grinçant. A travers ses yeux mi-clos, le détective observa le gardien qui entrait avec un plateau de nourriture, après avoir posé sa lanterne sur le seuil.

Il était seul, alors que la fois précédente, ils étaient venus à deux. La chance lui souriait, enfin...

Observant son prisonnier d'un œil méfiant, l'homme se pencha pour déposer le plateau à même le sol. Il était trop malin pour tourner le dos, mais trop âgé pour se déplacer avec vivacité et, lorsque Jim roula sur lui-même et se dressa en faisant tournoyer sa fronde, le gardien ne put éviter la pierre.

Jim avait dû se forcer pour agir ainsi car il n'aimait pas frapper les gens sur la tête. Mais il lui suffisait de penser à Adélaïde, et plus rien ne l'arrêtait. La pierre s'abattit sur le crâne du gardien, qui s'écroula.

D'un geste brusque, Jim arracha le trousseau de clés accroché à la ceinture de l'homme assommé. Il prit une tranche de pain sur le plateau et la fourra dans sa poche, avant de se faufiler dans le couloir.

Il n'eut aucun mal à identifier la clé de la cellule : c'était la plus grosse et la plus vieille. Pour faire bonne mesure, Jim enferma le gardien, puis il récupéra la lanterne et s'avança sans faire de bruit, grâce à ses semelles en crêpe, la fronde à la main.

Arrivé à l'angle du couloir, il s'arrêta, tendit l'oreille et risqua un coup d'œil. En haut d'un escalier se découpait une porte ouverte, d'où filtrait une lumière. Il gravit les marches sur la pointe des pieds et s'arrêta de nouveau.

A l'exception d'un bruissement de papier, le silence régnait. En collant son œil à la porte, il aperçut entre les lattes le dos d'un homme penché au-dessus d'une table. Soudain, l'homme bougea et Jim constata qu'il feuilletait un journal.

Sans bruit, il posa la lanterne, glissa la pierre et la fronde dans sa poche en laissant pendre la poignée au-dehors et sortit son poignard de sa chaussette.

Aussi silencieux qu'un chat, il franchit le seuil du corps de garde où rougeoyait un poêle, sur lequel chauffait une cafetière. Avant que le gardien ait pu se rendre compte de quoi que ce soit, la main du détective se plaqua sur sa bouche et la pointe du poignard en bois fit pression sur sa gorge.

– Si tu fais un seul bruit, si tu bouges un seul muscle, je t'ouvre en deux avec mon couteau, murmura Jim.

L'homme se raidit. C'était un solide gaillard au visage rougeaud, avec un regard bovin et une respiration sifflante de fumeur.

– Penche-toi et enlève tes chaussures. Lentement. Mon poignard est appuyé sur ta gorge, alors pas de mouvement brusque.

L'homme obéit.

– Tes chaussettes maintenant, ordonna Jim en accentuant la pression du poignard pour l'encourager à obéir.

Le gardien ôta ses chaussettes, visiblement gêné, car il ne s'était pas lavé les pieds depuis un certain temps. Mais Jim n'avait pas le loisir de s'apitoyer sur son sort.

C'est alors qu'il découvrit le gros lot : un revolver, dans un étui, suspendu à un clou derrière la porte.

– Enfonce ta chaussette dans ta bouche. Oui, dans ta bouche, en entier. Vite !

L'homme s'exécuta à contrecœur. Jim bondit sur le revolver et le sortit de son étui avant que le geôlier ait pu réagir. L'arme était chargée.

– Parfait, dit Jim. Enlève la chaussette pour pouvoir parler. Mais si je te vois prendre ton souffle pour crier, tu te retrouveras avec une balle dans le cœur avant d'avoir pu prononcer un seul mot. Dis-moi où on est ici.

– Au château, répondit l'homme d'une voix tremblante.

– Où est la reine ?

Le gardien ouvrit la bouche et la referma aussitôt mais, instinctivement, il avait jeté un regard vers le plafond.

– Elle est là-haut, traduisit Jim. Où ?

Le gardien pinça les lèvres.

– Remets la chaussette dans ta bouche.

Jim devait avoir l'air particulièrement féroce car l'homme obéit sans protester. Le jeune Anglais lui décocha alors un coup de pied dans le tibia, de toutes ses forces, et un cri étouffé s'échappa de la gorge du gardien.

– Ça fait mal ? La prochaine fois, je te casse un doigt. *Ça,* ça fait mal. Alors, enlève cette chaussette de ta bouche et dis-moi où est la reine.

Les yeux pleins de larmes, le geôlier ressortit la boule de laine mouillée de sa bouche et marmonna :

– Faut prendre l'escalier au bout du couloir. C'est au quatrième étage. Dans les appartements de l'ancien gouverneur. Y a une grande porte.

– Et quel est le moyen le plus rapide pour sortir du château ?

– A l'autre bout du palier, y a la porte de l'escalier de service. Faut passer par les cuisines. Je vous en supplie…

– Remets la chaussette. Vite ou je t'oblige à l'avaler.

Une grimace de désespoir déformait son visage poupin, mais le gardien fourra de nouveau la chaussette dans sa bouche. Elle dépassait entre ses lèvres ; c'était un spectacle répugnant.

– Maintenant, lève-toi et tourne-toi.

Lentement, l'homme obéit ; Jim défit l'une des pelotes de laine qui se trouvaient dans sa poche et l'enroula autour de la tête du gardien pour maintenir la chaussette en place, en guise de bâillon.

– Les mains dans le dos.

Il lui ligota les pouces avant de les attacher le plus solidement possible à un gros tuyau fixé dans le mur. La laine était aussi résistante que de la corde ; le prisonnier ne risquait pas de se libérer.

Après avoir jeté un rapide coup d'œil autour de lui pour s'assurer que le gardien ne pouvait pas faire de vacarme en renversant quoi que ce soit d'un coup de pied, Jim lui envoya un baiser moqueur et repartit en emportant la lanterne et le revolver.

– Échec, annonça Adélaïde. Tu ne fais pas attention.

– Je ne vois pas les pièces. C'est quoi, ça ? Un fou ?

C'était un pion il y a une minute ! Un pion à moi, par-dessus le marché !

– Comme tu veux, répondit Adélaïde. (Elle remit la pièce à sa place pour en déplacer une autre.) Échec et mat. Je voulais faire durer le plaisir. On fait une autre partie ?

Becky se leva, s'étira, bâilla et frissonna. Elle n'avait pas la moindre idée de l'heure qu'il était ; elle avait froid, elle avait faim, elle était fatiguée et effrayée, et elle se disait : « Adélaïde m'est beaucoup plus utile que l'inverse. » Il était temps qu'elle mérite son salaire ; si seulement elle savait comment faire !

Elle examina la lampe pour voir s'il fallait remonter la mèche, car la flamme commençait à vaciller. Peut-être n'y avait-il plus assez de pétrole.

Au moment où elle se penchait vers la lampe, pendant qu'Adélaïde rassemblait les bouts de papier et de coton avec lesquels elles avaient joué, elles entendirent toutes les deux les mêmes bruits : un raclement, un grattement et des cliquetis provenant de derrière la porte. La reine se releva en lissant sa jupe.

Soudain, la serrure grinça, comme si on y avait introduit une clé, la poignée tourna et la porte s'ouvrit.

– Jim ! s'exclama Becky.

Il posa son doigt sur ses lèvres.

Il était mal rasé, sale et couvert de bleus ; il avait une plaie au front et ses cheveux étaient emmêlés. Il tenait une lanterne dans une main et un pistolet dans l'autre. Sur son visage se lisaient une dureté et une sombre détermination qui impressionnèrent Becky.

Mais la jeune fille avait cru remarquer autre chose et elle se retourna brusquement vers la reine pour en avoir le cœur net. Une sorte de force invisible, comme un courant électrique, semblait passer entre Adélaïde et Jim. C'était une chose physique, comme une odeur animale ; l'un et l'autre se regardaient avec une telle intensité que Becky eut le sentiment qu'ils avaient oublié sa présence et l'endroit où ils se trouvaient. Mais Jim se ressaisit, et au grand étonnement de la jeune fille, il s'inclina pour saluer la reine.

– Votre Majesté, dit-il, enfilez votre manteau, si vous en avez un. Puis suivez-moi, mais ne faites pas de bruit. Becky, vous avez le pistolet ? Très bien. Ne tirez pas avant que je vous le dise. Le plus important, c'est d'être silencieux, nous parlerons plus tard.

Les deux femmes furent prêtes en un instant. Becky prit son sac et, à la suite de Jim, elles quittèrent sur la pointe des pieds cette pièce qui avait été leur cellule pour s'aventurer dans le château – qui restait leur prison.

Deux minutes plus tard, le capitaine envoya un soldat chercher Jim dans sa cellule. En découvrant le gardien pieds nus et attaché à un tuyau, en train de manger sa chaussette, le soldat éclata de rire, mais les grognements du solide gaillard, ses reniflements, les mouvements frénétiques de ses bras ligotés et ses yeux qui roulaient dans leurs orbites mirent fin très vite à son hilarité.

– Où est le prisonnier ? demanda le soldat en arrachant la chaussette de la bouche tremblante du gardien.

– Il est monté... Pour rejoindre la reine... Il va essayer de filer par les cuisines... Hé, attends ! Qu'est-ce qu'il a fait à Trautmann ? Il est descendu lui apporter à manger et il est pas remonté...

– Va donc voir toi-même, mon vieux ! Ah, tu parles d'un gardien ! J'aimerais pas être à ta place quand le capitaine va apprendre ce qui s'est passé...

Le soldat trébucha sur les chaussures du gardien en sortant ; il les ramassa et les lui jeta au visage en braillant :

– Dépêche-toi !

Et il courut donner l'alerte.

Des couloirs sans fin, des escaliers interminables, des passages voûtés, des portes aveugles, des fenêtres fermées par des barreaux, une salle au plancher poussiéreux, assez vaste pour jouer au cricket. Jim s'en fit la remarque. De grosses colonnes de pierre rose se dressaient vers le plafond lointain, sculptées comme des tiges entrelacées. D'immenses fenêtres couvertes d'une épaisse couche de crasse, certaines avec des carreaux brisés depuis longtemps sans doute, dominaient la ville enfouie sous la neige. Tous les trois s'arrêtèrent pour contempler cette beauté glacée et ils retinrent leur souffle en découvrant tout à coup derrière eux, le long du mur, une rangée de sentinelles silencieuses.

Le doigt de Jim se crispa sur la détente de son revolver, mais il remarqua le reflet terne des armures vides.

Où était donc la sortie ?

Ils s'étaient égarés dans cet abominable labyrinthe.

– Hé, Jim, murmura Adélaïde.

– Quoi ?

– Tu te souviens la fabrique de charbon de bois ? Quand on essayait d'échapper à Mme Holland ?

– Je ne l'oublierai jamais.

– Moi non plus. Je me disais… au moins ici, c'est propre.

– S'ils nous attrapent, le résultat sera le même. Essayons cette porte là-bas…

Une porte voûtée débouchait sur un large escalier de pierre qui descendait. Ils l'empruntèrent sans bruit, tels trois fantômes ; seule la lueur de la lanterne (que Jim masquait le plus possible) pouvait les trahir.

– Hé, c'est quoi, ça ? demanda-t-il en s'arrêtant devant une fenêtre.

Elle donnait sur un jardin, ou plutôt les vestiges d'un jardin : des arbres et des buissons nus tendant vers le ciel leurs bras enneigés, quelques statues de plomb, une fontaine silencieuse prisonnière de la glace et une pergola en ruine conféraient à ce décor une atmosphère de mélancolie et d'abandon.

Mais surtout, la fenêtre n'était située qu'à trois mètres du sol et, au-delà du mur du jardin, il y avait la rue où des lumières tamisées filtraient à travers les volets des vieilles maisons.

– Tenez le pistolet, demanda le détective à Adélaïde.

Et il sortit son poignard de sa chaussette.

Il ne lui fallut qu'une poignée de secondes pour faire sauter le loquet rouillé. L'air frais qu'ils inspirèrent était le bienvenu.

– Et maintenant ? On ne va quand même pas sauter ? chuchota Becky.

– Il n'y a que trois mètres et la neige amortira notre chute. A vous l'honneur, puis ce sera au tour de Sa Majesté. Je sauterai en dernier. En atterrissant, gardez les genoux fléchis et roulez sur vous-même. Comme ça, vous ne vous foulerez pas la cheville. Quand vous vous serez relevée, je vous lancerai le sac. Allez-y, ne réfléchissez pas, sautez.

Encombrée par sa jupe ample et son manteau, Becky dut se débattre pour passer par la fenêtre et elle chuta plus rapidement qu'elle ne s'y attendait. Elle atterrit avec un bruit sourd, en laissant échapper un grand cri, et bascula la tête la première dans la neige mais, dès qu'elle eut retrouvé son souffle, elle se releva, indemne.

Jim lui lança son sac en tapisserie, puis il aida Adélaïde à franchir la fenêtre. Il se montrait beaucoup plus attentionné avec elle, se dit Becky.

Adélaïde atterrit avec légèreté, tel un oiseau qui se pose, et elle roula sur elle-même comme le lui avait conseillé Jim. Elle se releva instantanément.

De son côté, le jeune détective tripatouillait la poignée de la fenêtre, sans que Becky puisse voir ce qu'il faisait au juste. Mais elle ne tarda pas à avoir la réponse. Après avoir sauté à son tour, il regarda autour de lui et ramassa dans la neige une pelote de laine sombre. Il la rembobina, puis tira délicatement sur le fil ; la fenêtre sembla se refermer toute seule. Il sectionna le bout de laine et rangea la pelote dans sa poche.

– On ne peut pas masquer nos empreintes de pas dans la neige, expliqua-t-il, mais inutile d'attirer l'attention en laissant une fenêtre ouverte. Dirigeons-nous vers cette porte, en restant dans l'ombre du mur.

Il récupéra la lanterne et ouvrit le chemin en longeant le bord du jardin.

– Restez derrière ce buisson. Ne sortez que lorsque la porte sera ouverte.

En examinant le cadenas, Jim comprit immédiatement que le mécanisme était rongé par la rouille. Il prit son poignard, l'inséra à l'intérieur de l'anneau et donna un coup de poignet brutal. Comme il s'y attendait, le cadenas céda immédiatement. La porte était ouverte, et derrière il y avait la rue.

Adélaïde et Becky coururent dans la neige poudreuse ; tous trois franchirent la porte et s'enfuirent dans la petite rue.

– Vous savez où on est ? demanda Jim.

– Je pense que si on continue tout droit, on arrive à la rivière... dit Becky d'un ton sceptique.

– Là, le rocher ! s'exclama Adélaïde.

Ils s'arrêtèrent. En effet, entre les maisons, au loin, le rocher couronné de blanc luisait dans le ciel noir.

– Parfait, il nous servira de point de repère, déclara le jeune homme. Allons au *Café Florestan*. Venez, pressez le pas et gardez vos capuchons sur vos têtes.

Un quart d'heure plus tard, Becky et Adélaïde se tenaient dans l'ombre d'un porche. Jim se pencha et ramassa une poignée de neige pour se débarbouiller. Quand il s'estima un peu plus propre, il poussa la porte du *Café Florestan* et pénétra dans la douce chaleur de la salle envahie de vapeur et d'odeurs de bière.

L'endroit était plein à craquer et une tension palpable régnait parmi les clients ; il y avait beaucoup de discussions, mais peu de rires, les visages étaient fermés. Une ou deux personnes levèrent la tête avec curiosité quand Jim se faufila au milieu des tables pour atteindre le coin où étaient assis les étudiants. Il posa la main sur l'épaule de Karl qui sursauta.

– Jim ! Dieu soit loué ! Assieds-toi donc…

– Non, pas maintenant. Bonjour, messieurs. Karl, accompagne-moi dehors un instant.

Karl le suivit sans protester.

– Que s'est-il passé ? demanda-t-il à voix basse, d'un ton pressant. Sais-tu que la reine a disparu ? Toutes sortes de rumeurs circulent. On dit que Gödel va la faire tuer… Qui est cette femme ?

Adélaïde repoussa son capuchon et avança de quelques centimètres, de façon à ce que la lumière de la lampe suspendue au-dessus de la porte du café éclaire son visage.

Karl laissa échapper un hoquet de stupéfaction et s'inclina, mais Jim le retint par le bras.

– Pas ici. Écoute-moi. Il faut qu'on se mette à l'abri. L'arrière-salle est-elle sûre ? On s'est enfuis du château. On a besoin de manger, de boire et de se réchauffer, mais on ne peut pas entrer comme ça et s'asseoir à une table.

Karl hocha la tête.

– Accorde-moi une minute. Je vais demander à Matyas d'ouvrir la porte de derrière. Elle donne dans la ruelle, là-bas...

Il retourna dans le café et, deux minutes plus tard, la porte de la ruelle s'ouvrit. Karl les fit entrer dans une petite pièce où un poêle en porcelaine rougeoyait. Une lampe posée sur une table éclairait la nappe à carreaux toute propre et un chat tigré ronronnait dans un fauteuil à bascule.

Karl chassa l'animal et Adélaïde prit sa place avec gratitude.

– J'ai tout expliqué à Matyas, le patron. Il ne dira rien. Il va vous apporter de la soupe et une bouteille de vin. Puis-je prendre votre manteau, Majesté ?

On frappa doucement à la porte. Karl alla ouvrir et le patron entra avec un immense plateau, qu'il déposa sur la table avant de s'incliner devant la reine. C'était un homme robuste d'une cinquantaine d'années, aux yeux bleus ; il paraissait aussi émerveillé qu'un enfant le jour de Noël en voyant la reine dans son café.

– Madame… euh, Votre Majesté. J'espère que vous pardonnerez le côté rudimentaire de cet accueil. Si jamais vous avez besoin d'autre chose, dites-le-moi, je vous l'apporterai aussitôt. Vous êtes en sécurité ici, autant que dans votre palais.

– J'espère être plus en sécurité ici, répondit Adélaïde dans son allemand le plus parfait. En tout cas, je n'ai jamais été aussi bien reçue. Merci.

Le patron s'inclina de nouveau et prit congé. Il avait apporté de la soupe, du pain et du vin, et pendant que les trois fugitifs se restauraient, Karl dénicha des verres et déboucha la bouteille.

– Bon sang ! s'exclama Jim. C'est la meilleure soupe que j'aie jamais mangée. Je pourrais en ingurgiter des tonneaux. Depuis quand vous n'avez pas mangé, toutes les deux ?

– Ce matin, répondit Becky. Ils ont essayé de l'empoisonner, Jim ! La *reine !*

Elle leur raconta tout et le jeune détective échangea quelques regards sombres avec Karl. Celui-ci leur fit le récit du combat dans la grotte et leur annonça que deux étudiants étaient morts. Jim avait un air inquiétant.

– Sans oublier cette pauvre femme, dit-il. On n'aurait pas dû la laisser dériver dans les ténèbres comme ça.

– Personne n'aurait pu l'arrêter, dit Karl. On en a

longuement discuté. On a demandé aux bateliers de la guetter au cas où le cours d'eau souterrain se jetterait dans la rivière, mais…

Le jeune homme s'interrompit car on avait frappé à la porte. Il se leva, imité par Jim, l'arme au poing. Karl alla ouvrir la porte et un étudiant fit son entrée, essoufflé. Il s'inclina rapidement devant la reine.

– Je vous demande pardon, dit-il d'une voix tremblante. J'arrive de la gare de Tristan-Brücke. Ils ont bloqué l'accès, personne ne peut y entrer, et des trains arrivent du nord. J'ai réussi à me cacher pour voir ce qui se passait. Des soldats allemands débarquent, par centaines, avec des armes. Dès que j'ai pu, j'ai couru jusqu'ici… Votre Majesté… que se passe-t-il ?

– Merci, Andreas, dit Karl. Bien joué.

Il semblait désorienté, comme s'il avait du mal à assimiler tout ce qu'il venait d'entendre. Il se tourna vers Jim et demanda :

– Qu'est-ce qu'on fait *maintenant ?*

– Écoutez-moi, dit Adélaïde. Combien de vos camarades se trouvent dans ce café ?

– Une douzaine.

– Ils sont armés ?

– La plupart, oui. Mais armés ou pas, ils se battront.

– Je n'en doute pas, Herr von Gaisberg. Je vais avoir besoin de leur aide, car j'ai un plan. J'y ai pensé au château. Mon but était de contrer le baron Gödel, mais c'est encore plus important maintenant. Je parle du drapeau, bien entendu.

Jim se tourna vers elle, une étincelle dans le regard. Adélaïde vit qu'il avait compris et enchaîna :

– Tant que l'aigle sera entre mes mains, la Razkavie restera libre. Je veux faire la même chose que Walter von Eschten en 1253. On ne pourra pas défendre le rocher comme il l'a fait, pas contre des obusiers et des fusils Gatlin. Mais on peut emporter le drapeau à Wendelstein et rassembler les gens là-bas. Voilà ce que j'ai l'intention de faire. Voulez-vous m'aider ?

Karl se leva, le visage empourpré par l'excitation, et hocha la tête avec vigueur.

– Je vais chercher les autres ! s'exclama-t-il.

Joignant le geste à la parole, il sortit aussitôt.

Jim regardait Adélaïde avec une vive admiration. Sale et négligée comme elle l'était à cet instant, elle paraissait plus belle que toutes les filles qu'il avait connues et, pourtant, c'était toujours cette même petite créature fragile qu'il avait découverte des années auparavant quand elle s'était faufilée dans le bureau de ses employeurs à la recherche de Sally. Cette détermination qui l'avait conduite jusque-là jadis, alors qu'elle était si nerveuse qu'elle pouvait tout juste chuchoter, la soutenait aujourd'hui encore. Mais désormais, elle incarnait une nation ; elle était fière et belle. Elle lui sourit, et il sut que ce sourire voulait dire : « J'ai confiance en toi, Jim. On peut y arriver. » Il lui rendit son sourire.

Un par un, les étudiants du Richterbund entrèrent dans la petite arrière-salle du *Café Florestan*, qui fut vite bondée, ils s'agenouillèrent devant la reine et lui baisèrent la main en signe d'allégeance. Ils se pressèrent autour de la table en essayant de ne pas faire tomber, d'un mouvement de coude maladroit, les bibelots qui ornaient le buffet, et ils écoutèrent ce que leur souveraine avait à leur dire.

S'exprimant par l'intermédiaire de Becky, elle leur expliqua qu'ils allaient sauver le drapeau de leur pays, l'emblème le plus sacré de la nation, en l'empêchant de tomber entre les mains de l'ennemi. Si l'un d'entre eux ne voulait pas participer à cette mission, il pouvait renoncer, son honneur ne serait pas terni. Ceux qui choisissaient de rester devaient savoir qu'ils ne verraient peut-être pas le jour se lever le lendemain. Aucun des étudiants ne bougea et Adélaïde dut refouler ses larmes et détourner le regard. Puis elle dit en allemand :

– Merci, messieurs. Je comptais sur votre courage, vous m'avez donné de l'espoir. Asseyez-vous, nous allons élaborer un plan.

Alors qu'elle reprenait place dans le fauteuil, les étudiants s'installèrent tant bien que mal sur les bras des fauteuils ou par terre, en tailleur.

– Nous devons tout prévoir dans les moindres détails, commença Adélaïde. Si l'un de vous sait des choses sur le rocher, le funiculaire ou n'importe quoi qui puisse nous être utile, qu'il n'hésite pas à parler ! Ah, j'oubliais... S'il m'arrive quelque chose... le drapeau devra revenir à Herr von Gaisberg. Il sera le prochain *Adlerträger.*

Un murmure de compréhension et d'approbation parcourut l'assistance. Karl semblait sur le point de dire quelque chose, mais il se retint. Il avait les joues en feu.

Jim intervint :

– Très bien, messieurs. Nous vous écoutons. Il est important de tout mettre au point pour éviter les mauvaises surprises. Qui commence ?

17

Le funiculaire

Dans toute la ville, les rumeurs se propageaient comme un feu de paille. Dans les cafés, les *Bierkeller,* les *Weinstube,* dans les salons privés et les cuisines, dans les halls d'hôtel et le foyer de l'opéra, aux coins des rues et sur les places, des voix s'exprimaient et des oreilles écoutaient :

– Dix mille soldats allemands…

– Des canons montés sur des wagons !

– La reine s'est enfuie avec un amant…

– Le comte Thalgau est mort ! Il s'est suicidé !

– Non, il a été arrêté !

– Avez-vous entendu parler du traité ? C'était un renoncement total à notre souveraineté ! Pas étonnant qu'ils aient refusé de le rendre public !

– Quand même, ils n'auraient pas dû la tuer de cette façon !

– La tuer ? La reine a été assassinée ?

– Au château. J'ai vu entrer le peloton d'exécution. Ils ont été obligés de tirer au sort et, malgré cela, la moitié des soldats a refusé d'obéir !

– Vous n'allez pas le croire : le prince Leopold est vivant ! Mon cousin est valet de pied au palais ; il dit que Leopold a été victime d'une horrible maladie qui l'a défiguré, mais qu'il va sortir de sa cachette pour sauver le pays à la dernière minute !

– Saviez-vous que… ?

Et ainsi de suite.

Les rues étaient animées, mais certains endroits restaient déserts. Une foule importante se massait devant la gare, d'où les troupes allemandes n'étaient pas encore sorties ; de l'intérieur s'échappaient des bruits de matériel lourd que l'on déplace. Une autre foule, moins dense, mais vibrante d'excitation, commençait à se diriger vers le palais et (comme toutes les foules) elle s'enflammait en un instant. Le slogan : « On veut la reine ! On veut la reine ! »… était repris en chœur. Des individus qui, une seconde plus tôt, n'avaient aucune idée de ce qu'ils voulaient, brûlaient maintenant du désir de voir Adélaïde et de la défendre contre… contre on ne savait pas trop quoi. En tout cas, ils se préparaient avec passion à cette mission sacrée.

Pendant ce temps, au palais, le baron Gödel tentait de garder le contrôle de la situation, mais il ignorait comment elle évoluait. L'invasion allemande l'avait pris au dépourvu ; il ne s'attendait pas à voir les soldats débarquer. Il pensait que les Allemands le soutiendraient à distance, une fois qu'il aurait remis Leopold sur le trône. Rien de tout cela ne correspondait au plan prévu ! Cherchant un exutoire à sa colère, il fit irruption dans les appartements du comte et de la comtesse Thalgau. Cette dernière tenta de l'arrêter, mais le baron entra de force dans la chambre du comte, où il trouva le vieil homme couché dans son lit, le visage creusé par la douleur, les yeux cernés ; sa fière moustache ressemblait maintenant à des brins de paille. Gödel lui-même fut saisi par la métamorphose du vieux guerrier.

– Quel accord avez-vous conclu avec Berlin ? vociféra-t-il. J'exige une réponse immédiate !

Le comte eut pour lui un bref regard, puis ferma les yeux.

– Où est la reine ? demanda-t-il d'une voix brisée.

– Allez au diable, Thalgau ! Répondez à ma question ! Qu'aviez-vous convenu avec Bismarck ?

Le comte soupira. C'était un soupir profond, un râle qui semblait lui ratisser le fond de l'âme.

– Je n'ai rien convenu avec Bismarck. J'ai conclu un arrangement avec le banquier. Je devais juste lui transmettre le texte du traité avec vingt-quatre heures d'avance, c'est tout. En échange... d'une somme d'argent. Je le regrette amèrement. Je ne savais pas... Je devrais me suicider... Mais ce que vous avez fait, Gödel... avec le prince Leopold... c'est mille fois plus affreux... *Où est la reine ? Qu'avez-vous fait d'elle ?*

En prononçant ces paroles, il se redressa dans son lit et affronta Gödel, tel un spectre blanchi par la pâleur de la mort et mû par sa seule volonté. Le baron recula d'un pas.

Mais, avant qu'il ait pu répondre, un aide de camp entra en courant, esquissa un vague salut et tendit une feuille de papier au chambellan, qui la prit d'une main tremblante.

« A l'attention du baron Gödel, de la part du général von Hochberg »,… lut-il.

– Qui est ce général von Hochberg ?

– L'officier qui commande les troupes allemandes, bredouilla l'aide de camp. Ce message vient d'arriver de la gare Tristan-Brücke.

Le chambellan continua à lire : « Je crois savoir que le symbole de l'autorité légale, dans ce pays, est le drapeau qui flotte en haut du rocher. Veuillez faire en sorte qu'il me soit apporté dans mon wagon à la gare Tristan-Brücke dans l'heure. Faute de quoi, mes troupes s'en empareront par la force. »

Gödel chancela. La feuille lui tomba des mains et il dut se retenir au bras du messager.

Puis il se ressaisit. Ignorant le comte et la comtesse, il courut vers la porte, suivi de l'aide de camp.

Dans le couloir, le chambellan s'arrêta brusquement. C'était un homme prudent, subtil et craintif ; il n'était pas habitué à agir sur une impulsion et, quand il devait s'y résoudre, il manquait d'assurance. Il fit signe au jeune homme d'approcher.

– Ils veulent le drapeau, dit-il à voix basse. Ils veulent que *je* leur donne le drapeau. Mais une fois que je l'aurai entre les mains…

Son regard sollicitait une réaction.

– Vous ne serez pas obligé de le leur donner ? hasarda l'aide de camp.

– Exactement. Écoutez-moi bien. Je veux qu'une voiture vienne me chercher à la porte ouest, immédiatement, pour me conduire au rocher. Allez dire à la nourrice de réveiller le prince Leopold ; qu'il s'habille. Dès qu'il sera prêt, faites-le conduire à la gare du jardin botanique à bord d'une voiture fermée. C'est compris ?

Le jeune homme répéta les instructions. Gödel enchaîna :

– Ensuite, vous irez à la gare Tristan-Brücke et ferez en sorte qu'on attelle le train royal à une locomotive pour le conduire au jardin botanique, puis à Prague. Et pour l'amour du ciel, arrangez-vous pour que les Allemands ne se rendent compte de rien !

– Une locomotive… le train royal… le jardin botanique… Prague, répéta l'aide de camp.

Il partit en courant.

Le baron Gödel s'essuya le front avec son mouchoir et s'empressa de regagner ses appartements pour faire sa valise.

Dans les appartements des Thalgau, la comtesse ramassa la feuille que le chambellan avait laissée tomber et la lut à son mari.

Celui-ci l'écouta d'un air sombre, puis il demanda :

– Minna, le soldat qui se trouvait devant notre porte est-il encore là ? Sommes-nous toujours en état d'arrestation ?

Elle alla jeter un coup d'œil dans le couloir.
– Non, il n'y a personne, annonça-t-elle.
– Où sont mes jumelles ? demanda alors le comte.
« Tous ces événements lui ont peut-être fait perdre la raison », pensa son épouse. Par prudence, elle avait retiré les balles de son revolver un peu plus tôt, quand le désespoir du comte et sa haine de soi étaient à leur paroxysme, mais il ne pouvait pas se blesser avec une paire de jumelles. Elle lui apporta donc l'étui en cuir et s'assit lourdement dans un fauteuil.

Adélaïde et sa petite bande d'étudiants marchaient dans les rues sombres, en direction du rocher. L'agitation était ailleurs ; ils entendaient les cris lointains, des bruits de vitres brisées, et parfois un claquement sec qui ressemblait à un coup de feu. Le groupe restait dans l'ombre et se faufilait en silence dans les rues et les ruelles enneigées.

Quand ils atteignirent le pied du rocher, ils se dispersèrent. Un des étudiants se rendit à la gare Tristan-Brücke pour s'enquérir de ce qui s'y passait ; un autre partit en quête d'une voiture et de chevaux. Karl, accompagné de quatre camarades, contourna le rocher dans le but de gravir le chemin qu'avait emprunté Adélaïde avec le drapeau, le jour du couronnement. Le risque, c'était que quelqu'un les aperçoive, car ce versant était visible de la rivière et du pont. Les autres, auxquels se joignirent Jim, Becky et Adélaïde, se dirigèrent vers la gare du funiculaire.

Ils n'avaient pas l'intention d'utiliser ce petit train, ce ne serait pas assez discret. En outre, cela signifierait qu'il fallait impliquer le chef de gare et ils ne voulaient pas courir ce risque. Par ailleurs, les rails reposaient sur des poutres horizontales qui suivaient la pente du rocher à la manière d'un escalier, ce qui faciliterait leur ascension.

Quand ils arrivèrent devant la minuscule gare qui faisait également office de guichet et de salle d'attente, elle était obscure et silencieuse. L'un des deux wagons se trouvait à quai, à l'extrémité du câble qui le reliait à l'autre wagon, au sommet.

Becky reçut l'ordre de rester en bas, cachée dans les buissons, près des rails.

– Tenez, dit Jim en lui tendant une pelote de laine.

– Pourquoi faire ?

– C'est un signal. Vous tenez le bout et, en cas de danger, vous tirez dessus d'un coup sec. Fritz dévidera la pelote à mesure qu'on grimpera.

Becky noua l'extrémité de la pelote autour de son index pour être sûre de ne pas laisser échapper le brin de laine. Quant à Adélaïde, après avoir retroussé son manteau, elle escalada la clôture en bois et marcha vers les rails qui gravissaient la pente abrupte. Il n'y avait qu'une seule voie, utilisée par le wagon qui descendait et celui qui montait. A l'endroit où ils se croisaient, à mi-chemin, elle se scindait en deux; chaque wagon bifurquait pour éviter l'autre.

– Bonne chance ! murmura Becky. *Viel Glück !*

Elle s'assit sur une poutre, à l'ombre d'un buisson. Au niveau de ses yeux se trouvaient les roues du wagon qui semblait se pencher en avant pour ne pas glisser dans la pente. Au-delà des tampons, la petite gare était silencieuse avec ses volets fermés et son toit enneigé qui luisait faiblement sous le ciel noir. Un ruisseau courait à ses pieds ; elle y plongea la main et porta l'eau glacée à ses lèvres en pensant : « Walter von Eschten s'est abreuvé à cette source quand il a combattu ici... »

L'extrémité de la pelote de laine tressaillit dans sa main et se tendit doucement : ils avaient commencé leur ascension.

Lorsque les conjurés arrivèrent à mi-pente, la pelote de laine s'était entièrement dévidée. Fritz alerta à voix basse Jim, qui lui tendit une autre pelote. Le jeune homme attacha l'un à l'autre les deux brins de laine.

La neige formait une couche épaisse sur les traverses en bois qui leur servaient de marches. Ils avaient largement dépassé les toits des maisons environnantes et Jim craignait que quelqu'un pût les apercevoir. De ce versant du rocher, on ne pouvait pas distinguer les rues principales, les places, la cathédrale, le pont et le palais mais, légèrement à l'écart du centre ville, le toit de verre et de fer de la gare Tristan-Brücke luisait faiblement. Le jeune Anglais croyait discerner une certaine agitation sur le parvis. Dans l'obscurité des buissons derrière eux, les fugitifs entendaient le murmure d'un ruisseau, et ils devinèrent que le cours d'eau provenait de la source qui alimentait la citerne du wagon, tout en haut.

– Comment fonctionne ce funiculaire ? demanda le détective à l'étudiant qui grimpait à ses côtés.

– La citerne du wagon du haut se remplit d'eau, et quand il est plus lourd que celui d'en bas, il descend et il fait monter l'autre. Le conducteur contrôle la vitesse avec un frein. Pendant que les passagers descendent ou montent, on remplit la citerne du wagon du haut et on vide celle du wagon d'en bas. C'est simple.

– Celui du haut est toujours plein, prêt à descendre ?

– Ça, je n'en sais rien. Pourquoi ? Tu envisages de redescendre avec ?

– Simple curiosité.

Ils ne dirent rien de plus jusqu'à ce qu'ils arrivent à proximité de la petite gare installée au sommet du rocher. Au-dessus d'eux, le wagon semblait sur le point de dévaler la pente et de les écraser, et Jim n'était pas mécontent de quitter les rails pour grimper sur le quai. Celui-ci était composé de deux sections, à différents niveaux. Fritz s'accroupit au niveau inférieur, sa pelote à la main, pendant que Jim, Adélaïde et les autres, pliés en deux, gravissaient les marches conduisant au quai supérieur.

Celui-ci se trouvait au même niveau que le sommet du rocher, non loin du petit espace plat où

Adélaïde avait été couronnée. Au centre se dressait le mât en haut duquel pendait le drapeau, immobile. La seule autre construction au sommet était une guérite.

Le drapeau était protégé nuit et jour par deux soldats qui montaient la garde, relevés toutes les quatre heures. Leur tâche consistait à demeurer au garde-à-vous d'un air solennel mais, quand il faisait froid, comme cette nuit, ils marchaient de long en large pour se réchauffer.

Un petit portillon s'ouvrait à l'extrémité du quai. Prenant soin de rester dans l'ombre du toit, Jim s'avança. A force de faire les cent pas, les sentinelles avaient tracé un carré dans la neige autour du mât ; il entendait le martèlement régulier de leurs bottes mais, pour le moment, ils étaient cachés par le mur de la gare.

Jim fut bientôt rejoint par Adélaïde et les autres. Chaque étudiant tenait un pistolet.

Soudain, un cri brutal retentit dans le silence de la nuit :

– Halte ! Qui va là ?

Les deux gardes demeurant invisibles, ils devaient s'adresser au groupe qui escaladait l'autre versant. Avant que Jim ait le temps de réagir, Adélaïde marcha rapidement jusqu'au portillon et dit d'une voix puissante :

– *Die Königin…* La reine.

Jim fut à ses côtés en un instant. Désorientées, les sentinelles s'étaient retournées et pointaient tour à tour leurs fusils sur Karl qui venait d'apparaître au sommet et sur Adélaïde, qui poussait le portillon.

– Posez vos armes ! ordonna Karl. Vous ne voyez donc pas à qui vous avez affaire ?

Les deux hommes demeurèrent bouche bée lorsque Adélaïde abaissa son capuchon en avançant d'un pas. Un étudiant brandit une lanterne pour éclairer son visage. Un des soldats se tourna vers son camarade, perplexe, mais celui-ci s'était déjà mis au garde-à-vous. Finalement, le premier se ressaisit et s'empressa de l'imiter.

– J'aimerais que Becky soit là, murmura Adélaïde. Jim, dis-leur que je leur ordonne de descendre le drapeau, car le pays est envahi et nous allons l'emporter à Wendelstein. S'ils veulent sauver leur pays, ils peuvent se joindre à nous.

Jim traduisit les paroles de la reine, avec l'aide de Karl. Les deux sentinelles se regardèrent, en proie au doute.

– Mais, Votre Majesté... l'*Adlerfahne* doit flotter durant toute la vie du monarque ! Nous sommes ici pour le protéger, pas pour le descendre !

Adélaïde répondit par un bref hochement de tête.

– Je sais. Et vous êtes de bons gardes, tous les deux. Mais *je* suis montée jusqu'ici exprès. Pour porter moi-même le drapeau. Si on ne l'emporte pas...

Elle fut interrompue par une salve provenant de la gare basse du funiculaire, suivie de la détonation plus sourde d'une pièce d'artillerie. Toutes les têtes se tournèrent en même temps. Jim s'empressa de traduire les paroles d'Adélaïde, puis il ajouta :

– Ce sont les Allemands que vous entendez. Un traître, à l'intérieur du palais, a essayé d'empoisonner la reine et il les a aidés à envahir le pays. Ils voulaient faire assassiner Sa Majesté, mais nous nous sommes enfuis à temps. Alors, allez-vous enfin obéir aux ordres et descendre ce drapeau ?

L'un des deux soldats leva les yeux vers le haut du mât ; il semblait souffrir le martyre.

– On est là pour protéger le drapeau ! gémit-il. C'est plus important que n'importe quel roi ou n'importe quelle reine ! Il est là depuis cinq cents ans, et durant tout ce temps... il y a toujours eu des hommes comme moi pour le garder et... *Je ne peux pas,* Votre Majesté ! Même si les Allemands nous attaquent, le drapeau doit continuer à flotter sur le rocher !

Adélaïde comprenait ce sentiment, c'est pourquoi elle répondit :

– Vous avez raison. Et si Walter von Eschten était encore de ce monde, il serait fier de vous, comme je le suis. Mais il n'a jamais eu à affronter des armes aussi redoutables que celles-ci...

Une autre détonation venait de retentir. Des cris éclatèrent, et de la fumée s'éleva à proximité de la gare.

– Si le drapeau reste ici, reprit Adélaïde dans un mélange précipité d'allemand et d'anglais, ce pays ne résistera pas plus d'une heure. Si les envahisseurs montent sur le rocher, je me battrai à vos côtés pour que le drapeau continue à flotter. Mais si nous l'emportons, ils ne pourront jamais dire qu'ils nous ont vaincus, car ils n'auront pas le drapeau ! Réfléchissez… Songez donc à ce qu'a fait Walter von Eschten il y a si longtemps. Lui aussi a descendu le drapeau. Il l'a emporté à Wendelstein, souvenez-vous. Au château qui se trouve là-bas. C'est ce que *nous* allons faire. Nous allons emporter le drapeau à Wendelstein. Tous les habitants de ce pays sauront ce que cela signifie, et ils nous rejoindront pour repousser les Allemands. Vous comprenez ? Joignez-vous à nous ! Venez avec moi à Wendelstein et sauvez le drapeau !

Il y eut un silence de plusieurs secondes. Nul ne bougea. Le soldat récalcitrant devait arbitrer un terrible combat entre son sens de la discipline et son imagination et, finalement, après presque une demi-minute, son imagination l'emporta.

Il frappa le sol avec la crosse de son fusil et se mit au garde-à-vous.

– Soldat de première classe Schweigner. A vos ordres, madame !

– Caporal Kogler, dit l'autre. Nous sommes avec vous, Majesté !

Adélaïde ne put s'empêcher de battre des mains.

– Bravo ! s'exclama-t-elle. Dépêchez-vous de descendre le drapeau, vite !

Les deux soldats se précipitèrent vers le mât. Au même moment, Jim perçut un petit sifflement en provenance du quai derrière lui et courut jusqu'au portillon.

– Elle tire sur la pelote ! chuchota Fritz. Il se passe quelque chose en bas !

Jim sauta sur le quai inférieur, à l'extrémité duquel était accroupi Fritz, et tous deux observèrent la pente. La voie ferrée, obscurcie par les buissons, plongeait en ligne droite vers la gare tout en bas, à l'exception de la boucle d'évitement.

– Il y a quelqu'un sur le quai, murmura Fritz. Deux personnes… Non, trois… elles grimpent dans le wagon ! Elles vont monter ici !

Jim et Fritz entendirent soudain un bruit métallique sous le wagon qui se trouvait à leur hauteur et celui-ci se mit à cahoter légèrement, retenu par les freins qui appuyaient contre les rails. Puis il y eut un bruit d'eau qui coule à gros bouillons dans une citerne.

– Ouvre les portières du wagon, commanda Jim. Vite.

Il se précipita vers les marches pour grimper sur le quai supérieur et tomba sur Karl et deux autres étudiants qui ouvraient déjà le portillon après avoir entendu la citerne qui se remplissait.

– Vite ! cria Jim. On va descendre pendant qu'ils montent ! Le funiculaire est contrôlé d'en bas…

Derrière Karl, les deux soldats détachaient respectueusement le drapeau de la drisse. Adélaïde les aidait en le pliant comme un drap tout propre, mais la tâche n'était pas facile, car le gel avait raidi l'étoffe.

– Dépêchez-vous ! leur souffla Jim. Le danger approche ! Vite ! Apportez-le sur le quai !

Adélaïde était en train de replier le dernier coin du drapeau pour former une sorte de petit ballot. Nul ne voulait bouger avant elle : les soldats avaient ramassé leurs fusils, les étudiants s'étaient écartés pour la laisser passer…

Un autre bruit métallique, plus violent que le premier, résonna sous le wagon : les freins avaient du mal à résister au poids qui augmentait dans la citerne.

Adélaïde avait enfin terminé. Impatient, Jim passa son bras autour de sa taille et la souleva presque du sol pour lui faire franchir le portillon, que Karl tenait ouvert. Quand elle fut passée, les autres suivirent, certains sautant par-dessus la barrière. Les quatre portières du wagon étaient grandes ouvertes : ils s'y engouffrèrent juste au moment où celui-ci démarrait.

– Fermez les portières et baissez-vous ! ordonna Karl. Couchez-vous par terre, qu'on ne vous voie pas !

Accroupie sous un buisson recouvert de neige, tremblant d'angoisse, Becky regarda les trois hommes (le baron von Gödel, le jeune aide de camp et un officier arborant un sabre et un casque à plume) monter à bord du wagon, suivis par le chef de gare qui boutonnait en toute hâte sa tunique en grommelant.

Becky ôta l'anneau de laine de son index ; la pelote avait rempli son rôle. Elle savait que Fritz avait reçu le message, car il avait répondu en tirant à son tour sur le fil. Pourtant, elle ne percevait aucune réaction là-haut, au sommet du rocher.

Le chef de gare, après avoir vérifié la tension du câble, poussa le levier du frein vers l'avant et le wagon s'ébranla dans une secousse. Il progressait plus facilement dans la journée, quand le gel ne bloquait pas les roues. Malgré tout, il gravissait la pente peu à peu et Becky put bientôt sortir de sa cachette. Après avoir brossé ses habits, elle traversa les rails en courant et sauta sur le quai.

Elle arriva juste à temps pour voir le wagon du bas bifurquer gracieusement vers la gauche afin de laisser passer celui qui descendait, avant de revenir sur la voie principale. Persuadée que le wagon venant d'en haut était vide, elle n'y faisait pas attention et toute son angoisse était concentrée sur le sommet. Aussi, quand le wagon s'arrêta brutalement dans un hurlement de freins, elle avait toujours le regard levé et elle faillit s'évanouir lorsque les portières s'ouvrirent pour laisser surgir une douzaine de silhouettes sombres.

– Qu'est-ce que... ? Oh, mon Dieu ! Jim, c'est vous ?

– Oui. Il faut filer d'ici, *vite !* Quand ils s'apercevront que le drapeau...

– La poutre ! s'exclama Becky.

– Quelle poutre ?

– Posez-la en travers des rails et...

Elle sauta du quai et courut vers les buissons. Karl et un autre étudiant la suivirent. Comprenant ce qu'elle avait en tête, ils lui prêtèrent main-forte. Au même moment, ils entendirent les trombes d'eau qui s'échappaient du réservoir, dans une sorte de caniveau situé sous les rails. Ils soulevèrent la poutre sur laquelle s'était assise la jeune fille et parvinrent à l'extirper des buissons pour aller la déposer sur la voie.

– Coincez-la sous les roues ! cria Becky, sans se soucier des branches qui l'égratignaient.

Deux autres étudiants vinrent les aider et la poutre tomba lourdement devant les roues, juste au moment où le câble se tendait. Le wagon fit un bond en avant.

– Attention ! cria Karl.

Il poussa Becky sur le côté, à la dernière seconde. Le wagon gravissait la pente en poussant la poutre devant lui.

Dans un ultime effort, les deux étudiants parvinrent à incliner la poutre qui glissa entre les rails et se coinça dans les traverses. Le wagon s'immobilisa dans un soubresaut qui tendit le câble comme une corde de harpe.

– Vite, retournons à la gare, dit Jim.

Ils retraversèrent les rails ; leurs compagnons les aidèrent à remonter sur le quai.

– Écoutez-moi, reprit Jim. Willi et Michael sont revenus. Il n'y a pas une seule voiture ni un seul cheval nulle part. Mais des gens sont en train de préparer le train royal sur une voie de garage. J'ai l'impression que quelqu'un a l'intention de mettre les bouts, mais si on arrive à temps, on pourra peut-être s'emparer du train. On va se séparer : je me rendrai là-bas avec le soldat Schweigner, Becky et la reine ; le caporal Kogler ira avec Karl et son groupe. Les autres, dispersez-vous. Direction la gare. Rendez-vous devant la statue de je-ne-sais-pas-qui... avec les femmes nues, vous voyez de quoi je parle. Il y aura du monde, il faudra faire semblant de ne pas se connaître et parler à voix basse. Mais j'ai un plan. Séparons-nous et en route !

Les étudiants se dispersèrent. Le détective aida Adélaïde à descendre les marches glissantes. Elle tenait dans ses bras le lourd drapeau plié, comme si c'était un enfant et emboîta le pas aux autres, sans un mot. Jim griffonnait quelque chose dans son calepin tout en marchant.

Des fenêtres des appartements du comte et de la comtesse Thalgau, on apercevait, au-dessus des toits de la ville, le sommet du rocher. Le vieil homme posa ses jumelles et se redressa.

– Minna ! cria-t-il. Sors-moi mon uniforme, s'il te plaît, ma chérie.

La comtesse se redressa brusquement ; elle s'était assoupie dans le fauteuil.

– Mais... que vas-tu faire ?

– Je vais me laver, me raser et m'habiller. Ensuite, j'irai chercher un cheval à l'écurie.

– Tu n'es pas en état de te lever !

– Je ne me suis jamais senti aussi bien de ma vie !

Son visage était empourpré, ses yeux injectés de sang, sa main gauche tremblait et son pied traînait légèrement sur le tapis. Mais en le voyant ainsi, debout devant elle, le menton dressé, le torse bombé, la comtesse comprit ce qu'il avait l'intention de faire, et elle se dit qu'il avait raison, tout compte fait. Elle avait l'impression que sa vision se troublait, elle ne voyait plus distinctement son mari, elle ne voyait plus le traître dont il avait endossé l'habit. Elle ne voyait que le jeune et fier soldat qu'elle avait aimé pendant quarante ans, et qui vivait encore en lui.

Elle se hâta de sortir son plus bel uniforme : pantalon moulant vert foncé paré d'une bande brillante, veste ornée de boutons et d'épaulettes dorés, shako noir surmonté d'une plume rouge. Puis les bottes de cavalier et la cape, la ceinture où pendait le grand sabre de cavalerie. Elle l'aida à s'habiller. A cause de sa main gauche à demi paralysée, le comte ne pouvait pas fermer ses boutons mais, pour lui épargner toute gêne, la comtesse s'en chargea sans le moindre commentaire.

– Ma chère petite, fit-il d'un ton bourru en lui caressant la joue.

Il prit l'étui en cuir contenant son revolver chargé et son épouse l'accrocha à sa ceinture. Pour finir, elle déposa sa cape sur son dos et la balança sur son épaule gauche.

Il la regarda en face. Ce n'était pas facile de parler, pour l'un comme pour l'autre. Mais la simple intimité de cet instant, la franchise du comte qui se tenait devant elle, avec fierté, la tendresse d'une main familière sur sa joue... ces choses étaient plus fortes que la honte.

Il déposa un baiser sur les cheveux gris de son épouse et sortit d'un pas décidé.

Le général allemand avait donné une heure à Gödel pour qu'il lui apporte le drapeau, et c'était un homme de parole. Au bout de soixante minutes, ne voyant rien venir, il réclama son cheval.

Abandonnant l'agitation, la confusion et le vacarme de la gare entre les mains expertes de son second, le général sortit par une issue annexe, accompagné de son aide de camp. Le jeune officier consulta un plan de la ville, puis tendit le doigt et son supérieur orienta la tête de son cheval en direction du rocher.

– Voyez-vous, Neumann, confia-t-il alors qu'ils chevauchaient dans les rues animées, je crois qu'il se passe quelque chose. Je ne serais pas surpris que ce Gödel ait préparé un petit coup en douce. Et tant mieux.

– Pourquoi, général ?

– La politique, mon cher. Si ce pays est réellement menacé et que nous volons à son secours, nous aurons le beau rôle. Est-ce le rocher, là-bas ? Avec un wagon au sommet ? Et des gens qui agitent des lumières ?

Ils s'arrêtèrent dans un espace entre deux maisons pour observer la scène. Courtois, le général fit reculer son cheval pour laisser passer un jeune couple : une fille menue enveloppée dans un manteau à capuchon, tenant un enfant dans les bras, semblait-il, et un jeune homme en caban qui l'enlaçait d'un bras protecteur. Ils marchaient d'un pas vif.

– Il y a quelque chose de bizarre, commenta le jeune officier. Au sommet. Regardez, on dirait que le funiculaire est coincé ou je ne sais quoi.

Le général l'avait remarqué lui aussi. Il agita les rênes de son cheval, qui martela les pavés à coups de sabots et partit au galop en direction de la gare du funiculaire.

A peu près au même moment, deux vieux frères, des voleurs qui sévissaient sur la rivière en pénétrant par effraction dans les bâtiments situés sur les berges, chargeant ensuite leur butin à bord d'une barque longue et étroite avant de filer, virent leurs rames bloquées par un cadavre.

Il y avait de l'argent à gagner avec les cadavres, à condition de les apporter à l'école d'anatomie avant qu'ils fussent trop décomposés. Aussi décidèrent-ils de renoncer à l'entrepôt de tabac, pourtant prometteur, qu'ils guignaient ce jour-là, pour hisser le corps à bord de leur embarcation.

C'était celui d'une jolie femme, par-dessus le marché : brune, avec des lèvres charnues et des formes voluptueuses. Leur déception fut d'autant plus grande quand la morte ressuscita en crachant de l'eau, et ils furent tentés de lui donner un bon coup sur la tête pour la transformer en véritable cadavre, mais ces hommes, au fond, étaient des sentimentaux. Pendant que Miroslav ramait pour regagner la maison en ruine où ils vivaient, dans la vieille ville, Josef massa patiemment les mains de la rescapée, puis il l'aida à s'asseoir et approcha de ses lèvres une flasque d'alcool de prune. Elle avait retrouvé une respiration normale et elle ouvrit les yeux en battant des paupières.

– Je crois qu'elle va s'en tirer, Slava ! lança Joseph. Ne parlez pas, ma jolie, gardez votre souffle. Dans quelques minutes, vous serez bien au chaud. Vous avez eu de la veine qu'on soit partis faire une petite promenade en bateau, hein ? On est presque arrivés. Ça va aller…

La statue dont parlait Jim était une allégorie en bronze de la Paix recevant les hommages du Commerce et des Arts ; elle reposait sur un socle de marbre. Cette œuvre d'art n'avait aucun lien direct avec la Société des chemins de fer, mais ces trois femmes nues, robustes et enjouées, étaient devenues un lieu de rendez-vous très apprécié et, à présent que la foule commençait à provoquer les soldats allemands qui sortaient de la gare, la Paix, le Commerce et les Arts étaient plus populaires que jamais. Plusieurs jeunes gens étaient grimpés sur le monument et l'un d'eux s'était assis à califourchon sur les épaules confortables de la Paix pour lancer des obscénités aux envahisseurs en agitant le poing.

Jim et les autres n'eurent donc aucun mal à discuter sans se faire repérer au milieu de toute cette agitation. Le détective s'adressa d'abord à Anton :

– Tu vas rester en ville. Prends ces notes que j'ai griffonnées à toute vitesse et utilise-les pour rédiger un tract. Fais-en imprimer le plus possible, tant que tu as du papier. Et affiche-le partout, glisse-le sous les portes... Dans toute la ville. L'essentiel, c'est que les gens sachent ce qui se passe. La reine a été arrêtée sur ordre de Gödel et a failli être exécutée, mais elle s'est enfuie et elle a mis le drapeau à l'abri. Comme Walter von Eschten, elle va l'emporter à Wendelstein. Le drapeau est toujours libre, voilà le message. Personne ne doit penser qu'elle a abdiqué ou trahi ce pays. Vas-y vite.

Anton opina du chef, salua Adélaïde discrètement et disparut dans la foule. Jim adressa un signe de tête à Karl, qui expliqua :

– Nous devons atteindre la voie de garage située sur la droite de la gare, derrière l'hôtel, là-bas. En visant la cabine d'aiguillage. Michael dit que le train royal est arrêté juste devant, et la locomotive chauffe déjà. De toute évidence, Gödel avait l'intention de filer, mais on peut encore le prendre de vitesse si on se dépêche. L'oncle de Willi est mécanicien, il saura conduire cet engin ; le soldat Schweigner également. Ils prendront possession de la locomotive. Le plus important, c'est de faire monter la reine dans le train. Dès qu'elle sera à bord, on s'en va, et tant pis pour les retardataires. Séparons-nous de nouveau pour ne pas nous faire remarquer. Que chacun se débrouille. Bonne chance à tous !

Il leur fallut cinq minutes pour se frayer un chemin au milieu de la foule, contourner l'hôtel et se faufiler dans la ruelle de derrière ; vingt secondes pour s'introduire par effraction dans la consigne de la gare et trente secondes pour en ressortir. Ils se retrouvèrent alors sur un petit quai sale, sous un grand château d'eau. A moins de cent mètres de là, devant une cabine d'aiguillage plongée dans l'obscurité, les deux wagons bordeaux du train royal attendaient. De la fumée s'échappait de la cheminée de la locomotive à tender. Ils virent alors les silhouettes sombres de Willi et du première classe Schweigner, enveloppé dans son pardessus, bondir à l'intérieur de la locomotive.

– Bien joué, approuva Jim.

Ils dévalèrent la pente située à l'extrémité du quai et traversèrent en courant le terrain accidenté.

Michael attendait à côté de la portière ouverte du wagon. Il dit d'un ton calme :

– On va rester ici pour bloquer les autres trains le plus longtemps possible. L'aiguillage est réglé pour vous envoyer sur la ligne d'Andersbad. Pas de problème jusque-là. Bonne chance !

Des mains se tendirent pour les hisser à bord, et Michael fit un signe en direction de la locomotive. Une main lui répondit et le train s'ébranla.

Ils avaient réussi à s'enfuir.

18
Entre chien et loup

Des cris retentirent dans leur sillage, des coups de feu… mais le train prenait de la vitesse, et bientôt ils quittèrent la gare de triage pour se retrouver sur la voie ferrée principale. Deux silhouettes sombres dans la neige leur adressèrent un petit signe de la main, puis s'empressèrent d'actionner les aiguillages après leur passage. Jim se détendit enfin et regarda autour de lui.

Ils étaient montés à l'arrière des deux wagons. Ils ne voyaient pas grand-chose, toutefois, car l'unique lumière provenait de l'extérieur. Karl gratta une allumette pour allumer une des lampes à pétrole. Lorsque la mèche s'enflamma, l'intérieur du wagon s'éclaira peu à peu : ils se trouvaient dans un salon vaste et cossu, avec des sièges confortables, des tapis au sol et des lambris en acajou.

Adélaïde déplia avec soin le drapeau sur une des tables. Cette besogne accomplie, elle leva la tête.

– Monsieur von Gaisberg, dit-elle, voulez-vous demander à tout le monde de venir ici, je vous prie ?

C'est alors qu'elle aperçut Becky, livide de fatigue, qui s'appuyait sur le dossier d'un fauteuil.

– Assieds-toi, lui dit-elle en montrant l'exemple. Tu pourras piquer un roupillon dans cinq minutes si ça te chante, mais je veux d'abord vous parler.

Karl revint, accompagné de cinq autres étudiants et du caporal Kogler. Adélaïde leur demanda de s'asseoir et tous s'exécutèrent. Le caporal, visiblement mal à l'aise, tenait son fusil bien droit à ses côtés.

Elle s'adressa à eux et Becky traduisit :

– Bravo à tous. Comme vous avez pu le voir, on a bien failli perdre le drapeau. Nous savons ce que le baron Gödel avait en tête en montant sur le rocher. Mais l'Aigle Rouge est toujours entre nos mains, la Razkavie est toujours un pays libre et je suis toujours la reine. Voici ce que nous allons faire. Ce train va nous conduire à Andersbad et, de là, nous filerons directement à la garnison. Je m'adresserai aux soldats et je lancerai un appel à tous les citoyens loyaux pour qu'ils me soutiennent. Ensuite, nous marcherons jusqu'au vieux château de Wendelstein. Tout le pays saura ce que cela signifie.

Karl se racla la gorge.

– Wendelstein n'est qu'à quelques kilomètres de Schwartzberg, Votre Majesté. Le comte Otto…

Il hésita.

– Continuez, lui dit Adélaïde.

– Êtes-vous sûre de sa loyauté ? Nous connaissons tous ses ambitions. A-t-il participé à ces complots ?

Le visage d'Adélaïde était crispé et dans ses yeux couvait un feu sombre. Jim et Becky connaissaient cette expression.

– J'ignore ce que fera le comte Otto. Mais je suis reine depuis assez longtemps pour connaître l'importance du drapeau et de la victoire héroïque de Walter von Eschten. Et le comte Otto aussi. A lui de décider quel rôle il veut jouer. Quelqu'un a une autre question ?

Son regard balaya le compartiment. Les visages tournés vers elle étaient graves. Nul ne parla.

– Très bien. Nous avons tous besoin de repos. Je vous suggère d'essayer de dormir jusqu'à notre arrivée à Andersbad. Installez-vous où vous pouvez. Je suis très fière de vous…

Becky avait atteint ce stade de fatigue où vous commencez à imaginer des choses, ou bien à voir des choses invisibles en temps normal. Ainsi, quand elle observait Adélaïde qui regardait Jim, et quand elle voyait le jeune homme fixer Adélaïde, il lui semblait lire sur leurs visages une expression à la fois tendre, avide, fougueuse, timide et… *animale.* Ils ne se quittaient pas des yeux. Quand Adélaïde et Becky eurent rejoint le premier wagon et que la jeune fille eut allumé la lampe dans le compartiment principal, elle se retourna et vit la reine en train de se ronger un ongle, le rouge aux joues et le souffle court.

– Va chercher Jim, dit-elle simplement.

Becky s'exécuta. Quand elle regagna le compartiment, Adélaïde était en train d'ouvrir le petit sac de velours violet qu'elle avait demandé à son amie de prendre dans le secrétaire ce matin-là – des siècles auparavant – quand elles s'étaient réveillées dans les appartements royaux au palais. Jim tremblait, ses yeux verts étaient rougis, mais ils brillaient avec la même intensité que ceux d'Adélaïde. « C'est franchement inconvenant, se dit Becky. S'ils se touchent, ils vont exploser... »

C'est alors que la reine surprit son monde.

– Je voulais faire ça le jour de mon anniversaire, dit-elle, mais je ne sais pas trop quel jour c'est et, de toute façon, on risque de ne pas vivre jusque-là. Si jamais l'idée vous vient de refuser ou je ne sais quoi, je vous arrache les yeux, car je suis la reine et je fais ce que je veux ! Jim, tu es censé t'agenouiller. Allez, à genoux !

Il obéit, sans se presser, et Adélaïde sortit du petit sac une décoration dorée en forme d'étoile, suspendue à un long ruban de soie vert foncé.

– C'est l'Ordre de Saint-Stephen. Un signe de noblesse. Cela veut dire que tu es un noble maintenant, un baron ou un truc dans ce genre. C'est en récompense de tout ce que tu as fait, depuis le début, pour le roi Rudolf et pour ce pays, pas pour moi.

Pour une fois dans sa vie, Jim demeura totalement muet. Dans ses yeux brillait une étincelle que Becky prit pour de la colère, mais il accepta la main que lui tendait Adélaïde et y déposa un baiser.

Elle passa le ruban autour du cou du jeune homme et se tourna vers Becky.

– J'en ai une pour toi aussi. (Elle fourragea dans son sac et en sortit une médaille dorée accrochée à un petit ruban écarlate.) Approche.

Becky avança et Adélaïde épingla la médaille sur sa poitrine.

– Je te décore du Grand Ordre de l'Aigle Rouge, dit-elle. Deuxième classe. C'est pour les civils. Tu as été une bonne interprète. Maintenant, va dormir dans l'autre compartiment, car il faut que… Je veux parler à…

La jeune fille sortit et, en fermant la porte du compartiment, elle entendit un soupir étouffé, ou bien un halètement, ou bien les deux. Elle se sentait exclue, non pas parce qu'on l'envoyait dormir à côté, mais ces deux-là semblaient si impatients de… de quoi ? Elle le savait, mais elle rougissait rien qu'en y pensant. L'intensité de leur désir ne pouvait que l'émerveiller et l'étonner. Peut-être était-elle encore trop jeune, peut-être la passion venait-elle plus tard, ou peut-être existait-il quelque part une personne qu'elle n'avait pas encore rencontrée et avec qui…

Le rouge au front et le Grand Ordre de l'Aigle Rouge (deuxième classe) sur la poitrine, Becky s'endormit. Pendant ce temps, le train traversait le silence enneigé de la nuit.

Sur la plate-forme de la locomotive, Willi, l'étudiant, surveillait les instruments de contrôle. L'aiguille du manomètre indiquait une faible pression, mais le niveau d'eau n'était pas très élevé lui non plus. Ils n'avaient pas eu le temps de remplir correctement le réservoir. Pouvaient-ils se permettre d'alimenter la chaudière en charbon pour augmenter la pression ? Cela risquait de les obliger à s'arrêter pour prendre de l'eau, et où pourraient-ils en trouver ? D'un autre côté, s'ils ne roulaient pas assez vite, on pouvait les rattraper... C'était un dilemme.

Et ce n'était pas la seule interrogation. La voie était-elle dégagée ? Un autre train pouvait surgir à tout moment. Les aiguillages leur seraient-ils favorables ?

Et il y avait ce soldat, le première classe Schweigner. Willi avait du mal à le cerner. Certes, il ne ménageait pas sa peine pour alimenter la chaudière, mais il ne parlait pas et ne répondait aux questions que par monosyllabes. Pour l'instant, il avait penché la tête hors de la cabine, la main en visière pour se protéger de la fumée et de la neige qui tombait maintenant à gros flocons.

Les épais flocons tourbillonnaient à l'intérieur de la locomotive et Willi se réjouissait de pouvoir se réchauffer grâce à la chaudière qui grondait devant lui. Curieux de savoir où ils étaient, il se pencha à son tour à l'extérieur. Mais il ne vit qu'une obscurité rugissante et constellée de blanc. Soudain, la pelle s'abattit sur son crâne si violemment qu'il l'entendit tinter, à moins que ce ne fût son imagination. Il tomba à genoux. Sa main se tendit vers le garde-fou... Tout semblait se dérouler avec une lenteur apaisante. Puis un deuxième coup de pelle provoqua dans sa tête l'intense douleur que le premier n'avait pas encore éveillée.

– La reine…, balbutia-t-il.

Mais il ne put aller plus loin, car il bascula vers l'avant. Il se sentit glisser, puis le vent l'arracha à la locomotive pour le projeter dans les ténèbres grondantes où l'attendaient les graviers, les racines des arbres, la glace et, en dessous, l'eau profonde et stagnante.

Le soldat Schweigner se redressa en tremblant. Il pouvait à peine tenir la pelle. Mais il avait rempli son devoir, la première partie du moins. Le reste serait vite accompli.

Il jeta plusieurs pelletées de charbon dans la chaudière et referma brutalement la porte. Il vérifia la vitesse : 40 km/h seulement, mais ils gravissaient une pente raide. La pression montait. Il suivit le tuyau de vapeur jusqu'à la valve de sécurité, qu'il écrasa à coups de pelle. Puis, au moment où la locomotive ralentissait à 30 km/h, au sommet de la côte, le soldat Schweigner sauta de la plate-forme, dévala la pente enneigée en roulant sur lui-même et s'immobilisa, le souffle coupé par le choc. Il se releva péniblement, se tenant à l'arbre qu'il avait percuté. Il ôta la neige de ses yeux pour voir le train franchir la crête de la colline, tout là-haut, en prenant de la vitesse. Derrière, Schweigner savait qu'il y avait une longue descente. Par contre, il ne pouvait pas prévoir à quel moment la chaudière allait exploser ; c'était à Dieu d'en décider.

Grimaçant de douleur, il remonta la pente pour parcourir d'un pas traînant le kilomètre qui le séparait de la petite ville de Saint-Wolfgang, où il était certain de trouver un télégraphe.

De l'atelier d'un imprimeur du quartier de l'université émergeaient des silhouettes portant des liasses de tracts à l'encre encore fraîche ; elles se faufilaient dans les rues pour les fourrer dans les boîtes aux lettres, dans les mains des passants ou dans leurs poches, pour les coller sur les murs, les lampadaires et les portes. Ici et là, des gens s'arrêtaient pour les lire ou tiraient un voisin par la manche pour attirer son attention.

– La reine s'est enfuie avec le drapeau ! Elle est partie à Wendelstein, comme Walter von Eschten !

– Quel coup d'éclat ! On se croirait au Moyen Age !

– Elle les a bien eus...

La confusion régnait dans les rues ; des bagarres avaient éclaté en différents points de la ville. Le commandant des forces allemandes, le général von Hochberg, gardait en réserve le gros des troupes, en songeant que l'armée razkavienne risquait de se réveiller et de soutenir les petits groupes de civils qui menaient la révolte avec des fusils de chasse et des pavés.

Dès qu'il apprit ce qui s'était passé au sommet du rocher, le général fit arrêter le baron Gödel. Celuici, stupéfait et amer, trouva à peine le courage de résister. Immédiatement après, voyant qu'un grave incendie ravageait le quartier des banques, le général envoya une compagnie de grenadiers sur place avec ordre d'éteindre le brasier et de protéger les civils. Il s'apprêtait à s'attaquer aux barricades du quartier de l'université lorsqu'un major survolté arriva au galop ; une voiture fermée le suivait.

– Général ! Regardez qui est là ! On l'a trouvé près de la gare du jardin botanique...

Le général observa les pâles visages du prince Leopold et de sa nourrice, que le baron Gödel avait chargée de l'accompagner.

– Qui est-ce ? s'enquit-il.

– Le prince Leopold ! répondit la nourrice, désireuse de protéger le jeune homme, tout en craignant de commettre une erreur.

– Ah ! Je comprends maintenant.

Ce que le général comprenait, c'était le plan du baron Gödel. Il s'attarda un instant sur la pathétique silhouette du prince, avant de reporter son attention sur le major.

– Ramenez ce pauvre homme au palais, donnez-lui une bonne dose de brandy et laissez la nature suivre son cours. Neumann, où êtes-vous ? Allons nous occuper de ces barricades...

Pendant ce temps, les étudiants chargés de distribuer les tracts avaient pénétré dans la vieille ville et sillonnaient les ruelles, les labyrinthes et les cours cachées pour distribuer leur message d'espoir. Miroslav Kovaly, un des vieux voleurs qui sévissaient sur la rivière, était parti à la recherche d'un peu de nourriture pour leur invitée surgie de l'eau. Un jeune individu lui fourra un papier dans la main.

– Tenez, grand-père ! Lisez ça ! Emportez-le chez vous et montrez-le à votre famille !

– Entendu. Merci, mon gars…

Le balancement du train réveilla brutalement Jim. Son bras était coincé sous la tête d'Adélaïde. Elle dormait encore et, quand il essaya de se dégager, elle remua et murmura :

– Non, ne t'en va pas !

Mais il l'embrassa et se redressa en remuant son épaule pour faire circuler le sang dans son bras ankylosé.

Cela ne faisait aucun doute : le train roulait comme un bateau sur une mer déchaînée, si violemment que le petit sac en velours d'Adélaïde et la veste de Jim s'étaient décrochés des patères où ils étaient suspendus.

– Réveille-toi, dit-il en secouant délicatement l'épaule de la jeune reine. Réveille-toi, mon cœur… Pour l'amour du ciel…

– Qu'y a-t-il ?

Encore à demi endormie, elle se redressa. Puis elle sentit le balancement furieux du train et passa son bras autour du cou de Jim.

– Jim ! Que se passe-t-il ?

– Je crois que le train est devenu incontrôlable. Je vais aller voir ce qui se passe à l'avant. Habille-toi et surveille le drapeau. Reste près du lit ; en cas d'accident, le matelas amortira le choc.

Il enfila sa veste, laça ses chaussures avec des gestes rapides et brusques et serra Adélaïde dans ses bras.

– Je t'aime, dit-il. Tu comprends ? Plus que tout. La vie, la mort, la Razkavie, l'Angleterre… tout ça, c'est rien à côté de mon amour pour toi. Il fallait que je te le dise au moins une fois.

Il avait enfoui son visage dans le cou de la jeune femme. Il caressait ses cheveux épais, bruns et parfumés, et il l'entendit murmurer :

– Jim, de tous les hommes que j'ai connus, tu es le *seul* que j'aie aimé, et je t'ai aimé dès le premier jour, quand je t'ai vu chez Lockhart et Selby… Je n'ai jamais cessé de t'aimer, Jim.

C'est alors que se produisit une détonation qui les ramena plusieurs mois en arrière, à Saint John's Wood, par une matinée ensoleillée, car on aurait dit qu'une bombe venait d'exploser. Une seconde plus tard, il y eut une secousse plus violente que les précédentes, et tout le wagon se renversa dans un énorme fracas de bois qui se fend : tous deux se retrouvèrent projetés contre le mur, à moins que ce ne fût le plafond ou le sol. Au choc succédèrent le sifflement et l'odeur du gaz qui s'échappe, le rougeoiement des braises renversées et la chaleur du métal porté au rouge…

Jim reprit ses esprits et, grimaçant de douleur, tenta de se relever. Sa jambe était coincée par quelque chose. A force de tirer, il parvint à se dégager, mais bascula à la renverse et brisa une vitre. Il se releva de nouveau ; Adélaïde, l'arcade sourcilière ouverte, était presque évanouie. Il la dégagea sans ménagement.

Elle était en chemise de nuit. Parmi les draps et les couvertures emmêlés, Jim avisa son manteau et s'en saisit. En se redressant, il se cogna la tête et poussa un juron, avant de faire sauter les morceaux de verre de la vitre brisée au-dessus de lui.

– Viens par ici, dit-il en soulevant la reine.

Elle était aussi légère qu'une enfant. Il la poussa par l'ouverture et lui souleva ensuite les pieds pour qu'elle puisse sortir par la fenêtre du compartiment.

– Sauve-toi ! Éloigne-toi de la locomotive, je vais chercher Becky ! cria-t-il.

Il aperçut alors une des bottines d'Adélaïde par terre. Elle était pieds nus dans la neige. Il redescendit. Le wagon incliné sur le côté était éclairé d'une lueur rougeoyante et dansante, et le sifflement du gaz ne cessait de s'amplifier. Après avoir tâtonné pendant quelques instants, il dénicha l'autre bottine et jaillit à l'extérieur du compartiment en brandissant les deux chaussures.

– Retourne chercher le drapeau ! hurla-t-il. *Vite !*

Adélaïde hocha la tête, le regarda avec ses grands yeux noirs brûlants d'amour et enfila ses bottines avant de se diriger en titubant vers le deuxième wagon qui gisait sur le flanc lui aussi, un peu plus loin. Jim entendit d'autres voix, puis il vit des bras, des têtes et des corps émerger des fenêtres, mais il leur tourna le dos pour avancer sur le côté du wagon renversé jusqu'à la porte suivante.

D'un coup sec, il abaissa la poignée et tira ; la porte s'ouvrit à la volée.

– Becky ! Becky ! Où êtes-vous ?

Une voix calme répondit dans l'obscurité :

– Ne criez pas. Je crois que je me suis cassé le bras ou les côtes. Ou la clavicule, je ne sais pas. Je ne peux pas bouger.

Jim se laissa glisser dans les ténèbres du compartiment. Soudain, il sentit sous ses doigts le bras de Becky et fit glisser sa main jusqu'à ses hanches. La jeune fille était coincée sous la couchette supérieure qui s'était détachée des sangles qui la fixaient au mur. Il la souleva en s'aidant de son épaule.

– Vous pouvez bouger, là ?

Elle tenta de se dégager et poussa un grand cri, mais reprit aussitôt ses efforts, pendant que Jim continuait à soulever la couchette. Quand la jeune interprète eut réussi à se dégager, il la laissa retomber.

– Vous avez vos chaussures aux pieds ?

– Non...

– Il vous les faut.

Il ne tarda pas à les trouver et les lança par la porte ouverte, au-dessus de lui. Lorsqu'il prit Becky par la taille, à deux mains, pour la hisser au-dehors, elle s'évanouit. Cela lui facilita la tâche. En la soulevant, il sentit grincer les côtes brisées, mais il continua, impitoyablement, jusqu'à ce que la majeure partie du corps de la jeune fille soit à l'extérieur ; après quoi, il grimpa par-dessus elle et la hissa hors du compartiment.

Entre-temps, la plupart des étudiants étaient sortis du deuxième wagon et le caporal Kogler, le visage creusé par l'angoisse, tendait le drapeau à Adélaïde. Un des bords avait été arraché et pendait comme une langue de soie cramoisie.

– Tout le monde est sain et sauf ? demanda-t-elle.

– Michael est mort, répondit Gustav d'une voix tremblante. Il a eu la nuque brisée.

Derrière lui, deux étudiants sortaient délicatement le corps du jeune homme. Ils le déposèrent sous les arbres et le recouvrirent d'une couverture. Jim prit Gustav par les épaules et le secoua avec douceur.

Karl demanda :

– Où est Willi ? Toujours dans la locomotive ?

Tous les regards suivirent la voie ferrée tordue. Les flammes rougeoyaient dans la nuit et les troncs presque noirs des arbres se dressaient de chaque côté comme les coulisses d'une scène de théâtre. Au bord de l'épuisement, ravagé par la colère et la passion, Jim n'aurait pas été surpris de voir surgir le grand acteur Henry Irving, ou les arbres s'écarter, tel un décor peint, pour laisser apparaître Louis dei Franchi, blessé après son duel fatal dans *Les Frères corses.*

– Ressaisis-toi, mon vieux, murmura-t-il. Willi a disparu, continua-t-il en allemand. Tout comme ce soldat, comment s'appelle-t-il déjà… ?

– Schweigner ! dit le caporal. Dès le début, je l'ai senti réticent. Bon sang, j'aurais dû monter dans la locomotive avec lui…

– On n'avait pas le temps de penser à tout, le coupa Jim. Récupérez tout ce dont vous avez besoin dans le train, mais faites vite.

Comme pour illustrer le danger qui les menaçait, il y eut soudain un grand souffle chaud derrière eux. Le gaz qui s'échappait du réservoir avait pris feu et la violence de la combustion les déséquilibra l'espace d'une seconde.

Pendant que deux étudiants redescendaient dans le wagon pour récupérer leurs armes, Jim demanda au caporal :

– Savez-vous où nous sommes ?

– A deux ou trois kilomètres d'Andersbad, pas plus. Regardez, il y a un panneau indicateur.

En effet, une plaque en fer-blanc rectangulaire, aux couleurs délavées de la Société des chemins de fer de Razkavie, était clouée sur un tronc d'arbre. Jim regarda au-delà de la locomotive en feu, en se protégeant les yeux contre la chaleur du brasier, mais il ne vit que des rangées de sapins sombres qui s'enfonçaient dans l'obscurité épaisse.

– Dans ce cas, on ne doit pas être trop loin du château, murmura-t-il, comme s'il se parlait à lui-même.

– Il est en haut de la colline, dit une voix tendue venant du sol.

Baissant la tête, Jim découvrit Becky assise sur une souche d'arbre ; elle se tenait le flanc.

– Si c'est aussi près, allons-y immédiatement, décida Adélaïde. Nous devons planter le drapeau sur…

Elle s'interrompit en entendant un bruit alarmant : le souffle d'une locomotive à vapeur qui venait de la capitale. La nuit était silencieuse et le bruit était encore loin, mais reconnaissable.

– La question ne se pose plus, dit Jim. Il faut grimper là-haut sur-le-champ.

Karl demanda :

– Et Fräulein Winter ?

Becky restait immobile sur la souche. Jim voyait les larmes briller sur ses joues.

– Vous ne pouvez pas bouger ? lui demanda-t-il.

Elle secoua la tête.

– Laissez-moi ici. Je me cacherai quelque part.

– Ne dis pas de bêtises ! tempêta Adélaïde. Tu crois tout de même pas que je vais t'abandonner ! C'est même pas la peine d'y penser, tu perds ton temps. Que quelqu'un aille chercher des couvertures dans le wagon. On va fabriquer une civière !

Karl et deux autres étudiants sautèrent à l'intérieur du wagon, pendant que Jim et le caporal Kogler déracinaient deux jeunes arbres qu'ils débarrassèrent de leurs branches.

Quelques minutes plus tard, Becky était allongée sur une couverture tendue entre les deux brancards. C'était une position extrêmement douloureuse et, quand les quatre porteurs commencèrent à gravir la pente accidentée en trébuchant, la jeune fille dut faire appel à toute sa volonté pour ne pas hurler.

Mais le petit groupe en haillons continuait d'avancer et, bientôt ils se retrouvèrent à bonne distance de la voie ferrée, au milieu des arbres touffus. Jim se retourna : il apercevait la lueur de la locomotive en feu et il tendit l'oreille pour guetter l'autre train. Il l'entendait plus distinctement maintenant : on aurait qu'il ralentissait, ce qui voulait dire qu'ils avaient vu l'accident ou qu'ils s'y attendaient ; quelqu'un avait dû les prévenir. Schweigner ? Jim haussa les épaules.

- Le château est encore loin ? demanda-t-il à Karl.

– Au sommet de la colline. On est sur le bon chemin.

– J'aimerais qu'on soit sur *un* chemin. On va se rompre le cou sur ces cailloux ! Hé, les gars, vous voulez qu'on se relaie ?

Les quatre garçons qui portaient la civière n'étaient pas mécontents de remettre leur fardeau à Jim, Karl, Gustav et au caporal. Becky restait immobile, mais Jim entendait le faible gémissement, à peine audible, qui semblait lui arracher le cœur.

– On y est presque, petite, assura-t-il, tout en sachant que c'était un mensonge.

Ils poursuivirent leur ascension en enjambant les éboulis et les souches, glissant sur les plaques de mousse gelées, s'enfonçant dans des trous masqués par le tapis de neige, les yeux fixés sur le sol devant eux. Ils ne voyaient que de vagues taches grises et noires. Au bout d'un moment, le genou de Jim, blessé des années auparavant, recommença à le faire souffrir, mais il continua d'avancer, les chaussures pleines de neige, le visage griffé par les branches, tout en essayant de maintenir la civière le plus droit possible. Adélaïde marchait devant, serrant le drapeau contre son sein et marmonnant un chapelet ininterrompu de jurons.

Soudain, un crissement de freins, suivi d'un long sifflement de vapeur, leur parvint. Les bruits étaient étouffés par les arbres, si bien que les fugitifs auraient pu les croire sortis de leur imagination.

– Ils sont arrivés, commenta Karl.

– Continuons, dit Jim.

Et ils repartirent avec courage.

La pauvre Becky semblait s'être évanouie une fois encore, car plus aucun son ne montait de la civière improvisée. Jim savait qu'il était dangereux de la transporter ainsi ; une côte brisée risquait de lui perforer un poumon. Mais c'était un moindre mal, pensait-il, car il n'était pas loin d'être persuadé qu'ils allaient mourir ici, dans ce petit coin perdu d'Europe, en menant un combat inutile. Dan Goldberg avait raison : l'Allemagne écraserait inévitablement la Razkavie. A moins que ce ne soit l'Autriche.

Et si vous pouviez remonter l'enchaînement des causes et des effets, se disait-il, vous pourriez sans doute suivre le fil jusqu'au point de départ, à des milliers de kilomètres d'ici peut-être, il y a bien des années, dans les livres de comptes d'un financier ou dans l'enfance d'un prince frustré ; mais il y avait certainement un million de fils, et si un seul d'entre eux s'était brisé ou entortillé différemment, l'issue aurait été totalement différente. Il n'y avait aucune logique dans les choses, aucun sens, constatait Jim ; tout était aléatoire et chaotique.

Résultat, un groupe d'individus en haillons et blessés luttaient pour planter un rectangle de soie sur un tas de ruines et étaient prêts à mourir pour le défendre. Mais puisque rien n'avait de sens, cette cause perdue n'en avait pas moins que le reste.

L'ascension était devenue un peu plus aisée. Devant eux, les arbres étaient plus clairsemés. Aucune lueur ne brillait dans le ciel, mais quelque chose dans l'air annonçait l'arrivée de l'aube : une fraîcheur, une légère brise. Le froid était vif. Jim sentait une sueur glacée couler sur son visage.

– On se relaie ! lança quelqu'un et les quatre porteurs transmirent leur fardeau à ceux qui s'étaient reposés.

Jim regarda Adélaïde : elle marchait tête baissée, son long manteau traînait derrière elle. Les bords en dentelle de sa chemise de nuit blanche étaient déchirés et maculés de terre, mais elle serrait avec force le drapeau contre sa poitrine.

– Ça va, petite ? lui demanda-t-il.

Elle leva la tête et redressa le menton. Entre chien et loup, dans la lumière qui précède l'aube, quand le monde devient gris, ses grands yeux noirs miroitaient, débordants d'émotion.

– Oui, grommela-t-elle. On en a encore pour longtemps ?

– Je ne sais pas. Mais on ne doit plus être très loin.

Il lui prit la main et l'aida à escalader d'un pas chancelant les derniers mètres de pente rocailleuse et enneigée.

Et soudain, ils émergèrent des arbres.

Ils s'arrêtèrent à la lisière de la forêt, face à un paysage sauvage de montagnes déchiquetées. Au-dessus de leurs têtes, le ciel bas, d'un gris sombre et métallique, était chargé de neige. Droit devant, au-delà d'une pente douce de neige vierge, s'élevaient les ruines du Schloss Wendelstein, qu'Adélaïde avait vu pour la dernière fois sous le tiède soleil d'un après-midi d'automne. Cet endroit paraissait encore plus désolé ; la tour se dressait vers le ciel comme une dent unique et brisée, les contours des murs écroulés se fondaient dans la blancheur environnante.

Sur la gauche, un chemin descendait du château et traversait la forêt en direction de la ville. L'obscurité s'était massée sous les branches des arbres, le paysage était enveloppé de silence.

Et c'est en silence, après avoir scruté les alentours, que le petit groupe se remit en marche. Cette dernière partie du trajet était plus facile, mais glaciale et terriblement lente, car la neige leur montait jusqu'aux genoux. Becky était revenue à elle et avait demandé qu'on la posât à terre ; Karl la soutenait pour l'aider à marcher. Il leur fallut presque dix minutes pour couvrir les quelques centaines de mètres qui les séparaient du premier mur en ruine.

Inutile de chercher refuge dans la tour : ce n'était qu'une coquille creuse. Le toit s'était écroulé à l'intérieur et le sol était jonché de débris au milieu desquels poussaient des ronces.

Adélaïde regarda autour d'elle : à cet instant, il était évident qu'elle n'avait jamais cessé d'être la reine, et que c'était elle qui prenait les décisions.

– Prenez l'une des branches qui vous ont servi à transporter Becky et attachez-y le drapeau, avant toute chose. Allez le planter là-bas, parmi les pierres. Je me sentirai mieux quand je le verrai flotter à nouveau.

Ils n'avaient rien pour fixer le drapeau ; Jim proposa sa dernière pelote de laine. Le caporal haussa les sourcils devant cet accessoire qui n'avait rien de militaire, mais c'était efficace. Toutefois, le drapeau ne flottait pas vraiment, il pendait dans l'air stagnant et la partie inférieure traînait dans la neige. Jim et Gustav attachèrent alors les deux grosses branches bout à bout à l'aide de lambeaux de couverture.

Maintenant, il fallait se réchauffer. Privé de son pull depuis son évasion du donjon, Jim grelottait, tout comme Adélaïde, malgré son épais manteau serré autour de ses épaules. Le jeune homme la fit asseoir à côté de Becky pour qu'elles puissent se tenir chaud.

Le caporal Kogler salua la reine et dit avec timidité :

– Pardonnez-moi, Votre Majesté. Je sais que je ne devrais pas vous dire ça, mais j'ai fait quelque chose de mal. Il fait très froid là-haut, sur le rocher, voyez-vous. Et parfois, quand on monte la garde, on boit un petit coup. En temps normal, vous devriez me traduire en court martiale, je le sais bien. Mais si ça peut vous aider à lutter contre le froid, vous ou cette jeune fille, n'hésitez pas... Je n'y ai pas encore touché.

Il sortit de sa poche une flasque en métal cabossée et en dévissa le bouchon.

– C'est de l'alcool de prune, dit-il. Fabriqué par ma grand-mère, à Erolstein. Vous n'avez jamais rien bu d'aussi bon, je parie.

Adélaïde lui jeta un regard sévère.

– Vous devriez avoir honte, gronda-t-elle. Donnez-moi ça. Je ne peux tolérer que mes soldats se soûlent quand ils sont de faction. Je suis scandalisée. (Elle but une gorgée, cligna des paupières, inspira à fond et déglutit plusieurs fois.) Mais je vous pardonne. Dites à votre grand-mère que je lui accorderai l'autorisation de fournir la maison royale. Becky, prends donc une gorgée, vas-y.

Elle approcha la flasque des lèvres de son amie. Lorsque celle-ci s'avança pour boire, elle laissa échapper un petit cri de douleur. Adélaïde demanda :

– Tu veux t'allonger ? Attends, je vais te dégager une petite place. Tu peux prendre toute la couverture, je n'ai plus froid.

Becky secoua la tête. Adélaïde se blottit contre elle.

– Dites, c'est pas un morceau de saucisse que vous avez dans cette poche, caporal ? interrogea Gustav. Regardez-moi ça ! Une belle saucisse sèche avec des morceaux de gras qui ressemblent à des perles, et bien poivrée à l'extérieur...

– Pas pour moi, dit Karl. Par contre, je voudrais bien une pâtisserie. Un strudel aux pommes. Avec de la cannelle et du sucre glace, et de la crème chantilly qui dégouline sur le dessus.

– Trop écœurant, objecta l'un des étudiants. Moi, je préfère la viande. Un bon morceau de gibier en sauce, bien faisandé, avec des oignons, de l'ail et du paprika, comme au *Florestan*. Et de la crème fermentée dessus. Et des pommes de terre…

– Vous ne savez pas de quoi vous parlez, lança quelqu'un d'autre. La meilleure chose, c'est le pain. Du pain bien frais qui sort du four. Quand vous brisez la croûte, à l'intérieur ça fume encore, et vous avalez un morceau…

– Ça suffit ! s'insurgea Adélaïde. On ne se nourrit pas de paroles et vous nous donnez encore plus faim. La ville est loin d'ici ? Pas plus de deux kilomètres, je crois ? On enverra quelqu'un acheter du pain et d'autres choses dès que les commerçants seront ouverts. En attendant…

Mais il n'y eut pas à attendre. La reine avait perçu un mouvement sous la lisière des arbres, à l'endroit même où ils avaient émergé de leur lente ascension. Remarquant son expression, Jim et le caporal tournèrent la tête dans cette direction. D'instinct, ils se redressèrent et se rapprochèrent l'un de l'autre ; Adélaïde se leva et referma la main sur le mât du drapeau. Blottie sous la couverture, Becky essaya de se lever elle aussi, mais en vain. Elle aurait tout donné pourtant pour faire front avec eux, alors qu'ils se préparaient à défendre l'Aigle Rouge contre les soldats allemands en uniformes gris qui surgissaient des arbres, l'un après l'autre, tenant leurs fusils devant eux, et qui avançaient dans la neige d'un pas décidé.

19
Fantômes

Le premier flocon de neige se posa sur les cils de Becky. Elle le chassa d'un battement de paupières, mais d'autres le remplacèrent presque aussitôt. Le ciel était à présent assez clair pour qu'elle vît, en levant la tête, les taches des gros flocons, ainsi que les soldats (une centaine, sans doute plus) qui émergeaient des arbres, transformés en fantômes par les tourbillons duveteux, comme si quelqu'un avait éventré un million d'oreillers.

La jeune fille avait l'impression d'être sujette à des visions, à moins qu'il ne s'agît d'un rêve. Ce monde enneigé, blanc et gris, dérivait devant ses yeux, traversé par des silhouettes venues d'autres mondes, qui apparaissaient puis s'évanouissaient. C'était ici même que Walter von Eschten avait combattu, et il était toujours là, figure gigantesque entourée de ses chevaliers coiffés de casques à plumes, après tout ce temps. Becky éprouvait une fierté sans bornes en songeant que ces héros du temps passé étaient revenus pour les aider. Car d'autres silhouettes traversaient à grandes enjambées les murs écroulés pour surgir du tumulte blanc qui les enveloppait. Jim et ses compagnons les avaient remarquées, eux aussi, et jetaient autour d'eux des regards hébétés.

Le cœur battant à tout rompre contre ses côtes endolories, comme un marteau de forgeron, Becky vit le fantôme qui marchait en tête s'approcher d'Adélaïde, puis se figer lorsque Jim bondit devant lui, pistolet à la main, pour protéger la reine.

– L'Anglais ! rugit une voix où perçait le rire.

Une voix qui n'était pas celle d'un fantôme, assurément ; c'était celle d'Otto von Schwartzberg.

Becky ôta la neige de ses yeux ; il lui sembla voir Adélaïde tendre la main et le géant se pencher pour y déposer un baiser.

– Cousin, dit la reine. Je croyais que vous étiez parti chasser le lion en Afrique.

– Oh, il y a un gibier plus intéressant ici ! J'ai appris que vous aviez dérobé le drapeau sous leur nez. Bravo, jolie ruse ! Et où pouviez-vous aller ensuite, sinon à Wendelstein ?

– Comment l'avez-vous appris ?

– Par un de vos fidèles serviteurs, répondit Otto avant de s'écarter.

Derrière lui apparut le visage blême du comte Thalgau, affaibli par la douleur et la fatigue, mais toujours droit comme un i.

Adélaïde le regarda fixement et le comte fut le premier à baisser les yeux. Puis le vieux guerrier mit un genou à terre et ôta son shako. La neige forma rapidement une couche blanche sur ses cheveux gris.

– Votre Majesté, dit-il d'une voix enrouée. J'ai mal agi. Je vous ai trahie et j'ai trahi mon pays. Je ne peux vous dire à quel point j'ai honte. Votre cœur est mille fois meilleur que le mien. D'instinct, vous avez fait ce qu'il fallait, alors que je me suis fourvoyé. Mais je ne vous décevrai plus jamais. Ayez confiance en moi, Votre Majesté, et je me battrai à vos côtés jusqu'à ma mort. Chaque goutte de mon sang, chaque seconde qui me reste à vivre vous appartiennent. Je vous supplie de me pardonner et de m'autoriser à vous servir comme il se doit, enfin.

Sa voix se brisa. Adélaïde se pencha pour offrir sa main au vieil homme qui la baisa avec ferveur

– Je vous pardonne, bien évidemment. Relevez-vous, je vous prie, et faites ce que vous demande M. Taylor.

– C'est vous le général ? demanda Otto à Jim d'un ton bienveillant. (Il remarqua alors l'étoile dorée et le ruban vert.) Félicitations, baron.

– Merci, comte. Êtes-vous venu pour bavarder ou pour vous battre ?

– Pour me battre. Nous parlerons plus tard, pendant le petit déjeuner. Combien êtes-vous ?

– Six hommes. Nous avons un fusil et six pistolets C'est tout. Quand nous n'aurons plus de munitions, nous jetterons des pierres.

Otto regarda autour de lui. Blottie contre le mur, dans un coin, Becky l'observait sans trop savoir ce qu'elle devait penser de cet homme : il semblait osciller entre le XIXe et le XIIIe siècle, entre Otto et Walter, l'air et la neige.

– Je vois, dit-il en se retournant vers Jim. Eh bien, baron, puisque c'est vous qui commandez, je mets à votre disposition deux douzaines d'hommes armés de fusils, ainsi que moi-même et mon arbalète. Combien de balles avez-vous ?

– Six seulement.

– Alors, prenez ça.

Otto dégaina son épée et la tendit à Jim qui la prit et salua en portant la poignée à son front, comme le voulait la coutume, avant de glisser l'arme dans sa ceinture.

– Nous avons tous hâte de savourer ce petit déjeuner, dit-il.

Becky vit alors Jim se transformer en général. Comme s'il était né pour cela, il disposa les hommes dans le château en ruine, les cachant ici et là, ordonnant à deux autres de se tenir en réserve dans un coin, concentrant le gros des forces au centre, der rière le mur bas qui se dressait devant le drapeau. Otto le regardait faire, en hochant la tête.

Finalement, le comte demanda :

– Et la reine ?

– Je reste près du drapeau, déclara Adélaïde.

– Baissez la tête, alors, chère cousine. Par contre, la petite doit se cacher dans la tour.

Becky était trop faible pour protester. « La petite ! »... Le comte Otto la souleva dans ses bras comme une enfant et alla la déposer à l'abri derrière un éboulis, à l'entrée de la tour.

– N'ouvrez le feu qu'à mon commandement, dit Jim.

Ce fut le dernier moment de lucidité de Becky. Il y eut ensuite un profond silence, durant lequel la neige virevolta dans un million de directions, si épaisse qu'il semblait y avoir plus de neige que d'air ; même les personnes les plus proches ressemblaient à des spectres grisâtres.

Puis elle entendit une faible détonation, comme un pétard qui explose dans un jardin par une soirée d'hiver et parvient aux oreilles d'un enfant bien au chaud dans la maison, à travers une fenêtre masquée par d'épais rideaux. Le son était étouffé et rendu moins menaçant par les innombrables flocons tourbillonnants. Une autre détonation succéda à la première, puis encore une autre ; une suite de petites explosions entrecoupées de silence, qui paraissaient inoffensives et ne semblaient produire qu'une gerbe de jolies étincelles.

Mais, en réalité, chacune de ces détonations assourdies projetait une balle, et chacune de ces balles filait à la vitesse du son, tel un faucon que vient de lâcher un chasseur. Elle fendait l'air et le rideau de neige, laissant derrière elle des remous de chaleur invisibles qui se dissipaient dans le vide en éparpillant les flocons, longtemps après que la balle s'est écrasée contre une pierre ou enfoncée dans le sol dur.

Becky, la poitrine en feu et l'esprit engourdi, avait conscience d'un tourbillon de détails, semblables à une mosaïque brisée. Le tableau d'ensemble avait volé en éclats.

Elle vit un homme tout de vert vêtu, comme un chasseur, passer devant elle en bondissant, s'agenouiller derrière un muret et épauler son fusil pour viser à travers le voile blanc.

Elle entendit le sifflement d'une balle qui ricocha sur une pierre.

Elle vit deux silhouettes avancer péniblement dans la neige qui leur montait jusqu'aux genoux, les jambes entravées par leurs longs manteaux, se servant de leurs fusils comme de cannes et de béquilles.

Elle vit le très vieux drapeau trembler légèrement sous l'effet de la brise qui s'insinuait dans ses replis durcis par le gel, et elle vit Adélaïde lever fièrement les yeux vers l'Aigle Rouge, comme un enfant qui admire l'un de ses parents.

Elle entendit le tintement du choc de l'acier contre l'acier, suivi d'un râle, puis un nouveau choc métallique, un cri ressemblant à un grognement, un autre choc, un râle...

Elle vit des plumes... un homme au visage de fer... un cheval qui se cabre, des sabots qui martèlent le vide.

Elle vit une main se tendre vers le ciel ; elle vit les doigts se refermer, puis se relâcher, et la paume ouverte se remplir de flocons en moins d'une minute, comme si on jetait des pièces dans la main d'un mendiant. Au début, la neige fondit mais, en s'accumulant, elle finit par couvrir entièrement la paume, ne laissant plus apparaître que les doigts, puis juste le bout des doigts, et puis plus rien.

Elle vit Otto von Schwartzberg se pencher au-dessus d'un blessé, tel un géant regardant un enfant ; une énorme main apaisante se tendit et un bras puissant l'entraîna à l'abri.

Elle le vit se baisser pour tendre la corde de son arbalète, la lever et tirer ; elle entendit le sifflement du trait, et le puissant éclat de rire lorsque le projectile atteignit sa cible.

Elle vit le visage rougi et les yeux pâles d'un soldat, bouffi de stupeur lorsque la lame d'une épée transperça le feutre, le sergé, le lin, la peau et la cage thoracique pour éteindre le feu qui brûlait dans son cœur.

Elle vit Jim, couvert de sang, sauter du haut de l'amas de pierres qui entourait le drapeau, viser avec son pistolet et tirer, tirer à nouveau, puis presser la détente une troisième fois, avant de jeter l'arme vide au visage des adversaires qui se précipitaient vers lui ; elle vit l'un d'eux s'écrouler, elle vit Jim faire passer son épée dans sa main droite, puis l'incliner de droite à gauche pour tester son équilibre. Et il bondit de nouveau pour frapper, taillader, parer… Un fantôme gris affrontant des ombres.

Elle vit du sang ; elle vit un monticule de neige virer au rouge ; elle vit des gouttes éclabousser le sol et transpercer le tapis blanc de leur chaleur écarlate, laissant des trous sombres semblables aux blessures elles-mêmes.

Elle vit le comte Thalgau, opposant à l'ennemi son courage exemplaire de vieil homme robuste, inébranlable en dépit de ses forces déclinantes ; dans le regard d'Adélaïde, il lut la reconnaissance et continua à se battre avec intrépidité, s'enfonçant peu à peu dans les ténèbres de sa propre mort.

Elle se souvint alors du pistolet qui se trouvait dans son sac. Au prix de peines infinies et en gémissant de douleur, elle le sortit, le tint à deux mains, tira et ressentit une joie intense en voyant un homme s'écrouler.

Adélaïde fut touchée ; Becky crut voir la balle elle-même, une petite chose noire de la taille d'une abeille, traverser en tournoyant l'air qui n'offrait aucune résistance et atteindre la poitrine de la reine. Elle vit jaillir le sang rouge vif, elle vit une main pâle agripper le mât du drapeau, elle vit Jim retenir la reine, le drapeau chanceler et basculer vers le sol ; elle vit Otto bondir pour le rattraper et l'agiter furieusement au-dessus de sa tête, d'une seule main, comme pour déblayer l'air avant de faire rugir le pistolet qu'il tenait dans son autre main.

Elle vit Jim planté au-dessus du corps d'Adélaïde, faisant tournoyer son épée ; ses yeux n'avaient plus rien d'humain, c'étaient des yeux de félin, de démon, étincelant d'une fureur aux reflets d'émeraude. On aurait dit qu'il fendait, entaillait, frappait, tranchait l'air et le ciel opaques qui l'enveloppaient et semblaient se refermer sur lui, peuplés d'ombres voraces qui s'accrochaient, se suspendaient, tiraient, l'entraînaient au sol.

Puis il n'y eut plus que le silence.

Les flocons qui continuaient à se déverser en douceur emplissaient les crevasses des murs, se posaient sur les yeux et les dents, couvraient les visages levés vers le ciel d'un voile fin qui se transformait en masque de Pierrot lunaire avant de n'être plus qu'une surface blanche et lisse. Le sang qui avait fleuri dans la neige, comme dans un vieux conte de fées, rosit rapidement avant de céder devant le blanc et de disparaître. Les soldats et les étudiants, les corps et les pierres, les chasseurs et les chevaux, n'étaient plus que des monticules sous la neige.

Mais des voix s'élevèrent.

Becky crut tout d'abord qu'il s'agissait de bribes de rêve, ou de fragments de conversation d'un autre monde, de l'au-delà :

– … disparu…

– … entendu des coups de feu venant de la ferme…

– … comte Otto von Schwartzberg…

– … morts ! Tellement de…

– … un uniforme allemand…

– … descendu du train…

– … la reine ? Sûrement pas…

– … un noble… Regardez… le ruban et l'étoile…

– … respire encore ?

– … ne peut pas être vivant…

– … l'eau-de-vie ! Allez la chercher, vite !…

– … impossible de desserrer sa main…

– … une poigne de fer… Allez, on est amis, buvez un coup…

– … comte Otto… Il a le drapeau…

– … envoyez un homme pour aider…

– … c'était quoi, ça ? Vous avez entendu une voix ?…

– … dans la tour… vite…

– … vivante !

Car Becky avait voulu parler, même si elle s'adressait à des fantômes.

Un homme apparut à la porte ruinée, âgé, moustachu, l'air inquiet. Il aperçut Becky, se retourna pour réclamer de l'aide et commença à gravir l'éboulis d'un pas mal assuré, en tendant ses doigts tremblants, comme un grand-père qui fait signe tendrement à un petit enfant d'approcher pour qu'il puisse le prendre dans ses bras.

Becky comprit alors que tout était terminé, pour de bon.

20
La clinique suisse

Les habitants d'Andersbad transportèrent morts et survivants, les Allemands comme les Razkaviens. Ce fut un long et difficile trajet, glacial et triste, et l'hôpital du petit centre de cure thermale fut rapidement envahi de blessés affalés dans les couloirs ou gisant inconscients dans les différents services, à la clinique d'hydrothérapie ou au hammam.

Les médecins se démenaient, mais ils étaient plus à l'aise avec la goutte des ducs ou les indigestions des barons que face aux blessures par balle et aux coups d'épée. Les eaux thermales étaient bénéfiques, mais pas miraculeuses, sauf dans la brochure publicitaire. Le directeur du centre ordonna à son personnel de séparer les patients en trois catégories : ceux qui pouvaient attendre, ceux qui allaient mourir de toute façon et ceux qui avaient une chance de s'en tirer si on les opérait. Et il leur demanda de se concentrer sur cette troisième catégorie. C'est ainsi qu'à 15 h 30, ils en arrivèrent au cas de Jim.

– Ce type est increvable, ma parole, commenta le chirurgien. Deux balles…

– Trois, rectifia son assistant en laissant tomber avec bruit un petit objet métallique dans un bol en porcelaine.

– Trois blessures par balle, quatre autres plaies… des coups d'épée ? On dirait bien… Il faudra recoudre. Sans parler des écorchures et du reste… Qui est-ce ?

– On ne connaît pas son nom. Il a la médaille de l'Ordre de machin-chose autour du cou ; c'est sûrement un noble.

– Un des nôtres ou un des leurs ?

– Oh, un des nôtres. Les leurs sont propres et indemnes.

– Cachez-le bien, alors. Vous avez trouvé d'autres blessures ?

Un jeune homme corpulent, avec une profonde entaille au-dessus de l'œil et la clavicule brisée, se fraya un passage au milieu de la foule massée dans le hall. Becky, étourdie par la douleur, était allongée sur un sofa, dans un courant d'air.

– Fräulein Winter…

– Karl ! C'est vous ? Dieu soit loué ! Vous êtes..

– Ils vont s'occuper de ma fracture. A part ça, je vais bien. Comment… ?

– Savez-vous si… ?

– La reine ? Je l'ignore. Je l'ai vue tomber. Je crois qu'ils l'ont mise dans le hammam. C'est là qu'ils ont rassemblé les…

Becky comprit ce qu'il voulait dire. c'était là qu'on mettait les morts.

– Oh, mon Dieu, non… Mais vous, qu'allez-vous faire ?

– Je vais rejoindre le comte Otto. Il m'a dit d'aller me faire rafistoler et de le retrouver dans les collines à la sortie de Neustadt. Mais j'ai peur que les médecins mettent trop de temps à s'occuper de ceux qui peuvent marcher, comme moi. J'ai envie de filer tout de suite.

– Prenez soin de vous ! Soyez prudent !

Karl s'était accroupi pour parler à voix basse. Il prit la main de Becky et l'embrassa de manière solennelle.

– Au revoir, Fräulein Winter.

– Oh, appelez-moi Becky, je vous en prie. Si vous devez partir…

– J'espère beaucoup vous revoir, Becky. Quand tout cela…

Ils étaient embarrassés et timides. Soudain, la jeune fille aperçut des uniformes près de la porte : des uniformes propres et secs, qu'elle ne connaissait pas. Des Allemands ?

– Soyez prudent, murmura-t-elle. Filez. Le comte Otto fera un bon chef. Mais je vous en supplie, restez en vie…

Karl baisa de nouveau sa main et disparut.

Plusieurs heures s'étaient écoulées et le médecin refusait de l'écouter.

– Reposez-vous, disait-il. Cessez donc de bouger. C'est le meilleur remède pour les côtes brisées. Elles vont se ressouder, mais si vous vous agitez...

– Vous ne comprenez donc pas que c'est votre faute si je m'agite ? s'exclama Becky. Je veux savoir où elle est ! Est-elle morte ou vivante ? Vous ne pouvez même pas me dire ça ?

– *Elle ?* Qui donc ? Je crois, Fräulein, que je ferais mieux de vous prescrire un calmant. Vous risquez de...

– La reine ! La reine Adélaïde ! Est-elle morte ou vivante ? Vous *devez* me le dire ! Je suis sa secrétaire, sa dame de compagnie, son amie... C'est trop cruel ! Vous *devez* me le dire !

Le médecin se tourna vers l'infirmière.

– Allez me chercher, je vous prie, de la teinture de valériane à la pharmacie. Et du sirop de pavot.

Dès que l'infirmière se fut éloignée, le médecin posa une main apaisante sur le front de Becky et dit à voix basse :

– La reine est vivante et en sécurité. Elle était grièvement blessée : la balle est passée tout près du cœur. D'ailleurs, on ne sait pas comment elle va se rétablir. On va l'envoyer ailleurs, à l'abri. Si on la garde ici, ils l'arrêteront de nouveau, c'est certain. Des policiers allemands fouillent tout le centre et une espèce de folle... Fräulein ?

Becky n'avait pas besoin de la teinture de valériane. En entendant le mot « vivante », elle fut submergée par un tel flot de soulagement que son organisme affaibli ne put le supporter ; elle sombra aussitôt dans le sommeil.

Les médecins chargés d'effectuer un premier tri entre les blessés qui avaient une chance de survivre et ceux qui allaient mourir avaient classé Adélaïde dans la deuxième catégorie sans la moindre hésitation ; d'ailleurs, elle était sans doute déjà morte. Ils avaient déposé son corps frêle et glacé dans le hammam, et un long moment s'écoula avant que quelqu'un s'avisât qu'elle pouvait peut-être survivre. Un aide-soignant qui étendait le cadavre d'un pauvre homme entendit soudain dans son dos une courte inspiration et, en se retournant, il vit battre les paupières de la jeune femme, sa bouche s'entrouvrir et ses doigts remuer faiblement.

Une minute plus tard, un médecin palpait le pouls d'Adélaïde et, deux minutes après, il fut rejoint par deux de ses collègues plus âgés.

– Faut-il l'opérer ?

– Oui. Immédiatement.

– Et ensuite ?

– Vous voulez dire… sur le plan politique ?

– J'ai entendu dire qu'ils avaient voulu l'exécuter hier. Elle s'est enfuie avec le drapeau. Elle l'a remis à Schwartzberg. S'ils découvrent que…

– La ville est en proie au chaos. Il n'y a plus personne pour donner des ordres, à part ce général allemand. A ce qu'il paraît.

– S'ils apprennent qu'elle est vivante…

- Ils voudront la récupérer. Elle est le symbole de la liberté de ce pays... encore plus que le drapeau, je dirais.

- Ils l'obligeront à se soumettre.

- Elle n'acceptera jamais.

– Alors ils la jetteront en prison et la laisseront mourir de faim. Ils ne peuvent pas la laisser en vie

– Et nous, nous ne pouvons pas la laisser mourir.

– Je suis d'accord... Alors, que faire ?

On l'opère. Ensuite, on l'envoie discrètement en Autriche. A la clinique de Schwannhofer à Vienne...

– La Suisse serait préférable. Les Autrichiens...

– ... pourraient se servir d'elle comme monnaie d'échange ? Oui, bien vu. Je connais un homme à Kreuzlingen, à la clinique Saint-Johann...

– Excellent choix. Venez, emmenons-la en salle d'opération.

Quatre jours plus tard, Jim Taylor, assis dans un fauteuil roulant, regardait d'un œil torve les patineurs qui évoluaient sur la glace derrière les grandes fenêtres de la colonnade menant au Trinkhalle, dans la ville suisse de Kreuzlingen, au bord du lac. A l'intérieur, l'atmosphère était lourde et médicale : un mélange de chuchotements, de tuyaux à vapeur et de savon au crésol. Des fougères s'épanouissaient dans des bacs en verre disposés à côté des tables en rotin ; un vieil homme mit près de cinq minutes à tourner la page de son journal, dans un insupportable bruissement de feuilles. Jim le foudroya du regard.

Un trio à cordes jouait des compositions de Strauss et de Von Suppé dans le Trinkhalle, et les applaudissements polis et clairsemés couvrirent le bruit des pas qui approchaient. Une jeune femme blonde, vêtue d'un manteau en renard, s'assit sur le banc en fer forgé à un mètre de Jim et attendit que le convalescent se tournât vers elle.

Le jeune homme était pâle et semblait mal en point. Une couverture était posée sur ses genoux. Mais ses cheveux couleur paille étaient soigneusement plaqués sur son crâne, son col haut était immaculé et sa veste à trois boutons en velours noir était à la pointe de la mode.

Soudain, il se retourna et, reconnaissant sa chère et vieille amie, laissa échapper un petit cri :

– Sally !

Il tendit les mains vers elle. La jeune femme les serra entre les siennes et se pencha pour l'embrasser.

– Que s'est-il passé ? demanda Sally Goldberg. Adélaïde est-elle… ?

– Elle est alitée. Interdiction de bouger. Je vais te…

Il se tut en remarquant la présence du serveur qui s'était planté devant eux, portant un plateau sur lequel étaient posés des verres et une carafe d'eau sulfureuse.

– Tu es trop bien portante pour cette cochonnerie, dit Jim à Sally. Et moi, je suis trop malade. Apportez-nous plutôt du bouillon de viande. *Fleischbrühe, bitte.*

Le serveur murmura une réponse polie et s'éloigna d'un pas pressé.

– Comment t'a-t-il appelé ? demanda Sally.

- Baron. J'en suis un pour de vrai. C'est presque la dernière chose qu'Adélaïde a faite avant la bataille. Ce n'était pas... Je n'ai pas... Ça n'aurait pas été bien de refuser. D'ailleurs, elle avait parfaitement le droit de me conférer ce titre, en tant que reine et tout ça, tu vois. Quand ils m'ont rafistolé à Andersbad, avant de m'envoyer ici, ils n'avaient que cette décoration autour de mon cou pour m'identifier, car j'étais dans les vapes. Les serveurs sont aux petits soins avec moi, et j'en profite, mais dès que je serai rentré à la maison, ce sera Jim comme avant. Qu'est-ce qui t'amène ici ? Je croyais que tu étais encore en Amérique.

– Nous sommes rentrés plus tôt que prévu. Et la première chose que j'ai vue en arrivant, c'est ça... (Elle sortit de son sac un article découpé dans le journal.) J'ai télégraphié à l'hôpital d'Andersbad et ils m'ont dit qu'ils t'avaient envoyé ici. Et me voici.

Jim prit la coupure de presse et lut :

LA CHUTE D'UN VIEUX ROYAUME
La reine cockney a disparu
Le vol de l'Aigle Rouge

Nous venons d'apprendre l'annexion du royaume de Razkavie par l'Empire allemand. Ce petit pays, à peine plus grand que le Berkshire, était indépendant depuis 1276, mais de récents troubles intérieurs et l'appel au secours du chancelier, le baron von Gödel, ont provoqué la réaction des autorités allemandes. Un régiment de grenadiers poméraniens est désormais basé dans la capitale, Eschtenburg, et des pourparlers sont en cours afin de préparer l'entrée de ce pays dans l'Union douanière germanique et son administration par Berlin.

La Razkavie est devenue l'objet d'un vif intérêt il y a six mois, lors du couronnement de feu le roi Rudolf II. Nos lecteurs se souviennent peut-être que le monarque fut assassiné au cours de la cérémonie et remplacé par son épouse, une Anglaise. La reine Adélaïde régnait seule depuis six mois, mais voilà plusieurs jours que nul ne l'a revue dans la capitale.

Plusieurs objets précieux provenant du trésor national ont également disparu, parmi lesquels l'ancien drapeau…

Jim froissa rageusement l'article et le jeta par terre.

– Ils disent tous ça ! Ils insinuent qu'elle a fichu le camp en emportant son butin ! Ah, les sales menteurs !

– C'est ce que je me suis dit. Je suis venue avec Frau Winter, au fait. Elle est avec Becky. Je crois que tu ferais bien de tout me raconter, Jim.

– Ne crois pas ce qu'on raconte dans les journaux, maman ! C'est *moi* qu'il faut croire, ta fille ! J'étais *là*. Oh, il s'en est fallu de si peu ! Un jour de plus et un traité aurait garanti notre sécurité et notre indépendance pour toujours ! Si tu avais vu combien le peuple aimait sa reine, et comment nous nous sommes battus...

Les mains de Frau Winter lâchèrent celles de sa fille pour arranger la couverture que Becky avait froissée en s'agitant.

– Je ne lui pardonnerai jamais de t'avoir exposée au danger. Si j'avais su que...

– Maman, il *faudra* que tu lui pardonnes si tu veux continuer à me parler. Elle ne pouvait régner que si les gens étaient prêts à la suivre. Et elle n'a pas provoqué le danger, elle a été trahie. As-tu lu les journaux ? Jamais je n'aurais imaginé que l'on pouvait écrire des choses pareilles. Je croyais que c'était interdit, qu'ils étaient obligés d'imprimer la vérité. Oh, c'est trop injuste, maman, après tout ce qu'elle a fait. Mais le comte Otto, lui, il sait. Et les hommes qui se sont battus le savent eux aussi. Oh, maman, quand les gens écouteront-ils enfin ?

Frau Winter l'ignorait.

Cet après-midi-là, Sally Goldberg se rendit au consulat britannique. Le consul était un homme grassouillet aux manières brusques, agacé de devoir abandonner son bureau alors qu'il était occupé à cataloguer joyeusement les fleurs séchées qu'il avait cueillies pendant l'été dans les Alpes.

– Eh bien, que puis-je pour vous, madame ?

– J'aimerais que vous m'informiez de l'attitude du

gouvernement britannique face à l'invasion de la Razkavie. Avons-nous transmis des protestations à Berlin ? Et qu'en est-il de la sécurité des résidents britanniques ? Et les tentatives visant à éliminer la reine, née en Angleterre ?

– Puis-je vous demander en quoi tout cela vous concerne ?

– Je suis concernée en tant que sujet britannique.

– Je vois. Sachez que la Razkavie ne fait pas partie des préoccupations immédiates du gouvernement de Sa Majesté. A ma connaissance, il y a fort peu de ressortissants britanniques dans ce pays, et je suis sûr que les représentants de Sa Majesté dans la capitale sauront veiller à leur sécurité. Que vouliez-vous savoir d'autre ? Ah oui, Berlin... Depuis longtemps, la politique du gouvernement de Sa Majesté consiste à établir les relations les plus cordiales avec les grandes puissances. Il n'est pas dans notre intérêt d'intervenir dans ce qui est avant tout, ai-je cru comprendre, une affaire purement allemande. Et pour finir, quelle était votre dernière question ?... Ah oui, la fameuse « reine cockney ». Voyez-vous, c'est le genre de choses qui se produit souvent dans les vieux régimes corrompus et usés ; ils tombent entre les mains du premier aventurier ou filou qui se présente. Je crois savoir que cette personne a filé avec la moitié du trésor national. Avez-vous lu les journaux ? Une ancienne danseuse de music-hall, ou pire, dit-on. Sans doute est-elle en route pour le Brésil à cette heure. Voilà une drôle d'histoire. Mais franchement, madame... euh... Goldberg, le rôle des services diplomatiques n'est pas d'offrir aide et protection à de vulgaires criminels, aussi hauts en couleur soient-ils. Non, le travail de la diplomatie est sérieux et... responsable, si je puis me permettre. Nous ne nous intéressons pas à cette... « reine cockney » Y avait-il autre chose que... ?

– Je vois. Non, rien d'autre. Merci. Bonne journée.

Alors que la lumière du jour déclinait sur le lac, l'infirmière entra dans la chambre d'Adélaïde pour changer ses pansements et lui annoncer qu'elle avait droit à une visite.

– Mais pas plus d'une heure, précisa-t-elle. Et interdiction de bouger. Vous ne devez pas vous agiter. Vous avez besoin de repos.

Adélaïde fit la grimace, mais tous s'étaient montrés très bons avec elle dans cette clinique et, de toute façon, elle n'avait pas la force de protester. L'infirmière l'aida à se redresser dans son lit et arrangea sa chemise de nuit sur ses épaules avant de sortir discrètement.

Le lit faisait face à une grande fenêtre que l'on pouvait ouvrir par beau temps et qui donnait sur un balcon surplombant le lac. Adélaïde n'était pas sensible à la beauté du décor, ou plutôt, elle ne l'était pas jusqu'alors mais, depuis trois jours qu'elle était couchée devant ce paysage, elle commençait à penser que les changements de lumière et de temps étaient presque aussi fascinants que la diplomatie, et à se dire que l'immobilité forcée n'avait pas que des inconvénients. Un mugissement grave et lointain lui fit tourner la tête vers la gauche et elle vit les lumières du dernier bateau à vapeur de la journée qui quittait le quai pour traverser les eaux presque noires.

– Adélaïde ?

Ça ne pouvait être que Jim. Elle sentit son cœur s'emballer et se retourna. Sa canne en malacca, sa cravate en soie, ses yeux verts à la fois tendres et ironiques…

– Fichtre ! lança-t-elle. Élégant, mais pas trop voyant…

– Comme disait le singe après s'être peint le derrière en rose…

– Et avoir entouré sa queue d'un ruban vert pomme. Oh, Jim, je t'aime !

– Je suis content de l'entendre. Je suis venu quémander un baiser.

Il se pencha vers elle, elle se dressa vers lui. Ils étaient trop mal en point l'un et l'autre pour que leur baiser s'éternisât, mais ils avaient tout le temps devant eux : il y en aurait bien d'autres. Et, à cet instant, ils partageaient la même impression : un mur de prison venait de se volatiliser, par enchantement, pour laisser apparaître un paysage dégagé ; on les avait débarrassés de leurs chaînes, il n'y aurait pas de poursuite. Ils étaient libres.

– Viens t'asseoir à côté de moi, murmura Adélaïde.

– Je crois que je n'arriverai pas à monter sur le lit. On a pas mal de trucs à remettre en état, toi et moi.

Il approcha une chaise, au prix d'un gros effort, s'assit et prit la main de la jeune femme.

– J'ai pas un sou, Jim. J'ai pas de quoi payer tout ça. Je sais pas ce qui va se passer quand...

– Arrête de te tracasser. J'ai de quoi.

– Tu es riche ? Il vient d'où, ton fric ?

– Du jeu, principalement. De l'écriture aussi. Et mon boulot de détective me rapporte un peu d'argent. Tu serais surprise. Bref, il y a assez pour payer la clinique le temps qu'il faudra, jusqu'à ce qu'on soit de nouveau sur pied. Après, je pourrai en gagner encore. Il faudra bien, si on doit se marier.

– On va se marier ? On a décidé ça quand ?

– Dans le train. Tu ne vas pas changer d'avis, j'espère ? C'est interdit.

– D'accord.

Adélaïde demeura assise placidement dans son lit : son cœur chantait. Les lumières du bateau à vapeur s'éloignaient lentement en direction de Friedrichshafen, sur la rive allemande du lac.

– Jim, dit-elle, j'ai besoin que tu me dises une chose, tout de suite. Franchement. Je pourrais aussi demander à Becky. D'ailleurs, je le ferai. J'ai bien été reine, non ? Pour de vrai ?

– Oui.

– Et je me suis bien débrouillée ?

– Ils n'auraient pas pu trouver meilleure reine. Tu étais formidable.

– Tant mieux. C'est bien ce que je pensais, mais... Tu crois que je devrais retourner là-bas pour me battre ? Ou bien rester une reine en exil ? Ou alors, est-ce que c'est fini pour moi ?

– Tu te souviens de la bataille de Wendelstein ?

– Je me souviens du froid. Et de la neige dans mes chaussures. Je me souviens d'avoir planté le drapeau sur ce tas de pierres... et de l'alcool de prune du caporal, béni soit-il. Du pauvre comte Thalgau aussi... Et d'Otto surgissant du blizzard. J'ai cru que c'était un fantôme. Il m'a appelée cousine, hein ?

– En effet. Tu te souviens d'avoir reçu une balle ?

– Non. Juste un grand « bang ! » et tout a disparu.

– Tu es tombée et je t'ai retenue. Le drapeau est tombé de l'autre côté. Quand tu l'as lâché, Otto l'a rattrapé. Bon sang, ce type est un colosse. Il l'agitait au-dessus de sa tête comme un vulgaire mouchoir ; c'est la dernière chose que j'ai vue.

– C'est donc lui l'*Adlerträger !*

– Apparemment.

– Alors je ne suis plus... Je suis libre. Je suis libre. Oh, Dieu soit loué !

– Tu n'aimais pas être reine ?

– J'aimais pouvoir faire des choses... Comme réunir tous ces diplomates pour signer un traité. J'adorais ça, Jim ! C'était le meilleur métier au monde. Mais tout ce cérémonial... C'était étouffant. Je crois que j'aurais pas supporté ça longtemps.

Elle sourit.

- Pourquoi ce sourire ? demanda Jim.

– Quand j'étais petite, du temps de Burton Street, avec Mlle Lockhart, toi et M. Garland, je me souviens qu'un jour Mme Holland est venue pour me récupérer. J'étais partie me promener avec le vieux Molloy. Il m'avait emmenée à Buckingham Palace. Il disait qu'on allait rendre visite à la reine pour prendre le thé, et moi je le croyais. Mais quand on est arrivés, le drapeau, le Royal Standard, ne flottait pas au-dessus du palais. Le vieux Molloy a dit : « Mince, elle a dû partir pour le week-end. C'est bien son genre, tiens. » Quand j'étais reine, je me disais que ce serait chouette d'aller à Buckingham un jour. Officiellement cette fois. Avec le tapis rouge, la garde d'honneur et tout le tremblement. Mais maintenant, j'imagine que ça n'arrivera jamais.

– Tu te serais ennuyée à mourir. La reine est une vieille toupie sinistre, à ce qu'il paraît. Je préférerais fumer une cigarette et bavarder avec le prince de Galles.

– Ah oui ! Il aimerait bien Andersbad, tu crois pas ?

– A condition qu'ils commencent par retaper le casino.

– Entendu. On s'en occupera... Non, c'est vrai. Tout est fini. J'ai lu le journal aujourd'hui, Jim. J'ai demandé à l'infirmière de me le donner, et cette petite peste m'a apporté un journal en allemand, exprès, mais je l'ai bien eue. Je lis l'allemand mieux que l'anglais. Et j'ai vu ce qu'on disait sur moi.

– C'est un tissu de mensonges, tout le monde le sait.

– Tous ceux qui étaient *présents* le savent. Mais

aux yeux du reste du monde, je suis la « reine cockney », une vulgaire fille des bas-fonds...

– Qui a monté une escroquerie.

– Une sale profiteuse et ainsi de suite. Une vulgaire arnaqueuse. Faut que je fasse attention, Jim, sinon je vais me mettre en rogne. Je sens mon cœur qui s'emballe.

Ignorant ses blessures, Jim s'assit au bord du lit et enlaça Adélaïde d'un bras, en posant sa main libre sur la poitrine fragile où battait ce cœur. Il le sentait contre sa paume, tel un oiseau en cage.

– Ça va mieux, dit-elle.

– J'ai un plan pour faire connaître la vérité, affirma-t-il.

– Lequel ?

– J'écrirai un livre. Pas un truc à sensation avec du sang et tout ça. Non. Un bouquin sérieux, historique, documenté, sur les négociations et le traité. J'y mettrai tout ce que tu me diras et tout ce dont se souviendra Becky. J'irai à Vienne pour interroger le camp autrichien et j'écrirai tout noir sur blanc. Ensuite, je raconterai comment tu as été trahie et ce qui s'est passé exactement avec le drapeau. Ce sera utile à Otto, ça l'aidera à revendiquer le trône. Je préciserai dans quelles conditions il a hérité du trône.

Adélaïde se laissa aller contre lui, silencieuse. Son souffle ralentit et devint plus régulier et, quand Jim la regarda, il vit qu'elle avait fermé les yeux. Il s'émerveilla devant ces longs cils noirs, semblables aux pinceaux de martre d'un artiste posés sur la soie rose de ses joues. Ses cheveux épais et parfumés bougeaient légèrement au rythme de sa respiration, et à cet instant, il se dit qu'il n'avait besoin de rien d'autre : rester assis là en tenant Adélaïde contre lui, c'était suffisant. Finalement, il s'endormit lui aussi.

Au rez-de-chaussée, les médecins consultaient leurs notes avant d'effectuer leur visite du soir ; les cuisiniers préparaient leurs sauces, étalaient leurs pâtes et hachaient leurs légumes ; les musiciens arrivaient pour le concert du soir dans le Trinkhalle ; les employés de la piscine, les infirmières du hammam et les masseurs s'occupaient de leurs derniers patients de la journée.

On avait allumé les lumières électriques autour de la patinoire et des hommes munis de balais nettoyaient la glace pour les patineurs qui arriveraient un peu plus tard dans la soirée ; ils glissaient d'un bout à l'autre de la surface glacée, en rythme, et leur respiration laissait derrière eux de petits nuages blancs.

L'inspecteur de la qualité de l'eau venait d'achever son analyse quotidienne et il fermait son laboratoire. Au sous-sol, dans la salle où l'on prenait les eaux, les ingénieurs ouvraient les vannes qui permettaient à la source de se déverser dans les réservoirs hygiéniques qui se rempliraient ainsi durant la nuit, pour les curistes du lendemain.

Au guichet de la Compagnie des bateaux à vapeur, on s'apprêtait à fermer pour la nuit et le contrôleur qui se trouvait confronté à un problème n'était pas mécontent de le refiler à son chef.

– Elle arrive de Friedrichshafen et affirme avoir perdu son billet. Je lui ai dit que je n'y étais pour rien et qu'elle devait payer la traversée, c'est le règlement. Elle m'a répondu qu'elle avait déjà payé de l'autre côté. Alors je lui ai rétorqué…

– Très bien, très bien. Où est-elle ?

Le contrôleur désigna d'un mouvement de tête la salle d'attente où était assis le problème en question : une femme d'une quarantaine d'années, vêtue pauvrement, un panier sur ses genoux, avec des yeux sombres et un teint mat. Elle aurait pu être italienne ou espagnole.

– Je suis sûr qu'elle n'a pas d'argent, reprit le contrôleur. Elle essaie de nous rouler. Si vous voulez mon avis…

– Je m'en passerai, répondit le chef. (Il ouvrit la porte de la salle d'attente.) Madame, nous allons fermer. J'ai cru comprendre que vous aviez perdu votre billet.

La femme sembla faire un effort pour détacher son attention d'une chose plus intéressante, ailleurs. Son expression était étrange, lointaine, partagée entre ce monde et un autre.

– Oui ? fit-elle.

Elle se leva et attendit que le chef ajoute quelque chose.

– Eh bien, vous pouvez remplir un formulaire…

Il hésita. Plus il regardait cette femme, plus il la trouvait bizarre. Elle était certainement dérangée, conclut-il en l'observant de plus près. En outre, il était pressé, il devait jouer du trombone avec le Kreuzlingen Silver Band et...

– N'en parlons plus, dit-il. Ça n'a pas d'importance. Venez, je vous accompagne jusqu'à la sortie.

En lui tenant la porte, il remarqua qu'elle ne s'était pas lavée depuis un certain temps et qu'elle parlait toute seule, à voix basse mais avec ardeur. Son panier était vide, à l'exception d'une grande paire de ciseaux pointus.

– Une folle, dit-il au contrôleur alors qu'ils la regardaient traverser la route, consulter un panneau indicateur et gravir la colline en direction de la clinique. Inutile de perdre son temps à discuter avec une fêlée. Allez, on peut fermer.

Becky se promenait sous la colonnade en compagnie de Mme Goldberg ; toutes deux regardaient les hommes qui balayaient la patinoire.

– Alors, vous vous rétablissez ? demanda Sally.

– C'est encore douloureux. Apparemment, il n'y a rien à faire pour les côtes cassées, à part les laisser se ressouder toutes seules. Au moins, je n'ai pas attrapé une pneumonie, ce qui arrive parfois. A croire que je suis aussi forte qu'un cheval. Mais je me sens... déconcertée... frustrée...

– Je m'en doute.

– Avant le début de toute cette histoire, je lisais les romans à sensation que ma mère illustrait et je me prenais pour Dick Bois-Mort ou Jack Harkaway, j'affrontais des voleurs et je capturais des pirates. J'avais tellement envie d'être active, téméraire. Eh bien, c'est fait. J'ai participé à d'importantes négociations diplomatiques, je me suis enfuie d'un château, j'ai livré une bataille... j'ai tiré au pistolet et je crois même avoir tué quelqu'un, et je... Personne ne pourrait vivre six mois plus excitants que ceux que je viens de vivre. Et vous savez ce que je ressens ?

- Vous vous sentez vide.

– Exactement ! Vide, vidée, épuisée. Tout cela n'a servi à rien. Cette *trahison*... Adélaïde a travaillé dur, longtemps, et elle a *failli* réussir... Mais, pendant tout ce temps, quelqu'un œuvrait dans l'ombre pour miner ses efforts. Il jouait avec elle ! Il jouait avec tout le pays, y compris avec le baron Gödel. Et on ne sait même pas qui c'est !

– Il s'agit d'un dénommé Bleichröder, dit Sally.

Becky la regarda d'un air hébété.

– Qui est-ce ? Et comment le savez-vous ?

– C'est le banquier du prince Bismarck. Dan, mon mari, constitue un dossier sur lui depuis longtemps. Bleichröder est une sorte d'espion, un agent secret, un... comment dit-on en yiddish ? Un *macher.* Un « arrangeur de problèmes ». Apparemment, c'est un vieux monsieur courtois, presque aveugle. Étant juif, il est mal accepté par la société allemande, surtout parmi les gens collet monté qui gravitent autour de la cour, mais il s'occupe des affaires de Bismarck depuis des années. Il excelle dans ce domaine. Dès que Dan a eu vent de cette histoire, il a pensé que Bleichröder était derrière. Il semblerait que Bismarck se soit engagé dans un combat contre le Reichstag, le parlement allemand, et il a fait capoter ce traité pour les mettre en position délicate. Hélas, on l'a compris trop tard pour vous avertir. Les journaux américains ne parlaient pas de cette affaire.

Becky sécha une larme rageuse.

– Autrement dit, tout ce qu'on a dû subir faisait partie d'un complot dont nous ignorions l'existence, organisé à des centaines de kilomètres de là !… Oh, c'est trop injuste. Ce pays n'avait aucune chance !

– Adélaïde, Jim et vous lui avez offert sa plus grande chance. Vous avez fait tout ce que permettent le courage, l'intelligence et l'imagination, mais la force l'a emporté. Quand elle est suffisante, la force l'emporte à tous les coups.

– Pour toujours ? Il n'y a donc aucun espoir en dehors de la force ?

– Non, pas pour toujours. Pendant un certain temps seulement. Ensuite, des fissures apparaissent, l'étau se desserre et les gens se souviennent de ce qu'ils étaient, ils sentent qu'ils veulent reprendre en main leur destin. La vie n'est pas une chose statique, Becky. La vie est dynamique. Tout change. C'est ça qui est beau…

Elles s'arrêtèrent à l'extrémité de la colonnade. Les hommes qui marchaient sur la glace donnèrent un dernier coup de balai, d'un geste théâtral, et regagnèrent les planches sur le côté en marchant en crabe.

– Que va devenir Adélaïde ? demanda Sally. Un jour, j'ai rencontré l'ex-reine de Sardaigne. Elle menait une vie épouvantable, refermée sur le passé ; elle s'impliquait dans des complots pathétiques pour récupérer son trône, entourée d'exilés habillés comme des miséreux et, plus elle vieillissait, plus elle devenait aigrie. Elle ne vivait plus. J'espère qu'Adélaïde ne sera jamais comme elle.

– Je crois savoir ce qu'elle pourrait faire, dit Becky. Elle ne le sait pas encore et je ne lui en ai pas parlé. Mais lors du premier jour des négociations, quand elle est entrée dans la salle du Conseil, on aurait dit une actrice qui entre en scène. Elle a réclamé l'attention des personnes présentes et l'a obtenue immédiatement. Elle possède un esprit très vif… C'est une vedette-née. Je ne serais pas étonnée de la retrouver au théâtre.

– Voilà une excellente idée ! Jim pourra lui écrire des pièces. Et vous, vous irez à l'université. Il y a tellement de choses à faire, Becky, des choses passionnantes… Regardez, ils installent les chaises pour l'orchestre. Si nous allions nous habiller pour dîner ?

Becky se sentait revigorée après cette discussion avec Sally Goldberg. Celle-ci incarnait la femme qu'elle rêvait de devenir ; elle montrait que tout était possible, elle apportait l'espoir et la perspective d'une vie exaltante et bien remplie. En apprenant l'usage que Jim avait fait du pull qu'elle lui avait tricoté, elle avait éclaté de rire, comme si l'obscurité finale n'existait pas, comme si l'univers tout entier était un jeu de lumière joyeux.

Becky quitta la colonnade et prit lentement la direction de sa chambre, dans laquelle sa mère se reposait. Bientôt, elles seraient assises à table au restaurant, et peut-être Jim se joindrait-il à elles. Dans un jour ou deux, Adélaïde pourrait se lever. Mais elle resterait convalescente un long moment : pas de patin à glace pour elle, ni pour Becky qui brûlait d'envie, pourtant, de s'élancer sur la patinoire.

Perdue dans ses pensées, elle tourna dans le long couloir, si calme et aseptisé, au bout duquel se trouvait sa chambre, non loin de celle d'Adélaïde. Au moment où elle passait devant l'escalier de service, une infirmière apparut, les bras chargés de couvertures, et s'empressa de la devancer. Peut-être était-ce parce que Becky se sentait calme et détendue, ou peut-être parce que le talent de narrateur de Jim avait su restituer un portrait fidèle et vivant de Carmen Ruiz, ou peut-être était-ce simplement la chance... toujours est-il que, par un hasard extraordinaire, un détail attira son attention sur l'infirmière qui marchait maintenant plusieurs mètres devant elle. *Ses chaussures !*

Elles étaient éculées et sales !

Dans ce temple de l'hygiène... Et son bonnet était légèrement de travers, comme si elle venait de...

Becky prit sa respiration pour crier : *« Hilfe ! Zu Hilfe ! »* Malheureusement, ses côtes cassées et douloureuses l'en empêchèrent et seul un croassement sortit de sa bouche. Mais l'infirmière, elle, l'entendit. Elle se retourna en un éclair, lâcha la pile de couvertures et se jeta sur Becky comme un animal sauvage. La jeune fille vit une paire de ciseaux, brandie à bout de bras, une bouche déformée, d'un rouge criard, des dents blanches… A tâtons, elle chercha la poignée de la porte la plus proche. Elle devait se mettre à l'abri, se cacher…

La porte s'ouvrit et Becky bascula dans une pièce obscure où flottait une odeur de phénol. Affalée sur le sol brillant, elle essaya de ramper pour échapper à la forcenée qui, déséquilibrée elle aussi par l'esquive de Becky, tomba en travers de ses jambes et leva les ciseaux pour frapper, frapper, frapper encore, aveuglément. La jeune fille se tortillait sur le plancher et, soudain, elle sentit la double pointe des ciseaux clouer sa jupe au sol. Elle agrippa la femme par les cheveux – ils étaient emmêlés et gras – le bonnet d'infirmière glissa par terre et Becky se retrouva ballottée de droite à gauche, tel un cavalier sur un cheval sauvage, mais elle s'accrocha et s'accrocha encore, jusqu'à ce qu'elle sente que les ciseaux s'arrachaient du sol ; alors elle saisit le bord d'une table de laboratoire qui se trouvait au-dessus d'elle et se redressa, malgré la douleur de ses côtes cassées.

Mais la table n'était pas vissée au sol ; quelque chose glissa, se renversa, tomba et se brisa. Puis la table bascula à son tour, au-dessus d'elle, et Becky comprit qu'elle allait lui briser les jambes. Simultanément,

Carmen Ruiz plongea vers l'avant, après avoir récupéré ses redoutables ciseaux…

Le bord de la lourde table s'abattit sur sa nuque comme une guillotine. Elle s'écroula. Les ciseaux se plantèrent à deux centimètres de la gorge de la jeune fille, puis ce fut le silence, à l'exception du liquide renversé qui gouttait.

Becky ne pouvait plus bouger.

Ses jambes étaient coincées sous le poids inerte du corps de l'Espagnole, dont la tête reposait sur ses genoux, en formant un angle si incongru que la jeune fille comprit qu'elle était morte. Le bord épais de la table en chêne massif appuyait sur sa nuque. Des vagues de douleur commencèrent à irradier dans la poitrine de Becky, plus fortes que jamais ; elle n'avait même pas assez de souffle pour gémir.

Quelqu'un allait venir… bientôt…

Sa main gauche était coincée sous elle, mais sa main droite reposait sur ses genoux, à côté de la joue de Carmen. Elle était mouillée : le visage de la morte ruisselait encore de larmes. Par automatisme, Becky tenta de les essuyer.

Oh, cette douleur !… La jeune fille sentait qu'elle s'évanouissait, puis se réveillait et s'évanouissait de nouveau. Cela ressemblait au sommeil, et elle était si fatiguée. Des bribes de rêves apparaissaient, semblables à des clichés de lanterne magique qui se dissolvent ; des images qui s'éclairent, puis s'effacent, se fondent les unes dans les autres… Elle imagina Carmen Ruiz entrant dans la clinique : elle cherche le vestiaire des infirmières, elle trouve un uniforme inutilisé, se déguise rapidement et consulte la liste des patients. Elle vit le prince Leopold traverser en titubant les couloirs vides du palais, allant de pièce en pièce à la recherche des serviteurs qui s'étaient enfuis, des fantômes de son enfance. Elle vit les jeux auxquels elle jouait avec Adélaïde, la princesse de pacotille, les jetons, les dés et les pièces d'échecs abandonnés qui prenaient la poussière. Elle vit les commerçants de la vieille ville balayant le verre brisé qui jonchait les rues ; et la comtesse Thalgau toute de noir vêtue, son visage épais et puissant creusé de rides de chagrin, emballant lentement les affaires personnelles du comte ; les étudiants du Richterbund se rassemblant en silence au *Café Florestan* pour attendre des nouvelles de Karl, de Gustav et des autres qui étaient morts. Elle imagina le général allemand, devenu gouverneur, ou administrateur, ou quel que soit le nom qu'on lui donnait ; un homme rusé, courtois, impitoyable, c'était du moins ainsi qu'elle se le représentait en esprit, convoquant des fonctionnaires au palais et répartissant les responsabilités de manière équitable. Elle vit le chef de gare du funiculaire qui surveillait deux ouvriers chargés d'enlever la grosse poutre coincée sous les roues du wagon. Elle vit des bureaux s'ouvrir, des employés tremper leurs plumes dans des encriers, des serveurs ôter des miettes imaginaires avec des serviettes blanches comme neige, des jeunes filles s'aligner pour embrasser un père affectueux, du café qu'on torréfiait, du pain qui cuisait dans un four, de la bière qui moussait dans de grandes chopes en terre cuite. Elle vit un mât sans drapeau, que personne ne regardait ; elle vit de nouveaux journaux apparaître à la devanture des kiosques, les gens se jetaient dessus et les lisaient gaiement.

Elle vit un jeune homme à cheval, le bras en écharpe, chevauchant sur un chemin forestier. Elle vit un géant aux mains couvertes de cicatrices et à l'épaisse moustache passer ses jumelles à un camarade et désigner, à travers les sapins, un petit fort paisible sous la neige. Elle vit une grotte dans les montagnes, un feu de camp, des fusils appuyés contre un rocher, et un vieux drapeau qui captait les reflets de la lumière rougeoyante.

Mais ce n'étaient que des rêves. Lorsqu'un médecin qui passait par là remarqua la porte ouverte du laboratoire, il découvrit un bien étrange spectacle : une femme morte, la tête posée sur les genoux d'une jeune fille qui dormait à poings fermés.

TABLE DES MATIÈRES

PHILIP PULLMAN

L'AUTEUR

Philip Pullman est né en Angleterre, à Norwich, en 1946. Il a vécu durant son enfance en Australie et au Zimbabwe où il a effectué une partie de sa scolarité. Diplômé de l'université d'Oxford, il a longtemps enseigné dans cette ville où il vit toujours avec sa femme.

Il est, dès son plus jeune âge, passionné par les contes. Très vite, il veut devenir écrivain – terme qu'il juge cependant inapproprié. Philip Pullman adopte une position modeste par rapport à la création littéraire : pour lui, il ne fait qu'écrire des histoires. Derrière cette discrétion, se cache un homme de caractère. A travers ses personnages, on peut percevoir une vision positive de l'homme. Philip Pullman a contruit une œuvre à son image, tout à la fois rigoureuse et fantaisiste, dynamique et originale.

La plupart des livres de Philip Pullman sont destinés à la jeunesse, mais il écrit aussi pour les adultes et signe, à l'intention des jeunes spectateurs, des adaptations théâtrales d'œuvres littéraires célèbres.

Il est l'auteur de la célèbre trilogie ***A la croisée des mondes***, publiée par Gallimard Jeunesse. Le troisième tome, *Le Miroir d'ambre*, a reçu le prix Whitbread 2001, l'une des deux plus prestigieuses récompenses anglaises, attribuée pour la première fois de l'histoire des prix littéraires à une œuvre de littérature de jeunesse.

Il a également publié aux éditions Gallimard Jeunesse : *J'étais un rat !* (Folio Junior) ; *La Magie de Lila (*Folio Cadet) ; *Lyra et les oiseaux* (Hors Série illustré) ; *Aladin et la lampe merveilleuse* (Album illustré).

Mise en pages : Karine Benoît

Loi n° 49-956 du 16 juillet 1949
sur les publications destinées à la jeunesse
ISBN : 2-07-053852-4
Numéro d'édition : 147217
Numéro d'impression : 80793
1er dépôt légal : novembre 2004
Dépôt légal : août 2006
Imprimé en France sur les presses de la Société Nouvelle Firmin-Didot